Heinz-Georg Migeod

Das persische Volk im Wandel

ISLAMKUNDLICHE UNTERSUCHUNGEN • BAND 265

begründet
von Klaus Schwarz

herausgegeben
von Gerd Winkelhane

ISLAMKUNDLICHE UNTERSUCHUNGEN • BAND 265

Heinz-Georg Migeod

Das persische Volk im Wandel

Studien zur Sozialgeschichte der Zeit von Nāṣiru'd-Dīn Šāh (1848 – 1896)

Walther Hinz gewidmet

KS
KLAUS SCHWARZ VERLAG • BERLIN

Bibliografische Information der Deutschen Bibliothek
Die Deutsche Bibliothek verzeichnet diese Publikation in der Deutschen Nationalbibliografie; detaillierte bibliografische Daten sind im Internet über http://dnb.ddb.de abrufbar.

British Library Cataloguing in Publication data
A catalogue record for this book is available from the British Library.
http://www.bl.uk

Library of Congress control number available
http://www.loc.gov

Erstausgabe
1. Auflage
Layout und Herstellung: *textintegration.de*
Gedruckt auf chlorfrei gebleichtem Papier
Printed in Germany
ISBN-10: 3-87997-333-4
ISBN-13: 978-387997-333-0

Inhalt

Vorwort und Erläuterungen

Der in „Die persische Gesellschaft unter Nāṣiru'd-Dīn Šāh (1848–1896)“, Islamkundliche Untersuchungen, Band 139 (1990) – des weiteren Band I genannt – angekündigte Folgeband liegt nun hier vor. Bildet jeder Band auch für sich eine abgerundete Einheit, so sind doch häufig beide derart aufeinander bezogen, dass wir die politisch-sozialwirtschaftliche Ausgangslage Persiens vor dem Übergang ins zwanzigste Jahrhundert mit seinen entscheidenden Veränderungen, gründlich nur mit Hilfe beider Bände erfassen können.

Als Beispiel mag das Kapitel aus Band I „Bemerkungen zu den Lebenshaltungskosten“ dienen. Gelegentliche Einkommensangaben in Band II gewinnen erst den vollen Sinn, wenn sie im Zusammenhang mit den Preisspiegeln des Kapitels gesehen werden können.

Aus dem Quellen- und Literaturverzeichnis wird in den Anmerkungen nur soweit zitiert, wie es zur zweifelsfreien Auffindung des Titels, gegebenenfalls unter Benutzung der Tabelle „Abkürzungen“, nötig ist. Zitierte Titel, bei denen es unklar bleiben könnte, unter welcher Gruppe des Verzeichnisses sie zu suchen sind, erhalten ihre entsprechende Ziffer vorangesetzt, z.B. II. (Anon.) Adad. Nicht unmittelbar zum Themenbereich gehörende Titel sind voll aufgeführt, da nicht in das Quellen- und Literaturverzeichnis aufgenommen.

Die zahlreichen, in der Verfassungsrubrik des Verzeichnisses unter „(Anonymus)“ aufgeführten Titel, sind dort nach den Ordnungswörtern der Zeitschriften- oder Monographien-Titel geordnet. Die Seitenzählung einiger nicht paginierter persischer Arbeiten rechnet fortlaufend, ohne Titelseite.

Bei doppelter Datierung bedeutet die vorangestellte Zahl ein muslimisches Mondjahr, wenn nicht anders angegeben. Es ist dem nach dem Schrägstrich folgenden christlichen Jahr gleichzusetzen dann, wenn es völlig mit ihm zusammenfällt oder nur bis zu zwei Monaten übergreift. Andernfalls ist ein christliches Doppeljahr angegeben (nach B. Spuler, Iran in früh-islamischer Zeit, Wiesbaden 1952, XI), z.B. 1282/1865-6. Persische Wörter, die in den deutschen Sprachgebrauch eingegangen sind, wie Schah, Derwisch u.a., behalten, soweit sie nicht in festen Verbindungen stehen, die im Deutschen übliche Schreibweise. Im Übrigen ist die Umschrift der persischen Wörter in Anlehnung an die Regelung der Deutschen Morgenländischen Gesellschaft in folgender Weise wiedergegeben:

Umschrift	Lautwert
č	tsch
ġ	berlinerisch: Wagen
ǧ	dsch
ḥ	raues h
ḫ	ch in ach
q	wie g
ṣ	stimmloses s
s̱	stimmloses s (arabisch ṯ)
š	sch
ṭ	t
ẕ	stimmhaftes s (arabisch ḏ)
ż	stimmhaftes s (arabisch ḍ)
ẓ	stimmhaftes s
ž	j in französisch jour
ʾ	leichter Stimmabsatz
ā, ī, ū	gedehnter Vokal

Die Aussprache der im übrigen vorkommenden Buchstaben entspricht der im Deutschen geltenden.

Vorbemerkung

Im Jahr 1990 ist im Klaus-Schwarz-Verlag, Berlin, ein in mancher Hinsicht eigenartiges, jedenfalls für Viele keineswegs selbstverständliches Buch erschienen: der erste Teil von Heinz-Georg Migeods Studie „Die persische Gesellschaft unter Nāṣiru'd-Dīn Šāh (1848-1896)" – als Nummer 139 der Reihe Islamkundliche Untersuchungen. In einer ausführlichen „Vorbemerkung" dazu habe ich damals – also vor etwa sechzehn Jahren, die seltsame Entstehungs- und Veröffentlichungsgeschichte dieses Buches beschrieben und versucht, seine Publikation vor dem Hintergrund der unmittelbaren Forschungsgeschichte zu begründen. Der Autor, der zur Zeit der Drucklegung längst nicht mehr als Wissenschafter, sondern als Geschäftsmann im südlichen Afrika tätig war, hatte nach seinen Kriegsjahren, in den späten Vierziger Jahren seinen Weg zu dem Iranisten Walther Hinz gefunden, unter dessen Anleitung er schließlich im Jahr 1956 mit einer Dissertation des obigen Titels an der Universität Göttingen promoviert wurde. Wegen der damals eingeschränkten Veröffentlichungspflicht für Dissertationen war die Arbeit Jahrzehnte lang nur in einigen auf schlechtem Papier in bläulicher Farbe vervielfältigten Kopien vor (man bezeichnete derlei damals als sogenannte „Banda-Kopien"), deren Anfertigungsprozess einen starken und nicht für Alle bekömmlichen Geruch nach Äther absonderte.

Den heutigen mit der Erforschung der iranischen Geschichte Befassten ist wahrscheinlich kaum zu vermitteln, als ein wie fremdartiger Vogel ein Bearbeiter des Migeod'schen Themas damals erscheinen musste: Fragestellungen, die sich auf die neuere Geschichte Irans, vor allem auf die mit dem Zeitalter der Qadscharen-Dynastie überlappende Periode bezogen, waren zu jener Zeit in der Forschung in so extremem Maße unüblich, dass folgerichtig Jahrzehnte lang keinerlei Reflexe aus der deutschsprachigen gelehrten Welt auf die Dissertation Migeods wahrnehmbar waren.

Die näheren forschungsgeschichtlichen Umstände, die schließlich 1990 zur Veröffentlichung der bis dahin nur in besagter Kopie vorgelegenen Dissertation geführt hatten, sind in der „Vorbemerkung" zu jenem ersten Band enthalten, und es wäre unangemessen, sie hier zu wiederholen oder gar noch weiter auszuwälzen. Allerdings hätten zwei Indizien schon frühzeitig auf eine spätere Entwicklung schließen lassen können. Der Reihe nach: Die besagte, seinerzeit von der Universitätsbibliothek zur Verfügung gestellte bläuliche Kopie enthielt ein Inhaltsverzeichnis, das – allerdings ohne Seitenangaben – wesentlich mehr Kapitel aufwies, als überhaupt vorhanden waren. In dem Vorwort zu der Veröffentlichung von 1990 verwies Migeod in einer

Formulierung überdies auf einen nicht näher kommentierten „zweiten Band".

Eben dieser zweite Band liegt nunmehr vor. Durchaus dem Mainstream orientalistischer Historiographie seiner Zeit verbunden, präsentiert uns der Autor eine statische Wahrnehmung der iranischen Gesellschaft vor (aus heutiger Sicht) etwa anderthalb Jahrhunderten; er selbst hatte Verhältnisse beschrieben, die ihm damals zeitlich wesentlich näher standen! Dennoch: Der realienkundliche Wert seiner Studie ist immer noch nicht überholt!

Es hat Heinz-Georg Migeod weitere fünfzehn Jahre gekostet, um endlich auch diesen von Anfang an konzipierten zweiten Band seiner Dissertation für die Veröffentlichung vorzubereiten und aufzuarbeiten. Er erscheint nunmehr zum 50-jährigen Jubiläum seiner Promotion zum Dr. phil. an der Universität Göttingen. Vor fünfzehn Jahren fand ich es für erforderlich, die Veröffentlichung des ersten Teils der Arbeit folgendermaßen abschließend zu kommentieren: „Es ist ... erforderlich, den nachstehenden Text als ein frühes Werk, eine am Anfang dieser Forschungstradition (nämlich der der Qadscharenforschung) stehende Arbeit zur Qadscharen-Geschichte zu lesen, nicht jedoch als einen jungen Beitrag, dessen Alter dem Veröffentlichungsjahr entspricht. Unter dieser Voraussetzung freue ich mich über den Umstand, dass Heinz-Georg Migeods Dissertation der Kenntnis der an der Qadscharen-Forschung Interessierten nicht länger vorenthalten bleibt" (Migeod, 1990, S. XIII). Wie gesagt – die Rolle des Migeod´schen Werkes als die eines verzögerten Beitrags zur historischen Iran-Forschung habe ich schon damals zu würdigen versucht. Mit dem zweiten Teil liegt nunmehr Migeods Gesamtwerk vor, der frühe Beitrag eines Pioniers der internationalen Qadscharen-Forschung – mit nochmaliger Verzögerung von anderthalb Jahrzehnten! Dem rüstigen Fachkollegen, der sein Studium zu einem Zeitpunkt abgeschlossen hat, zu dem die meisten der heutigen Qadscharen-Forscher noch kaum auf der Welt oder zumindest noch nicht ihr Universitätsstudium aufgenommen haben, sei ein respektvolles und bewunderndes „ad multos annos" entboten – verbunden mit großem Dank an den Verleger Gerd Winkelhane für seinen Einsatz und Christa Fragner für die mühselige drucktechnische Bearbeitung und Einrichtung des Textes.

Bert G. Fragner, Wien – Bamberg
(am Tag meines Eintritts in den Ruhestand)

Einführung

Im Frühjahr 1992 war in Göttingen Walther Hinz gestorben, dessen Bedeutung im großen Zusammenhang der Iranistik und der Geschichte des Islam wohl einmal mit einer allgemein lesbaren Geschichte dieser Fächer auch einem breiteren Publikum bekannt werden wird. Seine Menschenführung im Fachbereich und außerhalb suchte ihresgleichen. Als mein Doktorvater löste er mich mit leichter Hand aus einer lange dauernden Verstrickung in den fesselnden Bereich der sozialen Entwicklungen im Persien des ausgehenden 19. Jahrhunderts, die den Rahmen einer Dissertation völlig gesprengt hätte. Und er machte mir klar, wie es dem Themenbereich später viel besser bekäme, wenn es nach meiner Promovierung hierzu weitere Einzelveröffentlichungen geben würde. So war 1954 in Göttingen im alten Michaelishaus der Grund zu diesem Band II gelegt worden.

Er untersucht die menschlichen Grundbedingungen des Volkslebens im Persien der 2. Hälfte des 19. Jahrhunderts. Dabei schließt er außerhalb der festen Sozialgliederung bestehende Sonderformen mit ein.

Da kommt es der Anschaulichkeit sehr zugute, dass ich ein statistisches Zahlengerüst ausreichend genau erarbeiten konnte. Aber Einzelangaben sollten in Beziehung auch zur gesamten Bevölkerung des Staates gesetzt werden können, um eine wirklichkeitsnahe Vorstellung zu ermöglichen. Daher habe ich hier die Zahlen für Wanderhirten und religiöse Minderheiten einbezogen, während sich Band I ganz auf den sesshaften Teil der Bevölkerung – der ja weitgehend die eigentlichen Perser darstellt – beschränkt hatte.

In den Zeitraum, der von der langen Regierungszeit Nāṣiru'd-Dīn Šāh's geprägt war, fallen die ersten Anzeichen auch bevölkerungsstatistischer Verschiebungen, die sich im folgenden Jahrhundert verstärkt fortsetzen und sich qualitativ auf das Zusammenleben auswirken.

Die Quellenlage entspricht der für Band I, und sie ist auf den Seiten III f kritisch ausführlich dargestellt worden.

Bibliographien, persische Quellen – Handschriften und Drucke - und europäische Literatur mit häufigem Quellenwert sind dort ausgebreitet. Die letztere ist mit sehr zahlreichen Titeln vorhanden. Dem, der sich mit der Materie tiefer zu beschäftigen hat, rate ich auch deshalb, zu Band I zu greifen.

Sämtliche erfassbaren Titel sind im Anhang verzeichnet und dort aufgegliedert, in Band I und Band II gleichermaßen.

Rahmenbedingungen

Untersuchungen zu sozialen Grundstrukturen und zur Sozial-Statistik geschehen ja auch innerhalb eines geschichtlichen Rahmens, in den soziale Zustände sich eingebunden in ein lebendes Beziehungsnetz finden. Die öffentliche Seite des Zusammenlebens und die Geschichte des Zeitabschnitts um Nāṣiru'd-Dīn Šāh habe ich in Band I, S. 8 ff ausführlich dargestellt. Für das Erfassen des menschlichen und öffentlichen Klimas der Zeit werden jene Seiten sicher mit Gewinn gelesen werden. Gleichwohl gebe ich hier dem Leser das an die Hand, was den Stoff unseres Buches unmittelbar angeht, und was notwendig erscheint, wenn ohne besonderen Zeitaufwand der das Thema bestimmende geschichtliche Rahmen erkannt werden soll.

Schon vor dem Regierungsantritt Nāṣiru'd-Dīn Šāh's 1848 hatten territoriale Verluste das Staatsvolk Persiens – so der seinerzeitige internationale Name – verringert. Im Frieden von Gulistān war 1813 ein Krieg mit Russland beendet worden, der Persien die Hoheit über Georgien und die meisten transkaukasischen Besitzungen kostete. Diese verlor es 1828 im Frieden von Turkmānčāj vollständig, und es entstand die noch heutige gültige Nordgrenze. Die Hoheit Persiens erlitt weitere Einbußen, weniger an Menschen als an Gebieten südostwärts des Kaspischen Meers und nördlich von Mašhad durch russische Annexionen ab 1837 und gemeinsame Grenzregelungen zwischen 1869 und 1893. Etwa gleichzeitig veranlasste England die Festlegung der Grenzen gegen Afghanistan und Englisch-Balūčistān, wo bis dahin teilweise ungeklärte Machtverhältnisse geherrscht hatten. Im Süden hatte Persien 1856 den Hafen Bandar Abbās und die Insel Qišm dem Sultan von ᶜUmān weggenommen. Weiterhin schuf die sich von 1843 bis 1914 hinziehende Festlegung der Grenzen zur Türkei und zum damals türkischen Iraq schließlich das heutige Territorium des Iran.

Fehlschläge von Ernten konnten so einschneidend werden, dass merkliche Bevölkerungsverluste eintraten. 1860/61 führte die Hungersnot in Nordpersien zu Demonstrationen in der Hauptstadt, während die Hungerkatastrophe von 1870/72 das Volk in einem landesweiten Massensterben apathisch werden ließ. Große Teile des Südens wurden 1879/80 von einer Hungersnot erfasst.

Die Ermordung des Schah 1896 an einem religiösen Asylort bei Ṭihrān war trotz vorangegangener Nöte und Unruhen keineswegs volkstümlich gewesen. Die Zeit nach seinem Tode beschleunigte Einflüsse und auch Bevölkerungsentwicklungen, die schon zuvor angesetzt hatten.

Die öffentliche Sicherheit zu untersuchen, war für das Thema von Band I aufschlussreich gewesen (s. S. 25 ff). In unserem Zusammenhang ist es nur wichtig, wenn etwa infolge mangelnder Sicherheit örtliche oder allgemeine Veränderungen in Bestand und Verteilung der Bevölkerung auftreten. Auf diese Weise waren zahlreiche Provinzen auf dem Lande ständig oder zeitweise betroffen. Im westlichen Āẕarbāĵğān und im südwestlich anschließenden persischen Kurdistan konnte keine ständige Sicherheit erreicht werden. Es waren 1880 im offenen Landstädtchen Mījānduāb 3100 Menschen ermordet worden.[1]

Derartiges war eine ausgesprochene Ausnahme, die sich hier z.T. aus religiösem Gegensatz zwischen christlichen Minoritäten und sunnitischen Kurden erklärt. Das nordöstliche Āzarbāĵğān kannte wiederholte Raubzüge, die sich vor allem auf Frauen richteten.

Bis nach der Hungerkatastrophe von 1870/72 pflegten turkmenische Streifkommandos von Norden her in das persische Gebiet hineinzufassen, um Menschen für Sklavenmärkte in Chiwa, Buchara und Samarkand zu fangen. Diese Unternehmungen reichten gelegentlich auch bis vor Ṭihrān und in das südliche Ḫurāsān; sie umgingen aber das Hochland des Kopet Dāg, wo früher schon wehrhafte Kurden angesiedelt worden waren. Nordostwärts Mašhad aber konnte sich wegen der turkmenischen Raubzüge zu der Zeit keine nennenswerte Besiedlung mehr halten.

Das südöstliche Persien, bis etwa 150 km ostw. Iṣfahān, hatte bis 1866 unter ständigen Einfällen von Balūčen zu leiden.

1866 fand das ein Ende, als sich die anglo-indische und die persische Verwaltung in ihren jeweiligen Teilen Balūčistāns durchgesetzt hatten. Bis 1881 gab es noch vereinzelte Überfälle.

In Fārs, wo es mehrere iranische, türkische und arabische Wanderhirten-Stämme gab, bestand für größere Teile der Provinz keine eigentliche Sicherheit auf dem Lande. Harte Exempel der Gouverneure halfen, und so wurde die Provinz zwischen 1874 und 1888 fast völlig sicher.

In ʿArabistān und Luristān war ein wirklicher Sicherheitszustand nicht zu erreichen. In beiden Provinzen überwogen die Wanderhirten die sesshafte Bevölkerung teilweise erheblich.

Die Verhältnisse in der Provinz Iṣfahān glichen etwa denen in Fārs. Die übrigen Gebiete erfreuten sich jedoch zu fast allen Zeiten der langen Regierung Nāṣiru'd-Dīn Šāhs einer hohen Sicherheit. Die Zeit nach 1896 brachte mit

1 Curzon, Persia I, 553; s. auch Houtum-Schindler, Nordwestl. Persien, 340.

politisch entstandener Unruhe im ganzen Land ein Nachlassen der Sicherheit, die auch nahe der Hauptstadt nicht ganz ungestört blieb.
Mit den wenigen Ausnahmen weitab gelegener kleiner Landstädte, betraf öffentliche Unsicherheit immer nur das flache Land. Nachrichten zeigen, dass das zu örtlichen Ausdünnungen der Bevölkerung und sogar zu Wüstungen führte. Abwandernde Landbevölkerung trug zu der deutlichen Vermehrung der Einwohnerschaft vor allem der größeren Städte bei. Ein Teil der Abwandernden aber scheint dann anderswo als abhängiger Bauer einen Gutsherrn gefunden zu haben. Das werden wir näher in „Binnenwanderungen" sehen.
In den Städten gab es kaum Unterbrechungen der öffentlichen Sicherheit. Sie war deutlich höher als in zahlreichen Landgebieten.

Die soziale Bedeutung des Eigentums wiegt sehr deutlich in der ständischen Gliederung des persischen Volks; das Thema ist in Band I, S. 34 ff behandelt worden.

1 Biologische und statistische Elemente

Es erscheint reizvoll, mit biologischen und numerischen Kategorien die Untersuchungen von Sonderformen zu vereinen, die soziologisch wie erratische Blöcke dastehen.

1.1 Grundbedingungen

Die folgenden Abschnitte werden die Grundstrukturen menschlicher Gemeinschaft und ihre Zustände im damaligen Persien untersucht: Beziehungen der Geschlechter, Pflege der Nachkommenschaft.

Für die Rechtsbeziehungen in diesen Bereichen war wesentlich das islamische Gesetz in seiner schiitischen Form,[1] denn in der Zeit bekannten sich mehr als 90% als Schiiten und nur etwa 8% als Sunniten. Die religiösen Minderheiten von zusammen etwa 1,3% (Zoroastrier, Juden, Christen) unterstanden zivilrechtlich eigenen Rechtssystemen. Sie werden für sich hier nicht untersucht.

1.1.1 Familie

Formen und Inhalte der Familie bestimmen maßgeblich die Gesittung im Volke. Sie trugen teilweise Züge, wie sie innerhalb des Islam nur im schiitischen Persien anzutreffen waren. Diese Sonderstellung beleuchtet eindringlich eine Schilderung der verschiedenen möglichen *Formen der Ehe*.

Auch in Persien stellte die im ganzen islamischen Bereich gültige „dauernde" Ehe (ʿaqd)[2] die Grundlage der Familie dar; auch überwog sie zahlenmäßig weit. Die Höchstzahl von gleichzeitig vier Ehefrauen (ʿaqdī) war wie im gesamten Islam vorgesehen.[3] Die Ehe musste durch einen von einem Geistlichen beglaubigten Vertrag (ʿaqd) geschlossen werden, der, seiner Gestalt nach ein aufgegliederter Vermögensvertrag, ein Brautgeld (mihr)[4] – in „be-

---

1 Herangezogen in der von Querry übersetzten Fassung; dazu auch Thot.

2 Bezeichnet eigentlich nur den Ehekontrakt selbst, wurde aber gemeinhin auch für die Institution gebraucht. Vgl. Querry I, 645 und 689, Anm. 2.

3 Vgl. Polak, Persien I, 207; Binning II, 400; Die kanonischen Bestimmungen bei Querry I, 639 f, 672, Art. 240 ; Thot, 389.

4 Vgl. Querry I, 716 f.

mittelten Familien" gewöhnlich etwa 285 GM[1] – und das persönliche Eigentum der Braut festlegte.[2]

Diese häufig durch besondere weibliche Vermittler (dallāle) zustande gekommenen Verbindungen schlossen für junge, erstmalig Verheiratete einen Einfluss auf die Wahl der Ehepartner nahezu aus.[3] Immerhin sollen, vielleicht zunehmend,[4] die Brauteltern vor der Heirat ein persönliches Kennenlernen der jungen Leute ermöglicht haben.[5] Ein häufig lange vor der Eheschließung bekundeter Wille der beidseitigen Eltern zu einer Verheiratung ihrer Kinder, einer Verlobung vergleichbar, ließ sich nur im beidseitigen Einvernehmen[6] ohne Schädigung des Ansehens[7] lösen. In solch einem Falle zahlte die Familie des Bräutigams die Hälfte des vereinbarten Brautgeldes.[8] Diese „dauernde" Ehe aber war unter Einhaltung bestimmter Formen fast jederzeit auflösbar. – Gewiss gab es Abweichungen von dem allgemeinen Verfahren. In Qalʿat bei Ardakān (70 km nordwestw. von Šīrāz) leistete man das Brautgeld nur symbolisch; es wurde nach vollzogener Eheschließung wieder zurückgegeben. Dafür war im Heiratskontrakt eine besondere Summe festgelegt, die der Mann im Falle der Scheidung der Frau zu leisten hatte.[9]

Eigentümlich für das schiitische Persien aber war die Ehe auf Zeit (siġe).[10] Die in dem gleichfalls vor einem Geistlichen geschlossenen Kontrakt vereinbarte Dauer, welche von Bruchteilen einer Stunde[11] bis zu 99 Jahren reichen konnte, unterschied sie von der „dauernden" Ehe, mit der sie aber das Brautgeld verband. Es trug jedoch hier deutlich den Charakter einer Entlohnung. Die Frauen (siġe) hatten während ihrer Vertragszeit eigentlich gleiche Rechte wie diejenigen in „dauernder" Ehe.[12] Solche Ehen konnten in unbe-

---

1 Vgl. Gobineau, Trois ans, 441. „GM" bedeutet die Goldmark des Deutschen Reichs (1871-1914) in ihrem Goldgehalt. Vgl. Bd I, 345.

2 Wills, Persia, 54 f; s. dazu auch Querry I, 645 ff; Thot, 394.

3 Vgl. Polak, Persien I, 206.

4 Vgl. Binning II, 402 f.

5 S. auch Gobineau, Trois ans, 441; Wills, Persia, 55. Das war auch nach dem Gesetz möglich, vgl. Querry I, 642, Art. 16.

6 Vgl. Dieulafoi, La Perse la Chaldée, 178.

7 Vgl. E. C. Sykes, Through Persia, 188.

8 A.a.O.

9 Andreas, Nachlass, 5b. Diese Abart stand im Einklang mit dem kanonischen Recht. Vgl. Querry I, 648, Art.52.

10 Eigentlich den besonderen Ehekontrakt bezeichnend, wurde der Ausdruck auch für diese Form selbst (vgl. Querry I, 689, Anm. 2) und schließlich für die verheiratete Frau (s. auch R. Levy, An Introduction to the Sociology of Islam, I, 166) verwendet.

11 Vgl. Querry I, 693, Art. 394: „Bruchteil eines Tages".

12 Die Berechtigung für diese nicht aus dem Koran herzuleitende Eheform sahen schiitische Rechtskundige darin, dass der Prophet sie nicht ausdrücklich verboten hatte. Vgl. Querry

schränkter Zahl neben den „dauernden“ Ehen geschlossen werden.[1] Ihre soziale Einschätzung richtete sich nach ihrer jeweiligen Dauer. War die Ehe auf 99 Jahre wegen ihres praktisch zu Lebzeiten der Partner nie endenden Kontraktes begehrt und geachtet,[2] so bewertete man eine für ein Jahr geschlossene Ehe kaum hoch.[3]

Es dürfte feststehen, dass die Masse dieser Verbindungen auf recht kurze Zeit abgeschlossen wurden. Große hielten es oft für nötig, sich mit mehreren solcher Frauen zu umgeben.[4]

Reisende schlossen für die Zeit ihres Aufenthalts in Städten derartige Verbindungen.[5] Es versteht sich, dass allein der juristische Kontrakt es war, der eine Zeitehe kurzer Dauer in ihrem sozialen Wert von einer Prostitution trennte.[6] So galt im Sprachgebrauch der Ausdruck „siġe“ auch für die Dirne.[7]

Dass auch die Schöpfer der einschlägigen kanonischen Bestimmungen mit Prostituierten gerechnet hatten, die sich dieser Institution bedienen würden, zeigt eine Klausel, die Zeitehen mit Dirnen zögernd gestattet, den Männern aber die „nicht unerlässliche“ Verpflichtung auferlegt, die Frauen während der Dauer der Ehen von „ihren Ausschweifungen“ abzuhalten.[8]

Eine besondere Abart der Zeitehen stellten diejenigen ehelichen Verbindungen dar, die zur Begleitung wallfahrender Frauen geschlossen wurden. Ehemänner, die nicht mit ihren Frauen reisen konnten, überließen sie, nachdem sie sich förmlich von ihnen geschieden hatten,[9] einem „Reisegatten“ (muḥallil).[10] Diese sollen meist dallāle gewesen sein, die diese Art von Reisebegleitung gewerblich betrieben haben. Nach der Rückkehr schieden sie sich im Allgemeinen von ihren Begleiterinnen, die damit wieder frei für ihre eigentlichen Männer wurden. Andernfalls hätten diese dallāle ihre geschätzte Tätigkeit kaum weiterführen können.[11]

I, 689, Art. 358 u.a. a.O. Anm. 1. Zu den Bestimmungen über Rechtsstellung, Brautgeld und Ehedauer vgl. ferner Querry I, 689 f, 691, Art. 380 f, 692, Art. 390 f. Über die Anwendung dieser Eheform vgl. vor allem Binning II, 400; Polak, Persien I, 207 f; S. G. W. Benjamin, Persia, London 1887, 451.

1 Vgl. Querry I, 673, Art. 243.

2 Vgl. Sheil, 143; Wills, In the Land, 326; S. G. W. Benjamin, a.a.O., 452; Curzon I, 165, Anm. 1.

3 Vgl. Gobineau, Trois ans, 443; s. auch Binning II, 400.

4 Binning II, 401.

5 Vgl. Polak, Persien I, 208; S. G. W. Benjamin, a.a.O., 452; Curzon I, 164 f.

6 Vgl. Gobineau, Trois ans, 443.

7 Häntzsche, Haram, 432.

8 Querry I, 690, Art. 372; s. auch S. G. W. Benjamin, Persia, London 1887, 452.

9 Vgl. Saad, 544.

10 (Anon.) Perserin, Das Ausland, 848 r f; vgl. Gobineau, Trois ans, 445.

11 Vgl. (Anon.) Perserin, Das Ausland, 848.

Ehen mit Sklavinnen, die als „dauernde", oder auch auf Zeit geschlossen werden konnte, unterlagen aber besonderen Abweichungen, die sich aus der rechtlichen Stellung dieser Frauen ergaben. So durfte ein Mann höchstens zwei Sklavinnen in „dauernder" Ehe haben.[1]

Die Ehe, schon durch Muḥammad allgemein gefördert, war durch ihre breiten Möglichkeiten zu einer Institution geworden, der sich nahezu niemand entzog.[2] Infolgedessen kannte man „alte Jungfrauen und Hagestolze ... fast gar nicht".[3] Als eine Besonderheit wird von dem 1294/1877 im Alter von angeblich 110 Jahren gestorbenen Dichter und Kalligraphen Mirzā Sanglāḫ Ḫurāsānī berichtet, er habe „in seinem ganzen Leben keine Frau genommen".[4]

Mit einer gewissen Häufigkeit heiratete man *innerhalb der Verwandtschaft*. Stets lagen Ehen zwischen Vettern und Basen besonders nahe.[5] Polak, der wohl meist Ṭihrāner Verhältnisse, und dort solche der oberen Schichten im Auge hatte, bezeichnet derartige Familienheiraten sogar als „die Regel",[6] während Wills, der unter anderen auch zahlreiche einfachere Patienten behandelte und vor allem in Südpersien lebte, Heiraten außerhalb der Familie für häufiger hält.[7] Beispielsweise war die „Prophetin" der Bābi's, Qurratu'l-ʿAin, mit einem Vetter verehelicht.[8] – Man pflegte offenbar auch häufig Frauen seiner verstorbenen Brüder zu heiraten, so der bekanntere Geistliche Šeiḫ Riẓā die Frau seines Bruders Šeiḫ Ǧaʿfar.[9]

Erwähnt sei, dass es, obwohl durch das kanonische Gesetz streng verboten und keineswegs üblich, unter dem Stamme (oder der Sekte) der Zakāri in Kūhvand und Kaskūr (südostw. Bampūr) eheliche Verbindungen blutschänderischer Art gegeben haben soll. Houtum-Schindler, der darüber mehrere Berichte sammelte, scheint diesen Umstand für glaubhaft gehalten zu haben.[10]

1 Querry I, 672, Art. 241; Thot (389) übersieht das und nimmt irrtümlich auch für die „dauernde" Ehe eine unbegrenzte Zahl von Sklavinnen als Frauen an.

2 (Anon.) Perserin, Das Ausland, 848 r f; vgl. Gobineau, Trois ans, 2 Vgl. Sheil, 219.

3 Polak, Persien I, 205.

4 Marāǧī, Al-Ma'āṣir, 216, lk Z 23 f.

5 Vgl. Wills, In the Land, 326; Polak, Persien I, 206.

6 Polak, Persien I, 200.

7 Vgl. Wills, Persia, 52.

8 IV. Hamadānī, 274.

9 Vgl. Marāǧī, Al-Ma'āṣir, 176, lk Z 5 f.

10 Vgl. Houtum-Schindler, Persian Beluchistan, 151. Die Bedeutung des Namens (zakar = Penis) und a.a.O. geschilderte weitere Umstände lassen vermuten, dass es sich hier nicht um den autochtonen Namen dieser Gruppe handelte.

Ohne Zweifel legte man in Persien auf *standesgleiche Ehen* nicht den gleichen Wert wie im zeitgenössischen Europa. Doch wirkte die „dauernde" Ehe sozial eher konservierend, weil man sie zumeist innerhalb der gleichen sozialen Schicht schloss.[1]

Selbstverständlich begünstigte die Neigung zu Ehen zwischen Vettern und Basen auch die sozial beharrende Wirkung dieser Eheform. „Bei einem körperlich schön gebliebenen Mädchen" richtete man sich aber „selten nach Familie und Abstammung".[2]

– Wie einige der Ausführungen zur Zeitehe schon andeuteten, entstammten die solche Ehen eingehenden Frauen zumeist sozial niederen Schichten.[3] So boten häufig Ackerbauern durchreisenden Großen ihre Töchter zu solchen Verbindungen an, die ihnen damit Gewinn brachten, wenn nicht gar auf solche Weise die Mädchen hin und wieder ihr Glück durch einen dauernden sozialen Aufstieg fanden.[4] Das zeigt sehr deutlich der Weg mehrerer, auf die Weise vom Schah geehelichter und später in „dauernde" Ehe genommener Mädchen. In großen Städten wie Mašhad[5] und Kirmān[6] gab es bestimmte Kreise von Frauen, die für kurzfristige Verbindungen ständig zur Verfügung standen. Begünstigte das in Mašhad der stete Strom von Pilgern, so bestimmte in Kirmān die Armut zahlreiche Familien dazu, ihre Töchter für das geringe Brautgeld zu vergeben. Die gesetzliche Wartezeit zwischen zwei solchen Verbindungen umgingen die die Verträge beglaubigenden mullās durch einen juristischen Kunstgriff.[7] Ohne Zweifel waren die Frauen, die derart kurzfristige und häufige Verbindungen schlossen, wenig geachtet; eigentlich waren sie bereits legalisierte Prostituierte.[8] Die gesetzliche Möglichkeit, Zeitehen mit christlichen, jüdischen und auch zoroastrischen Frauen zu schließen,[9] scheint nur selten benutzt worden zu sein.[10]

Die *Scheidung* von Ehen[11] wäre ohne verschiedene soziale und vermögensrechtliche Hemmungen zweifellos häufiger, als ohnehin üblich gewe-

1 Häntzsche, Haram, 431; Sheil, 143; Dieulafoi, La Perse la Chaldée, 178; vgl. auch Wills, Persia, 64.
2 Polak, Persien I, 200; vgl. A. v. Schweiger-Lerchenfeld, Die Frauen des Orients...., Wien-Leipzig 1904, 417; Wills, Persia, 64.
3 So auch J. Malcolm, 591 f; Sheil, 143.
4 Vgl. Dieulafoi, La Perse la Chaldée, 200.
5 Curzon, Persia I, 165.
6 Polak, Persien I, 208; Polak, Prostitution, 563.
7 Vgl. Browne, A Year, 506.
8 S.o.; Curzon, Persia I, 165, Anm. 1.
9 S. Querry I, 690, Art. 366 f.
10 Vgl. Häntzsche, Haram, 432.
11 Querry I, 708 f.

sen.[1] Die im allgemeinen durch den Mann herbeigeführte Scheidung,[2] obwohl seinem Ansehen keineswegs förderlich[3] und durch den Zwang einer Zahlung in Höhe des Brautgeldes und praktisch oft mehr, erschwert,[4] wog sozial schwer für die Frau.[5] Falls sie oberen Schichten entstammte, fand sie danach nur noch schwer die Möglichkeit zu einer gleichrangigen Stellung neben anderen Frauen in einer neuen Ehe.[6] – Die in Persien sehr zahlreichen ʿAlī Ilāhi[7] schieden ihre Frauen nicht.[8]

Scheidungen auf ausdrücklichen Wunsch der Frau, die zwar gesetzlich möglich waren, sie aber dann die ihr sonst zustehende Entschädigung kosteten,[9] müssen sehr selten gewesen sein.[10] Wünschten sie selbst eine Scheidung, so scheinen sie sich häufiger mit dem Manne durch einen Verzicht auf einen Teil der ihnen zustehenden Zahlung geeinigt zu haben und überließen es ihm, die Trennung zu vollziehen.[11] Von der Frau des späteren Mörders von Nāṣiru'd-Dīn, Mīrzā Muḥammad Rižā erfahren wir, dass sie die gesetzliche Möglichkeit nutzte, und sich während einer seiner früheren längeren Haftzeiten von ihm schied.[12] Doch auch in ähnlichen Fällen längerer Haft eines Gatten scheint das nur selten vorgekommen zu sein.[13]

Bei alledem sind Scheidungen häufig gewesen, wenn man Gobineaus Schätzung gelten lässt, nach der die meisten Frauen mit 24 Jahren bereits einmal oder öfter geschieden gewesen waren.[14]

Der Untersuchung über Familiengrößen seien einige Feststellungen über die allgemein übliche *Anzahl der Frauen* in den Ehen vorausgeschickt.

Hochgestellte Angehörige der regierenden Stände, und auch ihre Bediensteten, hielten sich häufig bis zu vier Frauen;[15] doch scheint hier im Laufe der zweiten Hälfte des 19. Jahrhunderts die Zahl der Frauen zurückgegangen zu sein.[16] Unter Kaufleuten, selbst wenn sie reich waren, soll schon

1 Vgl. Rochechouart, Souvenir, 204.
2 Vgl. auch S. G. W. Benjamin, Persia, London 1887, 450.
3 Wills, Persia, 64; Binning II, 404; im Gegensatz dazu Wishard, 244 f.
4 Vgl. Wills, Persia, 64; s. dazu Querry I, 715, Art. 522.
5 Vgl. Binning II, 404.
6 Wills, Persia, 64; Wishard, 245.
7 Vgl. HdI, 19 f.
8 Vgl. Gobineau, Trois ans, 448.
9 S. Thot, 408.
10 So auch Häntzsche, Haram, 431.
11 Vgl. Wills, Persia, 64.
12 Browne, Revolution, 70.
13 Vgl. Ibrāhīm Bēg, 95, Z 22 f.
14 Vgl. Gobineau, Trois ans, 443.
15 Vgl. Polak, Persien I, 209; Häntzsche, Haram, 416.
16 Vgl. Wishard, 94; E. C. Sykes, Through Persia, 189.

um die Mitte des Jahrhunderts eine Mehrehe selten gewesen sein,[1] wenn auch manche von ihnen, die häufig zwischen bestimmten Orten zu reisen hatten, an einigen davon Frauen mit verschiedenen Haushalten besaßen.[2] Den Gewerbetreibenden erlaubte ihr Einkommen selten mehr als eine Frau.[3] Gleiches galt für die große Masse der Bevölkerung bildenden Ackerbauern,[4] so etwa in dem weiten Gebiet zwischen Ṭihrān und Šīrāz.[5] In Gebieten, wie Gīlān, wo Ackerbauern andernfalls häufig auf bezahlte Landarbeiter hätten zurückgreifen müssen,[6] und um Sulṭānābād, wo es die Wirtschaftsstruktur der Familien erforderte, konnten auch Ackerbauern mehrere Frauen unterhalten.[7] Beispiele für die praktisch allgemeine Einehe boten die kleine Stadt Damāvand, wo Gobineau in den 50er Jahren unter den 600 bis 800 Familien nur zwei mit je zwei Frauen feststellte;[8] aber auch die sicherlich für unser Thema ansonsten nicht immer repräsentativen Zoroastrier in Kirmān und drei Dörfern der Umgebung, die 1879 322 Ehemänner und 339 Frauen zählten.[9] Hier gab es nur drei Familien, in denen je zwei Ehefrauen lebten. Auch die in Westpersien zahlreichen ʿAlī Ilāhī (s. o.) lebten regelmäßig in Einehe.[10] Hatten also von jeher wirtschaftliche Notwendigkeiten, zu denen sich hier und da ethische Gründe gesellt haben mögen, vor allem in den unteren Volksschichten praktisch die Einehe erzwungen, so wirkten diese, zusammen mit zunehmenden Bestrebungen der Frauen (s. „Frauen"), in dem Sinne innerhalb der gesamten Bevölkerung.[11]

Es stellt sich die Frage, inwieweit *Mehrehen* die Zahl der *Nachkommenschaft* in der Familie beeinflussten. Die drei Frauen von Sarmās Beg, einem alten Gemeindehaupt in „Bābā Nazeyr" bei Mīјānduāb, hatten offensichtlich insgesamt sieben lebende Söhne,[12] was aber über die gesamte Kinderzahl wenig besagt. Die anscheinend als Durchschnittsangabe zu verstehenden drei Kinder von drei Frauen je Familie in „Farāsbhe" (40 km südwestl. Hamadān)[13] ist gering; vielleicht erklärt das der in diesem Falle notwendige

---

1 Vgl. Lycklama II, 366.
2 Vgl. Gobineau, Trois ans, 444.
3 Vgl. Polak, Persien I, 209.
4 Vgl. Polak, Persien II, 122; Rochechouart, Souvenir, 204; Serena, Hommes, 276.
5 Houssay, La structure, 293 f.
6 Vgl. Bouvat, Le commerce, 183 f.
7 Vgl. Bd I, 271.
8 Vgl. Gobineau, Trois ans, 443.
9 Houtum-Schindler, Die Parsen, 54. 14 Ehemänner waren bei der Erhebung abwesend.
10 Gobineau, Trois ans, 448.
11 Vgl. auch Wills, Persia, 52 f; s. Haas, 167.
12 Bent, Azerbeijan, 87.
13 Vgl. Floyer, Baluchistan, 422.

ununterbrochene Einsatz der Frauen zur Aufbesserung des Familieneinkommens.[1] Doch gibt es auch zu denken, dass in den oben genannten drei zoroastrischen Familien mit je zwei Frauen verhältnismäßig wenige Kinder gezählt wurden; in der einen gab es 7, in der zweiten 5 und in der dritten gar keine Kinder.[2] Es ist zu vermuten, dass die Mehrehe die Kinderzahlen in den Familien im Ganzen nicht nur nicht steigerte,[3] sie im Gegenteil bezüglich der einzelnen Frau und damit des Volksganzen minderte.

Zur Feststellung von *Familiengrößen* sind wir hauptsächlich auf die Verhältniszahlen von Häusern und Einwohnern verschiedener Siedlungen angewiesen. Sofern beide zuverlässig sind, lassen sich auf diese Weise grobe Durchschnittswerte gewinnen, da in der Regel auf dem Lande eine Familie auch ein Haus bewohnte.[4]

Da aber in Städten vielfach mehrere Familien ein Haus bewohnten, daneben auch Einzelpersonen, teilweise ohne feste Bleibe, die Ermittlung einigermaßen sicherer Ergebnisse verhindern, ist man genötigt, die städtischen Familiengrößen beträchtlich unterhalb der rein rechnerisch zu ermittelnden Hauseinwohnerzahl anzusetzen.

So bewohnten 1301/1884 in Šīrāz durchschnittlich 8,4 Menschen ein Haus,[5] eine Zahl, die erheblich über der durchschnittlichen Kopfzahl der Familien gelegen haben muss. Für Iṣfahān führten 1882 zwei auf verschiedenen Wegen durch den energischen Gouverneur Ẓillu's-Sulṭān durchgeführte Häuser- und Volkzählungen zu fast gleichen Ergebnissen und erbrachten je Haus eine Bewohnerzahl von 7,67 Menschen,[6] die aber für eine Bestimmung der Familiengröße wenig mehr Wert besitzt als im Falle von Šīrāz. Gleiches gilt von den sicher recht genauen Zahlen für die acht Viertel von Kirmān, nach denen 1878 je ein Haus von 6,8 bis 10 Menschen bewohnt war; das waren im Durchschnitt der Stadt 7,8 Menschen.[7] Deutlichen Aufschluss aber geben Statistiken, die Houtum-Schindler über die Zoroastrier selber ermittelt hat. Danach hatten diese 1879 in Kirmān eine durchschnittliche Familiengröße von 4,5, in drei Dörfern der Umgebung von 4,4 Personen.[8]

---

1 Vgl. Bd I, 271.

2 Houtum-Schindler, Die Parsen, 54.

3 Vgl. auch Binning II, 401.

4 Houssay, Souvenir, 384; vgl. Brugsch, Reise I, 162; Goldsmid, Journey, 76.

5 Vgl. insgesamt Fasā'ī II, 23 Z 8 f, 27 Z 24 f, 46 Z 30 f, 53 Z 15 f, 8 Z 24 f, 61 Z 9 f, 80 Z 5 f, 97 Z 35 f, 104 Z 6 f, 110 Z 8 f; Stolze-Andreas, 8 r, Anm. 3:9 Personen.

6 Houtum-Schindler, Eastern, 119 Anm.; s. auch ders., Südliches Persien, 329.

7 Vgl. Houtum-Schindler, Südl. Persien, 329.

8 Vgl. Houtum-Schindler, Die Parsen, 54. Für die Zoroastrier von Jazd lagen diese Zahlen bestimmt niedriger. Entfielen in und um Kirmān auf einen Erwachsenen

Die Familiengrößen auf dem Lande sind deutlicher zu erfassen. In ʿAqdā bestand die Bewohnerschaft in den 70er Jahren sehr wahrscheinlich aus etwa 300 Familien mit durchschnittlich je 4 Mitgliedern.[1] In solchen kleinen Orten, vor allem aber in Dörfern, sind die Zahlen von Häusern ohne weiteres mit denen von Familien gleichzusetzen. Die durchschnittlichen Familiengrößen einiger Dörfer im südlichen und südöstlichen Fārs waren folgende:

Ort	Entfernung	Personen
Sarvistān	etwa 60 km südostw. Šīrāz	3,3
Šišdeh	-„- 130 km -„- -„-	3,5
Murdī	-„- 130 km -„- -„-	3,0
Daraknījeh	-„- 140 km -„- -„-	3,0
Deheir	-„- 170 km -„- -„-	2,5
Ruzāk	etwa 50 km südostw. Dārāb	3,0
„Zuratu"	etwa 60 km nördl. Bandar ʿAbbās	4,3
Sarzeh	etwa 40 km nordwestl. Bandar ʿAbbās	5,0
Riżvān	30 – 40 km nordwestl. Bandar ʿAbbās	3,5
Bār	- „ -	3,5

1,17 Kinder, so waren es in Jazd nur 0,44 und im Durchschnitt von 23 umgebenden Dörfern 0,68. Vgl. auch Houtum-Schindler, Südl. Persien, 320. Der Grund dafür lag sicher in der besonders ungünstigen rechtlichen und sozialen Situation der zoroastrischen Minderheit von Jazd. Vgl. Chanykov, Mem. Partie mérid., 202; Floyer, Baluchistan, 353; Browne, A Year, 405, 466; P. M. Sykes, Ten Thousand Miles, 155.

1 Vgl. die einander ergänzenden Angaben von E. Smith (The Perso-Baluch, 169) und Houtum-Schindler (Südl. Persien, 316).

Ort	Entfernung	Personen
Gerū	- „ -	3,5
Qalʿeh–ji Qāżī	30 – 40 km nordöstl. Bandar ʿAbbās	3,0
That	- „ -	3,0
Čāhistān	- „ -	2,5
Ḫuškūh	- „ -	4,0
Šamīl	- „ -	2,9
Čāhhark	etwa 70 km nordöstl. Bandar ʿAbbās	4,4
Gūrband	- „ -	3,5
Dam-i Šahr	70 – 80 km nordöstl. und östl. Bandar ʿAbbās	3,6
Nouband	70 – 80 km nordöstl. und östl. Bandar ʿAbbās	5,5
Šahvar	- „ -	2,6
Čāh Qanbar	15 – 130 km südl. Mīnāb	4,0
„Kalavy“	- „ -	2,7
Kūhistak	- „ -	2,7
Kūsijāh	- „ -	4,8
Gerū	- „ -	2,9

Ort	Entfernung	Personen
„Kardīr“	- „ -	5,0
Gez	- „ -	5,0
„Namordī“	- „ -	3,0
„Kerāt“	- „ -	5,5
„Gatan“	- „ -	4,5

Deutlich ist wieder, um wie viel stärker die Häuser in den Städten bewohnt wurden, so in Dārāb mit 6000 Einwohnern ein Haus durch 6, in Mīnāb mit 6500 Einwohnern durch 9,3, und in den festen Häusern von Bandar ʿAbbās mit 9000 Einwohnern gar durch 18 Menschen.[1]

Den gleichen Unterschied zeigen Rāʾīn (Provinz Kirmān) und seine Umgebung. 1879 bewohnten in diesem 2564 Einwohner zählenden Ort durchschnittlich 7,4 Personen ein Haus; in einigen Dörfern des Distrikts dagegen waren die Familiengrößen folgende:[2]

Ort	Personen
Sarbistān	4,3
Abārīq	4,9
Tihrūd	4,8

Etwa den gleichen Durchschnitt wies der bulūk (entspricht etwa unserem Kreis) Qūhpājeh in derselben Provinz mit 4,7 Personen je Familie auf.[3]

Ein so reiches Material steht für andere Gebiete nicht zur Verfügung. In Balūčistān bewohnten 1867 in Čāhbār nur 2,5 und in Gvatūr (etwa 60 km ostw. Č.) 6,1 Menschen eine Hütte.[1]

1 Für die Angaben ab Sarvistān vgl. Preece, 404 ff.
2 Houtum-Schindler, Südl. Persien, 347, 347 Anm.
3 Vgl Houtum-Schindler, Südl. Persien 358.

Angesichts solcher Unterschiede scheint nicht sicher, wie weit man das als Durchschnittzahlen für einzelne Familien gelten lassen kann.

Für Gīlān sei auf Šīrgāh (westl. Sārī) mit etwa 4 Personen je Familie[2] und für Ḫurāsān auf den bulūk Ǧuvein (nordwestl. Sabzvār) mit 1876 durchschnittlich 5,1 Personen[3] hingewiesen.

In Ḫurāsān befand sich auch das oben analysierte genannte Dorf mit gut 4 Personen je Familie.[4]

In Sīstān ergaben 1903 Stichproben unter 40 bis 50 Familien einen Durchschnitt ihres Bestandes von 4,3 Personen.[5]

Lycklama[6] beschreibt 1867 die Familie seines Gastgebers in einem Dorfe nordwestlich Hamadān, die anscheinend 5 Kinder, also insgesamt 7 oder mehr Personen zählte. Es handelte sich wahrscheinlich um die Familie des kaṯḫudā (Dorfvorsteher); dieses Beispiel kann daher höchstens für Familien derartiger Stellung anschaulich sein.

1868 betrugen die wahrscheinlichen Familiengrößen der Dörfer des Distrikts Ǧasp (etwa 50 km südl. Qum)[7]

Ort	Personen
Vārān	3,3
Bīǧegān	4,2
Kurdegān	4,0
Zūr	5,0
Ḫarargān	5,2
Vīštegān	5,7
Vīškunegān	6,5

1 Vgl. Goldsmid, Notes on eastern Persia, 273 u. 271.

2 Vgl. Bd I, 270.

3 Vgl. Houtum-Schindler, Beschreibungen, 222. Angesichts der Raubzüge der Turkmenen in diesen Gebieten eine recht hohe Ziffer.

4 Vgl. Bd I, 279 f.

5 Tate, 224. Ähnliche Familiengrößen berichtet für die Gegenwart Lambton (Dialects, 79) aus Vīlatrū (südostw. Šamšek, nördl. Ṭihrān).

6 IV, 33.

7 Houtum-Schindler, Eastern, 86.

1878 schilderte Binder „Homermelle" in Kurdistan als den „Typ des persischen Dorfes"; aus seinen Angaben ist die Zahl von 4,8 Menschen je Familie abzuleiten.[1] – Aus dem 2 bis 3.000 Einwohner zählenden Ort Baneh[2] in der gleichen Provinz gibt Schlimmer[3] für 1871 wertvolle Aufstellungen. Die darin aufgeführten 42 „Familien" hatten folgende Größen:

Familien	Personen
1	20
1	18
2	17
3	11
2	10
3	9
7	7
5	6
5	5
5	4
4	3
3	2
1	1

Es ist kein Zweifel, dass, besonders in den zahlenmäßig starken „Familien", Bedienstete mit enthalten sind. Schlimmer hat sie in einigen Fällen auch eigens aufgeführt. Verwendet man die hier für einen besonderen Teil erkrankter Personen angegebene Relation von 5 Bediensteten unter 119 Kran-

1 Vgl. Fevret, 196.
2 S. auch IV; Alamol-Molk, 28; Fevret, 197.
3 Schlimmer, 447 f.

ken, und zieht die für unsere vorliegende Zahl von 295 Personen daraus schematisch errechneten 12 Bediensteten von dieser ab, so gewinnen wir eine Durchschnittszahl je Familie von 6,7 Personen. Hatten wir bisher unter der „Familie" nur die Ehegatten und ihre Kinder verstanden, so ist an diesem Beispiel höherer Familiendurchschnittszahlen in einem noch dörflichen Ort das übergeordnete Element der *Sippe* auch schon zahlenmäßig zu erkennen. Beispielsweise führt Schlimmer hier auch die Familien dreier Brüder an, welche zusammen ein Haus bewohnten. Ohne Zweifel enthalten auch die hohen Zahlen von bis zu 20 Mitgliedern nicht nur Ehegatten und ihre Kinder, sondern auch ältere oder alleinstehende Verwandte.

Dieser Zusammenhalt der Sippen unter einem Oberhaupt war weit verbreitet[1] und führte oft zu der hier erwiesenen Wohngemeinschaft.

Unsere Untersuchungen erlauben keine allgemein gültigen Schlüsse auf die Größen der Familien. Nur für die Dörfer des südlichen Fārs mit seinen infolge ungesunden Klimas und häufig unzureichender Wasserverhältnisse schlechten landwirtschaftlichen Voraussetzungen, lässt sich mit Sicherheit eine unter dem Durchschnitt sonstiger ländlicher Gebiete liegende Familiengröße erkennen. Diese mag sonst im Mittel gut 4 Personen betragen haben. Ob Flecken und Städte, wie es scheinen könnte, die Bildung größerer Familien begünstigten, lässt sich aus dem vorliegenden Material nicht erschließen.

Die Familie erfüllte neben ihrer natürlichen biologischen Funktion verschiedene andere *Aufgaben*. Stets eine Wohngemeinschaft, bildete sie auf dem Lande allgemein die Erwerbseinheit, häufig auch eine Arbeitseinheit.[2]

Bemerkenswert ist eine ethisch-rechtliche Funktion der Familie, die auch die Sippe umfasste. Es war das in ganz Persien geltende kanonische Recht der *Blutrache* (taqqāš), das den nächsten männlichen Verwandten eines unabsichtlich Getöteten ermächtigte, den Schuldigen umzubringen; war ein Mord vorsätzlich geschehen, so verpflichtete ihn eigentlich das Gesetz dazu.[3] Dieses, den Familien zustehende Recht anerkannte der Staat, indem er ihnen im Allgemeinen die Schuldigen zur Tötung überließ.[4] Es scheint aber, als habe man zunehmend auf die Ausübung dieses Rechtes zu Gunsten der

1 Vgl. Polak, Persien I, 228; Lycklama II, 282; Adams, 152.

2 S. dazu hier „Frauen", „Kinder".

3 Vgl. Querry II, 588, Art. 262 f. Die sonstigen gesetzlichen Bestimmungen dazu s. a.a.O., 541 ff.

4 Vgl. Brugsch, Reise II, 289; Curzon, Persia I, 457. z.B. hatte Fatḥ ʿAlī Šāh zu Beginn des Jahrhunderts den aufständischen Muḥammad Zand nach der Gefangennahme und Blendung zur Sühne einer alten Blutschuld einigen Leuten seiner Leibwache überlassen. S. O. M. Schlechta-Wssehrd, Fethali Schah und seine Thronrivalen. Kaiserl. Akad. d. Wiss., Sitzungsber. Phil.-Hist. Classe, Wien 1864. Bd. XLV, 27.

gleichfalls durch das kanonische Recht eröffneten Möglichkeit, anstelle der Vergeltung ein Blutgeld (ḫūnbahā,[1] dīje) vom Schuldigen entgegenzunehmen,[2] verzichtet.[3] Für Körperverletzungen war dieses Verfahren ohnehin die einzige gesetzliche Sühne.[4] Es wurde um 1890 die Mehrzahl auch der tödlichen Delikte auf diese Weise geahndet.[5] Die rechtliche Möglichkeit zur Tötung stand den Angehörigen des Opfers in Wirklichkeit auch nur dann zu, wenn diese und der Täter „von gleicher Lebensstellung" waren.[6]

Neben dieser allgemeinen Entwicklung entschied maßgeblich die örtliche Sitte, ob man das Recht zur Blutrache wahrnahm, oder sich mit dem Blutgeld begnügte. In der Hauptstadt scheint die Blutrache schon vor Nāṣiru'd-Dīn selten gewesen zu sein, denn Gobineau berichtet in den 50er Jahren einen dortigen Fall als etwas Besonderes;[7] aber noch 1888 erzwangen sich Mitglieder der Sippe des Schah den Weg in das Haftlokal des Kriegsministeriums, um dort ihr Blutrecht an einem Häftling zu vollziehen.[8] Ohne Zweifel hatte sie die Verwandtschaft mit dem Herrscher zu der inzwischen ungewöhnlich gewordenen Ausübung ihres Rechts ermutigt. Die ursprüngliche Verhaftung des Schuldigen lässt auch vermuten, dass er sich die Aburteilung solcher Fälle zunehmend selber vorzubehalten wünschte, wie das auch schon 1880 Wills berichtet.[9] – Ohne Zweifel blieb die Blutrache auf dem Lande in weiten Gebieten länger lebendig. Brugsch nennt einen Fall, der, von einem Dorfe bei Ṭihrān ausgehend, um 1860 nach etwa 30 Jahren in Ḫišt (100 km westl. Šīrāz) sein für den Schuldigen tödliches Ende fand.[10] Das Gebiet aber, in dem man die Blutrache weiter überwiegend an-

1 Binning II, 86.

2 S. Querry II, 612 ff. Wohl in Anlehnung an die kanonische Bestimmung, die 1.000 dīnār Gold als Blutgeld festgelegt hatte (Querry II, 612, Art.7) nennt Cutts (p.258) 1876 für einen getöteten Muslim den Betrag von 100 tūmān (=8.100 GM). Diese für die meisten ganz unerreichbare Summe kann nur unter Höhergestellten als Blutgeld in Frage gekommen sein.

3 Vgl. zusammen: Brugsch, Reise II, 279 f; Rochechouart, Souvenir, 65; Brugsch, Im Lande, 242; Curzon, Persia I, 458.

4 S. Querry II, 617 ff.

5 Vgl. Curzon, a.a.O.; s. auch Brugsch, Reise II, 242.

6 Brugsch, Im Lande, 242; s. auch Thot, 421 f. Das Gesetz anerkannte hier nur einen Unterschied zwischen Freien, Sklaven (Querry II, 554, Art.79 f) und Angehörigen religiöser Minderheiten (Querry II, 565, Art.136 f). Das Blutgeld unter den letzteren sollte nach dem Gesetz nur etwa 8% des unter Muslimen zu zahlenden betragen (vgl. Querry II, 612, Art. 7 u. 615, Art. 27).

7 Vgl. Gobineau, Trois ans, 434 f.

8 Vgl. Curzon, Persia I, 457.

9 Vgl. Wills, Persia, 140.

10 Vgl. Brugsch, Reise II, 185 f.

wendete, war Südpersien;[1] dort galt es für die Verwandten eines Getöteten als Ehrensache, das Blutgeld abzulehnen.[2] So konnte dort oft aus einem Mord oder Totschlag ein Kleinkrieg[3] ganzer Bevölkerungsgruppen entstehen, wie 1850 zwischen den zwei Vierteln von Kāzarūn,[4] oder auch zwischen Ortschaften,[5] wie um 1875 zwischen Dālakī und Ḫišt.[6]

1881 bestand solch eine Lage auch um Bast (etwa 90 km südostw. Behbehān).[7] Das allgemeine Waffentragen durch die Landbevölkerung südlich Šīrāz[8] hatte teilweise in diesen Fehden seine Ursache, so etwa auch in Basāǧird (Distrikt im westl. Balūčistān).[9] – Auch in Šīrāz selbst wurde die Blutrache ausgeübt,[10] so angeblich auch noch um 1885.[11] Weiter nördlich von Šīrāz begann, offenbar auch auf dem Lande, die Sitte zurückzugehen; und in Iṣfahān pflegte man das Blutgeld vorzuziehen.[12]

Inwieweit die Familie, und auch die Sippe, als natürliche Verbände *wechselseitiger persönlicher Haftung* angesehen wurden, zeigt die selbstverständliche Versorgung von Witwen und Waisen durch die Brüder des verstorbenen Ehemannes.[13] In gleicher Weise ist die Sippenhaftung zu verstehen, die noch zu Beginn der Regierungszeit Nāṣiru'd-Dīns häufiger angewendet wurde. Die hauptsächlich in seiner Zeit verfolgten Bābī litten darunter besonders. So sperrte man 1849 in Zanǧān den Bruder eines entflohenen Bābī, einen katḫudā, einige Tage ein,[14] und misshandelte die Familie derjenigen Bābī, die 1850 an dem Aufstand in Nīrīz teilgenommen hatten.[15] Eine Preisgabe von Angehörigen gestürzter Machthaber an den Mob[16] war Polak bis 1860 in „mehreren" Fällen bekannt geworden.[17] In späteren Jahren scheinen Vorkommnisse gerade der letzteren Art selten geworden zu sein, dass aber Fami-

1 Vgl. Brugsch, Reise II, 242.
2 Wills, Persia, 139.
3 Vgl. Wills, Persia, 139.
4 Vgl. Abbot, Notes taken on a Journey, 184.
5 Vgl. Arnold, Through Persia II, 183.
6 Anderson, 48; vgl. Arnold, Through Persia II, 198.
7 Vgl. Wells, Surveying, 160.
8 Vgl. Browne, A Year, 248; Collins, 39.
9 Vgl. Floyer, Baluchistan, 209 f.
10 Brugsch, Reise II, 185.
11 Vgl. Brugsch, Im Lande, 361.
12 Wills, Persia, 140.
13 Polak, Persia I, 228.
14 Vgl. IV. Zanjānī, 780.
15 IV. Hamadānī, 131.
16 S. dazu für den Beginn des Jahrhunderts: J. Malcolm, 455.
17 Polak, Prostitution, 516, Anm. Die hier wiedergegebene, für solche Verfahren allgemein gebrauchte Wendung „zan u bačče gā'īd" zeigt, bis zu welch hohem Gerade diese Sippenhaftung reichen konnte.

lien niederer Schichten noch in den 80er Jahren für Vergehen ihrer männlichen Mitglieder zu haften hatten, bemerkten wir bei fahneflüchtigen Soldaten.[1]

Schwerlich wird über das *innere Familienleben* der Familien Allgemeingültiges zu ermitteln sein. Der häufige Zweifel europäischer Autoren, ob die aus der Abgeschlossenheit der Frauen herrührenden Nachteile überhaupt seine eheliche Zuneigung ermöglicht hätten, mag eine teilweise Antwort in dem verschiedentlich berichteten opfermutigen Verhalten der Frau des verbannten Großwesirs Mīrzā Taqī[2] finden. Polak erlebte 1882 einen liebeskranken jungen Ackerbauern, dem drei Monate zuvor seine Braut gestorben war.[3] – Die patriarchalische, auch von den männlichen Mitgliedern bis ins erwachsene Alter anerkannte Ordnung in der Familie,[4] die auch ihre inneren Zwistigkeiten oder in ihr vorgefallene Verbrechen, nach außen hin streng zu hüten strebte,[5] erzeugte ein Gemeinsamkeitsbewusstsein, das eine der stärksten ethischen Kräfte in der persischen Gesellschaft gewesen zu sein scheint. Dafür ist bezeichnend, dass die Schimpfworte mit der kränkendsten Wirkung diejenigen waren, welche Familienmitglieder verunglimpften.[6] Es war ein „Verrat in der Familie fast unerhört".[7]

Die Familie, und in ihr die Ehe in ihren verschiedenen möglichen Formen, war der einzige anerkannte und auch tatsächliche Ort der Fortpflanzung.[8] In dieser Aufgabe, und dazu in ihrem Ethos blieb die Familie unangetastet. Sie erlitt aber in der gleichzeitig richtenden und vollziehenden Funktion ihrer Blutgerichtsbarkeit allmähliche Einschränkungen, was den Zusammenhalt der weithin bestehenden Sippenverbände geschwächt haben dürfte. Ein mittelbares Zeichen ist dafür vielleicht die nachlassende Anwendung der Sippenhaft. Gleichzeitig verminderte sich, vor allem aus wirtschaftlichen Gründen, die Zahl der Frauen in einer Ehe, und wahrscheinlich auch das Alter bei der Eheschließung.[9]

---

1 Vgl. Bd I, 319.

2 Vgl. Binning II, 430 f; Gobineau, Trois ans, 242 f; Markham, 496.

3 Vgl. Polak, Expedition, 77.

4 Vgl. Polak, Persien I, 227; Browne, A Year, 292.

5 Vgl. Polak, Persien I, 204.

6 Vgl. Polak, Persien I, 15.

7 Polak, Persien I, 9. Der persisches Wesen voreingenommen beurteilende Binning scheint das aber zu bezweifeln (vgl. II, 152) und zieht dafür die, oft auch nächsten Angehörigen nicht entdeckten Vermögenshortungen mancher Familienvorstände heran. Zum Familienleben s. im Übrigen „Frauen" und „Kinder".

8 Als außerehelich geboren („bī pidar", „valad-i zanā" – vgl. Ibrāhīm Bēg, 112 Z 6, 137 Z 20) bezeichnet zu werden, galt als ungeheure Beschimpfung. Vgl. Polak, Persien I, 217; Thot, 418.

9 S. „Frauen".

1.1.2 Frauen

Die erwachsene Frau besaß eine so andersartige Stellung als der Mann, dass sich darüber eine Untersuchung in einem von der „Familie" gesonderten Kapitel empfiehlt. Das ermöglicht auch ein besseres Vergleichen mit anderen Arbeiten über die muslimische Frau. In diesem Kapitel werden auch soziale Besonderheiten verschiedener verwandtschaftlicher Beziehungen zwischen Männern und Frauen dargestellt.

Familie und Ehe waren die Bereiche, in denen ein großer Teil der Frauen ausschließlich, ein anderer Teil vorwiegend ihr Leben ausfüllten. Darum ist die *Stellung der Frau in der Familie* ausschlaggebend für die Beurteilung ihrer gesellschaftlichen Lage.

Vor ihrer Verheiratung stand die Frau in der gesetzlich begründeten Gewalt vor allem ihres Vaters,[1] der auch während ihrer Ehe seine Tochter besuchen konnte.[2] Sie blieb mit Ausnahme ihrer engsten Verwandten von männlicher Gesellschaft ausgeschlossen. Die Eltern sorgten nach Möglichkeit für eine Verehelichung ihrer Töchter, wozu das für den geschlechtlichen Verkehr vorgesehene kanonische Mindestalter von 9 Jahren[3] ausreichende Möglichkeiten bot. Das tatsächliche *Heiratsalter* aber beeinflussten noch andere Umstände. Einmal wirkten hier biologische, durch unterschiedliche Klimate beeinflusste Eigenarten hemmend oder fördernd. Während in den 50er Jahren Polak in Šīrāz zwölfjährige Mütter sah, erlebte er in Ṭihrān selten eine Frau, die „vor dem vierzehnten Jahr" geboren hatte.[4] Andererseits waren Standesunterschiede für das Heiratsalter von Bedeutung. In „guten Häusern" pflegte man die Töchter erst vom 12. oder 13. Lebensjahre an zu verheiraten.[5]

Die Schwester des Schah, Melekzāde, scheint etwa in diesem Alter ihre erste Ehe geschlossen zu haben.[6] Als eine dem Herrscher vorbehaltene Befugnis muss man es wohl ansehen, dass er 1889 seine erst achtjährige Tochter Aḫtaru'd-Daule dem kleinen Favoriten 'Azīzu's-Sulṭān gab.[7] Die „weniger bemittelten Familien" trachteten danach, ihre Töchter schon mit 10

---

1 Vgl. Querry I, 650 Art. 69, 655 Art. 111 und 115.

2 Vgl. S. G. W. Benjamin, Persia, London 1887, 101.

3 S. Querry I, 644 Art. 30, vgl. 671, Art. 226 f; Thot, 390; vgl. Duhousset, Les Chasses, 122 lk.

4 Polak, Persien I, 202.

5 Polak, Persien I, 200.

6 Sie hatte mit 16 Jahren 2 Kinder. Vgl. Serena, Hommes, 100. Zu dieser Frau selbst vgl. auch Bd I, 51.

7 Vgl. Feuvrier, 182.

oder 11 Jahren zu verheiraten,[1] um ihre finanzielle Lage durch das Brautgeld und den Abgang eines Essers zu verbessern.[2] Polak wurden auch Fälle bekannt, wo „nach erkauftem Dispens des Priesters die Verheiratung schon im siebten Lebensjahre stattfand".[3] Es scheint, als hätte dabei nicht nur eine formelle Eheschließung, sondern bereits der Vollzug der ehelichen Gemeinschaft stattgefunden. Schließlich ist zu vermuten, dass infolge der ganz allmählichen Veränderung der Rolle, die man in Persien der Frau zuerkannte (s. unten), sich im Laufe der Zeit das Heiratsalter erhöht hat, doch lassen die Quellen es nicht eindeutig erkennen. Binning nennt 1850 als durchschnittliches Heiratsalter 14 oder 15 Jahre;[4] E. C. Sykes und Wishard scheinen 1895 als unterstes Heiratsalter 12 Jahre angesehen zu haben.[5]

Um 1900 scheint ein mit 11 Jahren verheiratetes Mädchen in einem Dorfe bei Iṣfahān als Seltenheit gegolten zu haben.[6]

Der Betrachtung des für die verheiratete Frau maßgeblich wichtigen *Verhältnisses zum Ehemann* seien einige rechtliche, für das tägliche Leben der Frau ausschlaggebende Bestimmungen vorausgeschickt, welche meist zugunsten des Mannes wirkten. Die Frau durfte keine selbständigen Verfügungen im Hause, wie etwa die Einstellung von Dienstpersonal, ohne eine Zustimmung des Mannes treffen,[7] ebenso keine Verträge schließen,[8] noch „ohne dringende Veranlassung" aus dem Hause gehen.[9] Auch durfte sie sich beispielsweise nur mit seiner Erlaubnis als Amme verdingen.[10] Nur wenn kein geeigneter männlicher Verwandter vorhanden war, konnte sie Vormund ihrer Kinder sein.[11] Verriet schon die Leistung des Brautgeldes durch den Mann ein Element des Kaufs und damit der Eigentumsübertragung an der Person der Frau, so entsprach dem auch ihre vermögensrechtliche Stellung. Die Frau durfte über ihr eingebrachtes Vermögen eigentlich nur beschränkt verfügen.[12]

1 Polak, Persien I, 199.
2 Vgl. auch (Anon.), Perserin, Das Ausland, 848 lk f.
3 Polak, Persien I, 199 f.
4 Binning II, 402.
5 Vgl. E. C. Sykes, Through Persia, 187; Wishard, 244.
6 Vgl. Hume-Griffith, 101 f.
7 Thot, 402; vgl. Querry I, 750, Art. 799 f.
8 Thot, 352, 392.
9 Thot, 392.
10 Thot, 382.
11 Querry I, 655, Art. 115; Thot, 370.
12 Vgl. Thot, 392.

Tatsächlich scheinen aber Frauen vielfach ohne Genehmigung ihrer Männer über ihr gesamtes Vermögen verfügt und entschieden zu haben.[1]

Keinesfalls war die Frau rechtlich ungeschützt. So durfte beispielsweise der Mann einer freien Frau ohne deren Zustimmung keine Sklavin ehelichen.[2] Die Frau hatte die rechtliche Möglichkeit, auf der Erfüllung der Sorgepflicht und anderer ehelicher Verpflichtungen des Mannes zu bestehen,[3] solange sie ihm gehorsam war.[4] Oft besaß sie ein gewisses eigenes Hausrecht, auch dem Manne gegenüber, in dem Teil des Hauses, welchen sie bewohnte.[5] Frauen scheinen von ihren Männern bisweilen sogar ein Stillgeld beansprucht zu haben.[6]

Die auf solche Weise untergeordnete Stellung der Frau spiegelten auch die häuslichen Sitten wider. Die Ehepartner pflegten die Mahlzeiten getrennt einzunehmen; in den unteren Schichten, auch bei den Ackerbauern, bediente sie ihn bei Tisch.[7] Trotz dieser äußerlich offensichtlich beherrschenden Stellung des Mannes sollen Frauen „im allgemeinen" gut behandelt worden sein. Körperliche Züchtigungen waren „fast unerhört",[8] doch kamen auch sie in außergewöhnlichen Fällen vor.[9] Offenbar war es eine seltene Überspannung männlicher Machtstellung, wenn kinderlose Frauen bisweilen gezwungen wurden, für ihre Männer neue Frauen ausfindig zu machen,[10] oder wenn eine Frau in Gegenwart ihres Mannes vor Furcht angeblich zitterte.[11]

Dass man im Allgemeinen Ratschläge seiner Frau wenig achtete,[12] mag, unter anderem infolge ihrer geringeren Kenntnisse und Lebenserfahrungen (s. unten), zwar im Großen und Ganzen zugetroffen haben, es wichen aber häufige Einzelfälle ganz davon ab.[13] Bestimmten schon die Mütter offenbar zumeist über die Ehen ihrer Töchter,[14] so wussten sie häufig auch zu erreichen, dass ihre Männer es bei einer Einehe bewenden ließen.[15] Es gibt sogar

---

1 Vgl. Hommaire, Voyage II, 74; Binning II, 403.
2 Querry I, 670, Art. 223, 690, Art. 368; Thot, 398.
3 Vgl. Querry I, 685, Art. 327, 731 f; Thot, 393.
4 Vgl. Querry I, 748.
5 Vgl. Binning II, 398.
6 Häntzsche, Haram, 427.
7 Vgl. Adams, 203; S. G. Wilson, Persian life, 257, 269 f.
8 Polak, Persien I, 225.
9 So 1861 bei einem Kaufmann in Ṭihrān. Vgl. Brugsch, Reise II, 320.
10 Wills, Persia, 67.
11 E. C. Sykes, Through Persia, 189.
12 A.a.O., 188 f.
13 Vgl. Binning II, 398, 399; s. auch Wills, Persia, 66; S. G. W. Benjamin, Persia, London 1887, 105.
14 Vgl. Wills, Persia, 52.
15 Vgl. Polak, Persien I, 226; Sheil, 145; Wills, Persia, 52.

eine erstaunliche Zahl an Schilderungen über ihren Frauen gehorsame Männer. Rochechouart fand Gelegenheit, die Spuren eines mit einem Eisen versehenen Pantoffelabsatzes einer dreizehnjährigen Ehefrau an ihrem Mann festzustellen.[1] Die Frau eines Außenministers, wohl vor 1850, hatte seine zur Unterfertigung von Dokumenten benötigten Siegel angeblich auf eine Pilgerfahrt in das 8 km von Ṭihrān entfernte Šāh ʿAbdu'l-ʿAzīm entführt.[2] Frauen von Höflingen widersetzten sich etwa zur selben Zeit erfolgreich übermäßigen Ausgaben und Alkoholgelagen ihrer Männer.[3] Um 1895 pflegte die Frau eines ungenannten Gouverneurs häufig in seine Amtsgeschäfte einzugreifen.[4] Der katẖudā eines Dorfes südwestlich Ṭihrān hatte angeblich seine Frau zu fragen, bevor er nachts Gäste aufnehmen durfte; es wurde bei der berichteten Gelegenheit abgeschlagen.[5] Sicherlich haben Beobachter die Abweichungen von einer Regel stets besonders vermerkt. Aber regen und charaktervollen Frauen war der Einfluss auf ihre Männer fast immer möglich. So erfahren wir von Tarẖān Ḫānum, Frau des Šeiḫ Ǧābir der Muḥaisin in der Provinz ʿArabistān: In ihre Gemächer hatten selbst männliche Bedienstete des Hauses Zugang.[6] Die Freiheit dieser Frau besaß jedoch zu einem guten Teil ihre Wurzel in der stets ungebundeneren Stellung der Frauen bei den Wanderstämmen.[7]

Waren es mehrere Ehefrauen, so bestanden Rangunterschiede. In jedem Falle nahmen Frauen aus der Sippe des Schah einen ausschließenden Rang ein. Wurde eine solche Frau geehelicht, so hatte der Mann seine andere, in „dauernder" Ehe geheirateten Frauen zu scheiden.[8] Im Übrigen war die als Base geehelichte Frau die Ranghöchste, sie wurde vom Manne meist ehrend „duḫtar-i ʿāmme" (Tochter der Vatersmuhme) genannt.[9] Sie leitete das Hauswesen, hatte sich mit weiteren Frauen meist abgefunden und bestimmte das ius noctis.[10] Eine Veränderung dieser Rangordnung galt als Verstoß,[11] falls dieser höchstgestellten Frau nicht eine der ihr nachgeordneten mit einer Geburt zuvorkam. Dann nahm diese die erste Stellung ein.[12]

1 Rochechouart, Souvenir, 447.
2 Sheil, 145. Wahrscheinlich der erste Außenminister Nāṣiru'd-Dīns, Mīrzā Muḥammad ʿAlī Ḫān Šīrāzī. Vgl. Marāǧī, Al-Ma'āṯir, 19 r Z 19.
3 Vgl. Sheil, 145.
4 Vgl. E. C. Sykes, Through Persia, 189.
5 Dieulafoi, La Perse la Chaldée, 166.
6 A.a.O., 528.
7 S. unten.
8 Vgl. Bd I, 51; s. auch Sheil, 143; Polak, Persien I, 227; Brugsch, Reise I, 241.
9 Polak, Persien I, 201.
10 Polak, Persien I, 226; s. auch Binning I, 214.
11 Vgl. E. C. Sykes, Through Persia, 136.
12 Vgl. Polak, Persien I, 226 f.

Auf eine Wirkung in der Ehe und der Familie verwiesen, strebte jede Frau nach einer Heirat[1] und ehelicher *Nachkommenschaft*, die allein ihr erst einen Rang in der Familie verlieh.[2] Infolgedessen wandten sich ehelose oder nicht mit Nachkommenschaft gesegnete Frauen, sofern sie, wie etwa auf dem Lande, kaum abgeschlossen lebten, auch an völlig fremde Menschen, die ihnen die gewünschte Hilfe zu bieten schienen. Es sei auf derartige Erlebnisse von Binning[3] und Andreas[4] verwiesen. Polak beschreibt eine förmliche Fruchtbarkeitszeremonie um ein Minarett bei Iṣfahān.[5]

Vor allem ersehnten Frauen die Geburt eines Sohnes; sie festigte die Stellung gegenüber dem Manne erheblich. In einem solchen Falle benannte man die Frau anstelle des eigenen Namens ausdrücklich ehrend als Mutter ihres Sohnes, also etwa „Ummu'l-Ḥasan" (Mutter des Ḥasan).[6] Mag die Mutter auch, vor allem in den höheren Schichten, von einem bestimmten Alter an nichts mehr mit der Erziehung der Söhne zu tun gehabt haben,[7] so pflegte diese eine starke Neigung mit ihr zu verbinden, wobei sicher auch der Abstand mitsprach, den die starke Autorität des Vaters gegenüber dem Sohn schuf.[8] Oft war es später die Mutter, die dem Sohn eine Frau aussuchte[9] und ihn in vielen Dingen des täglichen Lebens beeinflusste. Bekannt war der große Einfluss der Mutter Nāṣiru'd-Dīn's auf ihren Sohn.[10] Selbst auf die Berufswahl der Söhne scheinen Mütter eingewirkt zu haben, doch das wahrscheinlich weniger oft tätig, sondern durch das Beispiel ihres Herkommens, wie wir es schon bei Geistlichen festgestellt hatten (s. Bd I, 170 f). Es bestand weiterhin der Brauch, dass verwitwete Frauen ihr Leben bei einem verheirateten Sohn beschlossen.[11]

Während des Kindesalters der Töchter standen die Mütter mit ihnen länger in erzieherischer Verbindung als mit den Söhnen.[12] Sie bestimmten maßgeblich ihre Heiraten;[13] doch erfährt man nichts über allgemein verbreitete innige Beziehungen, wie sie zwischen Müttern und Söhnen bestanden.

---

1 Vgl. S. G. Wilson, Persian life, 261.
2 Vgl. Polak, Persien I, 218; S. G. Wilson, a.a.O.; s. auch Binning II, 49.
3 I, 164.
4 Nachlass 5a (Reisetagebuch 1877, Eintr. V, 23.7.1877).
5 Polak, Persien I, 222.
6 Vgl. Wills, Persia, 65.
7 Vgl. E. C. Sykes, Through Persia, 190; s. S. 410.
8 Vgl. unten „Kinder".
9 Vgl. E. C. Sykes, Through Persia, 187.
10 Vgl. S. 8, 41 f; s. auch Lycklama II, 336.
11 Polak, Persien I, 227.
12 Vgl. unten „Kinder"; s. auch Nicolas, 477.
13 Vgl. Wills, Persia, 52.

Die noch jüngere Ehefrau stand oft unter der offenbar dankbar als Hilfe entgegengenommenen Leitung der *Schwiegermutter.*[1] Sie führte zunächst den Haushalt.[2] Dieser allgemeinen Sitte entsprach auch bei Hofe die schon behandelte dortige Machtstellung der Mutter des Schah.[3]

Von Kindern abgesehen, und mit Ausnahme allernächster männlicher Verwandter, weiblicher Verwandter, Bekannter und Bediensteter,[4] war das für die Frauen, jedenfalls der höheren und mittleren Schichten, derjenige Personenkreis, mit dem allein sie umgehen konnte. Diese Abschließung ging so weit, dass es einem Manne verwehrt war, sich bei einem anderen nach dessen Frau zu erkundigen,[5] und auch die Gräber von Frauen nur durch ihre nächsten männlichen und weiblichen Angehörigen besucht wurden.[6] Die Altersgrenze für männliche jugendliche Besucher aber lag mit „achtzehn bis zwanzig Jahren", angesichts des männlichen Heiratsalters von oft unter 15 Jahren (s. „Kinder"), erstaunlich hoch.[7]

Die juristisch grundsätzliche und die allgemein übliche Rolle der Frau passten sich den Lebensumständen von Familien der *verschiedenen sozialen Schichten* an und erfuhren dadurch *Abwandlungen.*

In den oberen Schichten galt die eben ausgeführte Abschließung uneingeschränkt und wurde durch die unbedingte Verhüllung der Frau in der Öffentlichkeit unterstrichen. Gerade dieser Umstand bildete damit ein soziales Unterscheidungsmerkmal;[8] und es wurde von den Frauen der höheren und mittleren Schichten als gesellschaftliches Vorrecht empfunden.[9]

Unterschiedlich war auch die den Frauen gegenüber gebrauchte Anrede; eine „Frau von Rang" nannte man ḫānum, zu „Frauen untergeordneten Ranges" sagte man begum oder bāǧī, zu den „ärmsten und niedrigsten" za'īfe.[10]

Die „ärmere Ehefrau", also sicher einschließlich derjenigen von Gewerbetreibenden, hatte von früh an das gesamte Hauswesen eigenhändig zu besorgen.[11] Während die Frauen solcher städtischer Kreise aber seltener zum Einkommen der Familie beizutragen hatten, standen die Frauen der Ackerbau-

1 Vgl. Wills, In the Land, 326.
2 Vgl. Wills, Persia, 65 f.
3 S. oben; vgl. Bd I, 49 f.
4 S. S. 29, 35, 39.
5 Vgl. S. G. W. Benjamin, Persia, London 1887, 101.
6 Binning II, 55.
7 Gobineau, Trois ans, 446.
8 S. auch Lycklama II, 338.
9 So noch heute, vgl. Lambton, Dialects, 5; s. auch 395, 397.
10 Polak, Persien I, 224 f.
11 Hume-Griffith, 87.

ern weit überwiegend auch vor dieser Aufgabe. Selbstverständlich war auch für diese Frauen die Hausarbeit vordringlich.[1] In Dašt-i Arġān (westl. Šīrāz) fand Stapf 1885 während des in dem hochgelegenen Gebiet vom November bis März dauernden Winters neben der Hausarbeit auch die Wartung des Viehs in den Händen der Frauen; die Männer ruhten indessen von der sommerlichen Feldarbeit.[2] Häufig bildete auf dem Lande die Familie eine Arbeitseinheit, so sicherlich während der Erntezeit, in manchen Gegenden vielleicht auch ständig.[3] Insbesondere scheinen die Frauen in den kaspischen Provinzen auf dem Felde mitgearbeitet zu haben;[4] ob der Grund hauptsächlich darin lag, dass den Frauen das feuchtheiße Klima zuträglicher als den Männern war,[5] mag dahingestellt sein. In Āẕarbājǧān arbeiteten die Frauen im Allgemeinen nur während der Erntezeit mit,[6] und das wohl nicht in allen Teilen der Provinz.[7] Aus Fasā in Fārs wird auch von Feldarbeit der Frauen berichtet,[8] doch konnte es sich hierbei auch um landwirtschaftliche weibliche Hilfskräfte (s. unten) handeln.

In Gebieten mit Hausgewerbe bildeten die Frauen mit ihren Männern zwar keine Arbeitseinheiten, jedoch Erwerbseinheiten. Das war ausgeprägt so in den Gegenden um Sulṭānābād und ostwärts Hamadān, wo die Frauen hauptsächlich Teppiche knüpften.[9] Besitzer von Webstühlen konnten so, gleichsam als Arbeitskräfte, mehrere Frauen unterhalten.[10]

Eine derartige Arbeitsteilung mit dem Manne führte zwangsläufig zu weniger abgeschlossener Lebensführung der Frau auf dem Lande. Infolgedessen scheint sie durch den Mann mehr respektiert worden zu sein. Auf Wegen um Tūs (nordwestl. Mašhad) sah 1880 O'Donovan durchweg die Frauen auf Eseln und ihre Männer, sofern kein Platz mehr auf den Tieren war, zu Fuß.[11] Am augenfälligsten aber war die auf dem Lande offenbar überall fehlende Verhüllung der Frauen,[12] die bisweilen nur dann vorgenommen wur-

---

1 Vgl. Polak, Persien II, 122; Polak, agrar. Verhältnisse, 121; Polak, Expedition, 106.

2 Vgl, Stapf, Dorfhochzeit, 199 r.

3 S. Brugsch, Reise I, 282.

4 Vgl. Melgunow, Das südl. Ufer, 219; Radde, Reise nach Talysch, 264, lk; S. G. Wilson, Persian life, 272.

5 So H. L. Rabino, Provinces, 28.

6 Vgl. Dieulafoi, La Perse la Chaldée, 70; Feuvrier, 90.

7 Vgl. S. G. Wilson, Persian life, 272.

8 Wills, In the Land, 247.

9 S. auch Brugsch, Reise I, 343, 354; Lycklama III, 533 f; Bérard, 123.

10 T. A. Churchill, 94 lk; Aubin, 315; s. auch 257, 379; a. v. Schweiger-Lerchenfeld, Die Frauen des Orients, Wien-Leipzig 1904, 415, 426.

11 O'Donovan II, 16 f.

12 Es seien einige von zahlreichen Zeugnissen hier belegt: in Mullā Maḥmūd (zw. Mašhad u. Ašqābād): Radde, Wiss. Ergebnisse, 169; ostw. Bārfurūš: Baker, 124; in Ribāṭ Karīm (etwa 40 km südwestl. Ṭihrān): Brugsch, Reise I, 332; zw. Qazvīn u.

de, wenn die Ackerbauern, etwa zum Markte, in nahe gelegene Städte zogen.[1] Dieser verhältnismäßig freie Zustand entsprang zweifelsohne nicht lediglich einer äußeren Zweckmäßigkeit, wie sie die Landarbeit verlangte, sondern auch der höherwertigen Stellung, die ihre Arbeit der Frau verlieh.

Es gab beispielsweise in der Provinz Astarābād eine gleichmäßige Erbteilung zwischen männlichen und weiblichen Familienmitgliedern.[2] Eine Ungebundenheit, wie das gemeinsame unbekleidete Baden beider Geschlechter in einer warmen Quelle bei Ask (12 km südl. des Damāvand),[3] findet nur in einer solchen freieren Stellung ihre Erklärung.

Infolge der ungezwungeneren Lebensweise scheint es sehr wohl möglich, dass das Familienleben den Frauen in den niederen Schichten, und vor allem bei den Ackerbauern, mehr Befriedigung bot als in höheren Kreisen. Für diese bezweifelte Gobineau einen „Geschmack am Leben in der Familie und im Hause".[4]

In jedem Falle aber ist zu sagen, dass die Frauen in der Familie eine zweitrangige Stellung einnahmen, selbst wenn sie als Mütter und alte Frauen geachtet wurden, und man ihnen dann auch einen unbestrittenen Einfluss zuerkannte.[5] Rechtliche Regelungen, wie diejenige, die Frauen nach dem Totschlag eines Verwandten der Blutrache unterwarf, die Männer in solchem Falle aber nur zur Zahlung eines Blutgeldes verpflichtete,[6] bekräftigten die Unterlegenheit der Frau. Die Geburt einer Tochter war kein frohes Ereignis wie diejenige eines Sohnes.[7]

Ohne Zweifel waren die wenigen *allein stehenden Frauen* in mancher Hinsicht selbstständiger. Da es sich infolge des allgemein frühen Heiratens meist um Witwen handelte, besaßen und verwalteten solche Frauen bisweilen größere Vermögen. So fanden sich 1269/1852-3 unter den 104 Hausbesitzern der Ṭihrāner Maḥalle-ji Ark 3 Frauen, davon eine die Witwe des

---

Ardabīl: Ibrāhīm Bēg, 114 Z 18.īī F; in Ābījānek (etwa 40 km südl. Kāšān): Stahl, Reisen, 24; bei Qumišeh: Lycklama II, 447; in Imāmzādeh Ismā'īl (80 km nördl. Šīrāz): Binning II, 359.

1 Vgl. (Anon.), In einem persischen Dorfe, Das Ausland, 137 lk f; Qazvīn: Lycklama II, 148.

2 Curzon, Persia I, 359. Die Verfügungsgewalt des Erblassers war in diesen Dingen gesetzlich nicht beschränkt. Vgl. Querry I, 631 Art. 165 f.

3 Brugsch, Reise I, 296.

4 Gobineau, Trois ans, 446.

5 S. auch Wills, In the Land, 326.

6 S. Brugsch, Im Lande, 242; vgl. Adams, 118.

7 Vgl. Adams, 188; Binning II, 401.

kathudā.[1] Unter den 246 Hausbesitzern des Viertels Pātūq-i Ḥajāt-i Šāhī va Maḥalle-ji Arabhā gab es ebenfalls 3 Frauen, davon eine, die Witwe eines ḫāns, mit drei Häusern.[2] Solche längst volljährigen Frauen bedurften zu einer erneuten Heirat keiner Mittelsperson[3] und waren auch nicht mehr notwendigerweise der Vormundschaft ihrer Väter unterworfen.[4] Doch konnten sie nur in besonderen Fällen Vormünder ihrer Kinder sein.[5]

Die *Stellung* der Frau *in der Öffentlichkeit* bot ein Spiegelbild derjenigen in der Familie. Auch hier bestanden beträchtliche Unterschiede zwischen den sozialen Schichten.

Es sei vorausgeschickt, dass es eine im europäischen Sinne ritterliche oder auch zuvorkommende Grundeinstellung angesichts der abgesonderten Stellung der Frau kaum geben konnte.[6] Bedenkenlosere Elemente neigten daher bei Gelegenheit auch leicht zu sadistischen Ausschreitungen gerade Frauen gegenüber, wie beispielsweise farrāše (Bedienstete im Gefolge Großer) 1849 bei einem offiziellen Empfang in Marand gegenüber neugierigen Passantinnen.[7] Die an Frauen vollzogene Art der Prügelstrafe, bei der die Schläge wahllos auf einen der Delinquentin übergestülpten Sack niedergingen,[8] verrät gleiches. Männer sollen über Frauen, „mit Ausnahme ihrer eigenen, wahre Zoten" verbreitet haben.[9] Andererseits wachte aber die Öffentlichkeit über die Unantastbarkeit der Frauen, wie es Ereignisse in Ẓerreh (50 km ostw. Hamadān), wo 1867 ein Diener Lycklamas badenden Frauen zu nahe getreten war,[10] oder die öffentliche Marterung zweier Kupplerinnen 1867 in Kirmānšāh,[11] zeigten.[12] Ein Zeichen für die, vielfach einer öffentlichen Negierung gleichkommende *Absonderung* ist auch das Fehlen jeglicher

1 Vgl. II (Anon.), Adad, 9 ff.
2 Vgl. a.a.O., 18 ff.
3 Vgl. Querry I, 647, Art. 48, 652, Art. 86.
4 Vgl. Querry I, 650, Art. 69 u. 72, 655, Art.; III, 694, Art. 406; Thot, 390.
5 Vgl. Thot, 370.
6 S. auch Serena, Hommes, 61 f.
7 Vgl. Sheil, 82.
8 Teufenstein, 106 lk.
9 Brugsch, Reise I, 241; vgl. A. v. Schweiger-Lerchenfeld, Die Frauen des Orients, Wien-Leipzig 1904, 418.
10 Vgl. Lycklama IV, 26.
11 Vgl. Wills, In the Land, 122.
12 Vgl. weiter Wills, In the Land, 202; Serena, Hommes, 307.

Frauengefängnisse.[1] In Karawanen reisten die Frauen in einer gesonderten Abteilung.[2]

Innerhalb der Grenzen dieser Absonderung besaßen die Frauen *Bewegungsfreiheit.* Es war ihnen möglich, Bekannte, Bäder oder Wallfahrtsorte zu besuchen, und dabei sogar einige Tage von zu Hause fern zu bleiben, ohne ihre Gatten ausdrücklich um Erlaubnis zu fragen.[3] Solche, von Frauen gern besuchte Wallfahrtsorte waren um Ṭihrān Šāh ʻAbdu'l-ʻAzīm, Imāmzāde Qāsim in Taǧrīš, und Bībī Šahr Bānū.[4] Allerdings hätte es in den oberen Schichten bis herab zu der der Gewerbetreibenden „einen Skandal" hervorgerufen, wenn eine junge Frau diese Freiheiten vor ihrer ersten Entbindung wahrgenommen hätte.[5] Auch nach der ersten Niederkunft bewegten sich die Frauen dieser Schichten wohl verhüllt im Allgemeinen in Begleitung von Dienerinnen[6] oder verwandter Frauen[7] in der Öffentlichkeit. Die Frauen niederer städtischer Schichten, wo man solche strengen Regeln nicht übte, waren es vor allem, die bei öffentlichen Anlässen die Zuschauerinnen, oder bei Zusammenrottungen, wie etwa der Hungersdemonstration am 31. März 1861 vor der Residenz,[8] einen tätigen Teil der Menge stellten. Bei dem Einzug eines neuen Gouverneurs am 4. Juni 1881 in Šīrāz sah man als Zuschauer nur Frauen „der niederen und mittleren Klassen".[9] Aber auch solche Frauen flohen die ungebetene Gegenwart von Männern.[10] Immerhin scheinen ältere Frauen, vor allem vor Geistlichen, weniger Scheu an den Tag gelegt zu haben.[11] Allen Frauen war zwar die Teilnahme an öffentlichen Unterhaltungen, etwa durch Geschichtenerzähler, verwehrt, nicht dagegen das Zuhören bei Predigern.[12] Dass *Geistliche* die Teilnahme von Frauen bei Volksbelustigungen ungern sahen, wie es die Ereignisse um die Feiern des nourūz 1897 in Mašhad zeigten,[13] weist, zusammen mit dem eben erwähn-

---

1 Wills, Persia, 73; Curzon, Persia I, 458. Im Verlauf von Verfolgungen der Bābī vor 1860 wurde eine 70 jährige Anhängerin der Sekte auf Grund der Äußerung des Schah, „es ist nicht gut für eine Frau, eingesperrt zu sein", hingerichtet. Browne, A Year, 565.

2 Brugsch, Im Lande, 98.

3 Vgl. Binning II, 396, 398 ; Gobineau, Trois ans, 444; s. auch Polak, Persien I, 225; A. v. Schweiger-Lerchenfeld, a.a.O., 418.

4 Gobineau, Trois ans, 444 ; s. Brugsch, Reise I, 230.

5 Wills, Persia, 65.

6 Vgl. Brugsch, Im Lande, 131; Binning II, 394.

7 Vgl. Wills, Persia, 66.

8 Brugsch, Reise II, 331; vgl. Eastwick I, 288.

9 A. C. Yate, Memories, 268.

10 Vgl. ein Erlebnis 1861 in Sārī. Brugsch, Reise II, 461.

11 Vgl. Vambery, Meine Wanderungen, 72.

12 IV. Ansarī, 32 f.

13 S. S. 157.

ten, auf die Besorgnis dieser Hüter des Gesetzes um die Bewahrung der abgesonderten Stellung der Frau.

Die meisten dieser Beschränkungen von Städterinnen beengten nicht die Frauen der Ackerbauern.[1] Diese scheuten auch oft die Unterhaltung mit Fremden nicht.[2] So konnte 1866 Lycklama auch nur noch in einem Weiler, Mašhad bei Pasargadae, eine Tanzdarbietung unverschleierter Frauen erleben,[3] wie sie sonst um diese Zeit fast nirgends mehr öffentlich aufgeführt wurde.

Doch die Sonderung der Frauen, sowohl in der Öffentlichkeit als auch in der Familie, scheint sich damals ganz allmählich gelockert zu haben. Bereits in den 40er Jahren des 19. Jahrhunderts hatte in Tabrīz, dem damaligen Haupteinfallstor europäischer Einflüsse, der „aufgeklärte" Prinz Malik Kāẓim Mīrzā dem französischen Zeichner Flandin Zutritt zu den Gemächern seiner Frauen verschafft.[4] Eine hochgestellte Perserin, deren Mann zeitweise abwesend war, vertraute Mme. Serena an, sie ginge gelegentlich in Männerkleidung aus, um die Ṭihrāner Teehäuser[5] betreten zu können.[6] Auf jeden Fall kann das Beispiel europäischer Frauen, wie sie vor allem in der Hauptstadt lebten, nicht ohne Wirkung geblieben sein, denn nach 1890 heißt es aus Ṭihrān, den Frauen würde „ständig[7] mehr Freiheit gegeben".

Öffentlicher Einfluss war schon von jeher einzelnen Frauen möglich gewesen, sofern bei ihnen Stärke der Persönlichkeit mit bestimmten sozialen Voraussetzungen zusammentraf. Ein solcher, man darf sagen altislamischer, wenn auch stets seltener Frauentyp, fand sich in Persien auch während der Regierungszeit Nāṣiru'd-Dīns.

Die Frauen genossen im Allgemeinen bei den Wanderhirten mehr Freiheiten als bei den Sesshaften; so besetzten sie in Familien regierender ḫāne, die ja zumeist aus führenden Schichten der Stämme kamen, auch hier und dort öffentliche Ämter. Die Frau des ʿAbbās Qulī Lārīǧānī führte von 1848 bis mindestens 1851 während seiner Abwesenheit mit allerseits anerkanntem Geschick in Ask (12 km südl. des Damāvand) die Geschäfte als Gouverneur.[8] 1867 verwaltete in Dījer (etwa 130 km südostw. Būšahr) Fatu, die Frau des regierenden ḫāns von Daštī, einen Kanton. Sie benutzte für ihre Amtsführung aber Namen und Siegel ihres Sohnes Ǧamāl Ḫān, der seinerseits

1 Vgl. Wills, Persia, 65.
2 Vgl. Binning II, 393.
3 Lycklama II, 463.
4 Flandins indiskrete Veröffentlichung schuf dem Prinzen schwere, nur durch hohe Summen zu beseitigende Ungelegenheiten. Flandin, Souvenirs, 1126 ff.
5 Vgl. S. 37.
6 Serena, Hommes, 62 Anm..
7 Wishard, 94.
8 Vgl. Sheil, 264 f.

einem anderen Kanton vorstand.[1] In den 80er Jahren „leitete" die mit dem Schah verwandte Šāhzādeh Ḫānume „im wesentlichen die Geschäfte" ihres Sohnes Mīr Luṭf ʿAlī Ḫān, Seifu'l-Mulk, des Gouverneurs des Distriktes „Nāmīn" am Āstārā Rūd (ostw. Ardabīl).[2] Die Mutter von Mīr ʿAlam Ḫān in Birǧand übte „beträchtlichen Einfluss" auf die Regierungsgeschäfte ihres Sohnes aus.[3] Solch eine freiheitlichere Stammestradition mag auch die Stellung der Maʿṣūma hervorgebracht haben, die sich 1904 in einem ungenannten Dorfe des Distrikts Šahristān in Sīstān als kathudā seit längerer Zeit im Amte hielt.[4]

Von Frauen in öffentlicher amtlicher Tätigkeit erfahren wir auch aus Šīrāz, also aus städtischem Bereich. 1802, also früh im 19. Jahrhundert, nennt dort Waring für jeden Stadtteil die Aufgaben einer sogenannten katbānū, die als Gattin des kathudā unter den Frauen ihres Viertels vor allem zu vermitteln und zu schlichten hatte.[5] Nicht lange danach stand in Šīrāz in einem besonderen Verhältnis als Gehilfin ihres Mannes „Ḥāǧǧī Bībī", die „im ganzen Lande durch ihre Energie" berühmte Frau des „Ḥāǧǧī Qavām"; darüber hinaus leitete sie in „seiner Abwesenheit alle Geschäfte",[6] welche oft genug dunkelster Art waren. Wie weit auch in Städten anderer persischer Gebiete derartige, wenn auch nur helfende Amtstätigkeiten von Frauen Notabler ausgeübt wurden, sagen die verfügbaren Quellen nicht. Offenbar ließ die gesellschaftliche Stellung der Frau auch bei diesen wenigen öffentlichen einflussreichen Vertreterinnen ihres Geschlechts nur selten eine Amtsführung im eigenen Namen zu.

Die kaum durch Ausnahmen aufgelockerte Abschließung der Frau vom öffentlichen Leben machte es verständlich, dass die wenigen, ihr erreichbaren ***beruflichen Tätigkeiten*** nur untergeordneter Art sein konnten.

So gab es berufstätige Frauen vor allem als Manufakturarbeiterinnen, Dienerinnen[7] und Landarbeiterinnen.[1] Als Teppichknüpferinnen – in klei-

1 Vgl. Colwill, 37; s. auch S. 66.

2 Radde, Reisen an die persisch-russische Grenze, 141.

3 Vgl. Bellew, From the Indus, 301; A. Gabriel (Im weltfernen Orient, München - Berlin 1929, 122) berichtet 1928 aus Basāǧird: „Herrscher in Angūrān sind zwei Frauen, Bībī Zahrā, die Witwe des einst so mächtigen Muḥammad Ḫan und ihre Bībī Kaidū, die Erbin nach ihrem Vater." Ohne Zweifel spielten, vor allem in Südpersien, besondere beduinische Verhältnisse in diesen Dingen (vgl. M. v. Oppenheim, Die Beduinen I, Leipzig 1939, 147) mit.

4 Vgl. Tate, 325.

5 Vgl. Waring, 65.

6 Polak, Persien II, 7 u. Anm.; vgl. Gobineau, Trois ans, 177.

7 S. auch Serena, Hommes, 70; Dieulafoi, La Perse La Chaldée, 178; Stolze-Andreas, 85.

neren Betrieben angestellte Frauen verdienten um 1890 in Sulṭānābād – umgerechnet etwa 6 Goldmark (GM) monatlich;[2] zur selben Zeit entlohnte man „Weberinnen" im allgemeinen mit 6,50 GM im Monat.[3] Diese Löhne zeigen einen Abstand zu vergleichbaren Verdiensten der Männer etwa von 40 zu 100.[4] Diese schlechtere Entlohnung gerade in Tätigkeiten, in denen Frauen gleiche oder auch bessere Leistungen als der Mann erreichen konnte, drückte ihre mindere Einschätzung deutlich aus. Ohne Zweifel wurden die Löhne der „manchmal auch" in den Türkisgruben nordwestlich Nīšāpūr arbeitenden Frauen[5] in einem ähnlichen Verhältnis bemessen. – Die etwa 1882 von einem Europäer an eine Wäscherin und deren Gehilfin gezahlten Löhne von monatlich 17,50 und 10,50 GM[6] lagen wesentlich höher, als sie von persischen Dienstherren gegeben wurden. Landarbeiterinnen entlohnte man auch teilweise durch Naturalien.[7]

Ein anderer Frauenberuf war der der Grundschullehrerin für den Unterricht bei Mädchen;[8] meist übten ihn die Frauen der Schulmeister aus.[9]

„Viele Frauen" beschäftigten sich „ausschließlich" mit der Heilung von Augenkrankheiten, und zwar nach der Feststellung europäischer Ärzte[10] mit gutem Erfolg.

Ammen, besonders bevorzugt, wenn sie aus Wanderstämmen kamen, waren eigentlich nicht als berufsständige Frauen anzusehen, da man sie in gewisser Weise zur Familie zählte, wo sie oft bis ins hohe Alter verblieben.[11]

Sicherlich war eine Tätigkeit als Posthalterin außergewöhnlich, wie sie in Ḫuškūh (130 km nordwestl. Kirmān)[12] eine alte Frau, vielleicht auch nur vertretungsweise ausübte. Trödlerinnen, „armen alten Frauen und Witwen", soll „in jeder Stadt und jedem Dorf" eine bestimmte Örtlichkeit, streng von den Basaren getrennt, für ihr Gewerbe zugewiesen worden sein.[13]

---

1 So in Gīlān: vgl. Bouvat, Le commerce, 183 f; für die Gegenwart s. Lambton, Dialects, 1.

2 Vgl. Floyer, Baluchistan, 374.

3 Vgl. T. A. Churchill, 99 lk.

4 Vgl. S. 283 f.

5 Houtum-Schindler, Die Gegend, 308.

6 Vgl. Wills, In the Land, 186.

7 Für die Gegenwart vgl. Lambton, Landlord, 375.

8 Vgl. Brugsch, Reise II, 186.

9 Vgl. Brugsch, Reise I, 217. Diese Frauen wurden möglicherweise, wie heute auch, „mullā bāǧī" genannt. Nach einer mündlichen Mitteilung.

10 Vgl. Brugsch, Reise II, 17.

11 Vgl. Polak, Persien I, 195, 204. Über die den Ammen gesetzlich zuerkannte Verwandtschaft mit der Familie des Pfleglings, welche auch Ehehindernisse begründete, s. Querry I, 657 ff.

12 Goldsmid, Telegraph, 579.

13 Adams, 161.

Selbstverständlich stellten die Frauen einen großen Teil an den der Unterhaltung gewidmeten Berufen der Tänzer und Sänger. Mit vermutlich wenigen Ausnahmen beschränkte sich ihr Auftreten aber auf die Frauengemächer größerer Häuser.[1] Ein Mittelpunkt des Vergnügungslebens war Šīrāz.[2] Da Tänzerinnen nur bei Veranstaltungen im engen Kreise auftraten, erwähnen die Quellen sie zwar seltener als ihre männlichen Berufsgenossen, doch scheinen sie dessen ungeachtet zahlreicher gewesen zu sein. Jedenfalls bestanden 1907 in Ṭihrān, getrennt von den 14 Trupps männlicher Sänger und Tänzer mit vielleicht 150 Personen, 40 Trupps mit wohl über 400 Tänzerinnen und Sängerinnen. Auch sie hatten ihre Steuern an den Hofbeamten mit dem Titel eines Iḥtišām-i Ḫalvat abzuführen.[3] Dass die Angehörigen dieses sehr wenig angesehenen Berufes oft gleichzeitig Prostituierte waren, zeigt ein folgender Absatz.

Schließlich gab es Bettlerinnen.[4] Waren sie jung, so scheuten sie nicht das Kokettieren mit ihrer verschleierten Umhüllung, um die Freigiebigkeit der Vorübergehenden zu steigern.[5]

Diese Vielzahl aufgeführter Tätigkeiten bedeutete aber keineswegs, dass eine maßgebliche Zahl von Frauen im beruflichen Leben stand. Ihr Anteil dürfte noch am stärksten im textilen Gewerbezweig und bei den Angehörigen der leichten Muse gewesen sei. Unverkennbar ist ein Streben nach Diensten, die an eine Familie gebunden blieben oder doch innerhalb eines Haushalts geleistet wurden. Nach alledem brachten auch berufliche Tätigkeiten die Frauen nur selten und sehr bedingt in Berührung mit der wesentlich durch den Mann bestimmten Gesellschaft.

Im Folgenden seien einige Umstände untersucht, die das soziale Dasein von Frauen auf verschiedene Weise bestimmten.

Die Abschließung der Frau wirkte maßgeblich auch auf ihre geistigen *Bildungsmöglichkeiten*. In den höheren Schichten waren anscheinend die meisten Mädchen des Lesens und Schreibens kundig und hatten den Koran und einige persische Dichter gelesen.[6] Doch nicht immer beherrschten alle Frauen dieser Kreise die Fähigkeiten gleichmäßig; während beispielsweise die Prinzessinnen recht gründlich ausgebildet wurden, legte man allgemein auf eine Unterweisung im Schreiben weniger Wert, angeblich um Möglich-

1 Vgl. Häntzsche, Spezialstatistik, 440; Aubin, 230; s. auch Brugsch, Reise I, 187.
2 Vgl. Vambery, Meine Wanderungen, 237; Brugsch Reise I, 187.
3 Aubin, 231; siehe auch Bd I, 221.
4 Vgl. Häntzsche, Spezialstatistik, 442; Raffi, 11 f.
5 Brugsch, Im Lande, 131 f; vgl. E. C. Sykes, Through Persia, 217.
6 Vgl. Pfeiffer III, 235 (nach einer Äußerung von Dr. Casolani, Leibarzt bei Muḥammad Šāh); Sheil, 146; Binning II, 399; Wills, In the Land, 339.

keiten zu „Schleichwegen der Liebe“ einzudämmen.[1] Wahrscheinlich bildete man unter den höheren Geistlichen und den Gelehrten die Töchter besser aus als bei den meisten anderen Gebildeten. Auch im 19. Jahrhundert dürfte noch etwas von der besonderen geistigen Bildung der „Frauen in den gelehrten Schiitenkreisen“[2] der Ṣafavīdenzeit vorhanden gewesen sein.[3] So waren Frau und Schwiegermutter von Mīrzā Muḥammad Ḥasan, eines hervorragenden Anhängers des „Bāb“, im Persischen und Arabischen belesen und theologisch gebildet;[4] gleiches galt auch für die schöne „Prophetin“ der Bābī, Qurratu'l-ʿAin.[5] Solche Aneignung überlieferten Wissens ermöglichte es den Frauen dieser Schichten bei ihrem weitgehend in der Abgeschlossenheit ihrer Gemächer verlaufenden Leben kaum,[6] eine wirkliche Lebenserfahrung zu erwerben und beließ sie in vieler Hinsicht unwissend.[7] Allerdings drangen in die oberen Schichten in den Städten, vor allem in Ṭihrān, europäische Einflüsse. Ihre Wirkung auf Kleidung und Gebaren der Damen in Regierungskreisen der Hauptstadt erlebte 1895 Miss Sykes.[8]

Die Frauen der Ackerbauern hatten ohne Zweifel fast nie eine Schule besucht und verließen weit seltener ihre Wohnorte[9] als die häufiger wallfahrenden Städterinnen. Doch durfte ihnen infolge ihrer stärkeren Teilnahme am Leben außerhalb der Familie, innerhalb ihres sozialen Bereiches eine abgerundete Lebenserfahrung, als zumindest den Gebildeten unter den Städterinnen, zugewachsen sein.

In den 70er Jahren rechnete Wills auf eine Frau mit geistiger Ausbildung etwa 50 solcher Männer,[10] wobei die Frauen der Ackerbauern sicherlich einbezogen waren. Bei dem Ausbildungsstand der Männer[11] kann das unter den Sesshaften insgesamt mehr als 50.000 Frauen bedeutet haben.[12]

---

1 Nicolas, 477; s. Brugsch, Reise I, 306; vgl. Wills, In the Land, 339.

2 R. Strothman, Die Zwölfer-Schia, Leipzig 1926, 97; dazu vgl. auch Marāġī, Ḥairāt, passim.

3 Über eine „Belebung des Bildungstriebes der Frauenwelt“ z. Zt. Fatḥ ʿAlī Šāh's, s. A. v. Schweiger-Lerchenfeld, Die Frauen des Orients, Wien-Leipzig 1904, 403.

4 IV, Hamadānī, 94 f.

5 A.a.O., 274.

6 Vgl. besonders die Schilderung bei Binning II, 396 f; s. auch A. v. Schweiger-Lerchenfeld, a.a.O., 420.

7 S. Binning II; 399.

8 Vgl. E. C. Sykes, Through Persia, 22.

9 Vgl. K. Hadank, Die Mundarten von Khunsar...., in: Kurdisch-Persische Forschungen, Abt III, Bd I. Berlin-Leipzig 1926, LXIII f (zit. Zukovskij, um 1887).

10 Wills, In the Land, 339.

11 Vgl. Bd I, vor allem 171 f.

12 Die Gesamtzahlen der Bevölkerung s. „Statistische Gesamtentwicklung“.

Abschließung, meist fehlende geistige Verbindung zum Manne, vor allem wohl aber biologische und seelische Folgen der Mehrehe[1] berührten die *eheliche Treue* offenbar eines größeren Kreises persischer Frauen. Zu den genannten Ursachen trat möglicherweise auch ein starker Lebenshunger der persischen Frau, die angesichts ihrer allgemein in den 30ern aufhörenden Menstruation, rasch alterte.[2] Hinzu trat ein manchmal sexuell widernatürliches Verhalten ihrer Männer.[3] Es versteht sich, dass manche Umstände vielen Frauen „vollständig seit der Jugend den Gefallen am Leben in der Familie und im Hause" verderben konnten.[4] Damit bestand auf jeden Fall in den höheren Schichten, in denen die Mehrehe – und wohl auch Widernatürlichkeiten – häufiger auftraten, eine gewisse Neigung zu ehelicher Untreue. Selbstverständlich übertrieben persische Gewährsmänner bei der verbreiteten Vorliebe für Skandalgeschichten[5] auch in diesen Dingen. Auf jeden Fall nutzten manche Frauen zur Pflege von Liebschaften ihre Verhüllung und Bewegungsfreiheit, vor allem bei Wallfahrten;[6] und sie verschmähten auch Dienste gewerbsmäßiger Kupplerinnen und selbst bestochener Eunuchen nicht.[7] Wenn auch Äußerungen von Persern, nach denen es, ausgenommen die Frauen der Wanderstämme, in Persien nur „wenige keusche Ehefrauen" gegeben habe,[8] und ähnliche Angaben aus Iṣfahān[9] und Šīrāz,[10] in ihrer Verallgemeinerung als Übertreibungen kenntlich sind, so konnte doch der gut unterrichtete Polak „in den Städten so häufige Fälle" ehelicher Untreue feststellen,[11] dass die Erscheinung einigermaßen verbreitet gewesen sein muss. Dafür mag, zumindest für höhere Schichten, bezeichnend sein, dass man in der Öffentlichkeit die Mutter des Schah für ihre jüngeren Jahre weitgehend mit derlei Dingen belastete.[12]

---

1 Vgl. Polak, Persien I, 226.

2 Polak, Persien I, 202, vgl. 227; Persien II, 323.

3 So war es nach Feststellungen des Arztes Dr. Polak (Prostitution, 628) „z.B. in Tabrīz Sitte (!), dass nur am Freitag wegen des legalen ius thori der Coitus natürlich, an anderen Tagen widernatürlich stattfindet". Vgl. auch Brugsch, Reise I, 240. Das kanonische Gesetz, angesichts des Streites der Rechtsgelehrten nicht eindeutig in diesem Punkte, leistete dem natürlichen Akt bis zu einem gewissen Grade Vorschub, indem es ihn nur als „sehr tadelnswert" bezeichnete. S. Querry I, 643, Art. 27; zu dieser unnatürlichen Neigung vgl. im Übrigen unten f.

4 Gobineau, Trois ans, 446.

5 Vgl. Bd I, 40, 169.

6 Vgl. für Ṭihrān: Brugsch, Reise I, 230; Serena, Hommes, 62; für Jazd: Stack I, 293.

7 Polak, Prostitution, 563.

8 Binning II, 407.

9 Dieulafoi, La Perse la Chaldée, 261.

10 A.a.O., 461; vgl. Wills, In the Land, 276; Brugsch, Im Lande, 244.

11 Polak, Prostitution, 563; s. auch Brugsch, Reise I, 240.

12 Vgl. Gobineau, Lettres, 218; Wills, In the Land, 202 f.

Solche Übertretungen erstreckten sich aber auch auf Kreise des Militärs und der Bediensteten.[1] Auch Frauen der „armen Klassen" sollen sich in Tabrīz, „der Liederlichkeit mit einer äußersten Leichtigkeit hingegeben haben";[2] man wird unter diesen „Klassen" nicht etwa auch die Gewerbetreibenden, sondern sicher nur einen Pöbel der Stadt zu verstehen haben. In diesem Falle, wie auch wohl vielfach sonst,[3] sollen die Männer infolge anderweitiger Neigungen[4] recht gleichgültig gegenüber der Treue ihrer Frauen gewesen sein, diese zumindest nicht gefördert haben. Es ist immerhin bedeutsam, dass Ibrāhīm Bēg, indem er, bestimmt zu Recht,[5] eine eheliche Untreue unter den Frauen der Ackerbauern ausschließt,[6] darin einen Gegensatz zur Städterin im Auge gehabt zu haben scheint.

Die vom Gesetz für erwiesenen Ehebruch vorgesehene Todesstrafe scheint meist nicht angewendet, sondern in solchen Fällen nur die Scheidung ausgesprochen worden zu sein.[7] Im Süden des Landes allerdings, und dort in mittleren städtischen Schichten mit größerer Sittenstrenge, mag noch die gesamte Familie einmütig eine Gerichtsbarkeit gegenüber treulosen Frauen geübt haben. Der Arzt Dr. Wills wusste von einer Hinrichtung durch Gift in den 70er Jahren in einer Handwerkerfamilie unter Mithilfe von Mutter und Schwiegermutter der Ehebrecherin.[8] Er betrachtete solche Vorkommnisse sogar als die Regel in Südpersien.[9] Außerehelichen Geburten wäre ohne weiteres die Hinrichtung der Mutter und des Kindes gefolgt; derartig klare Beweise ehelicher Untreue waren aber fast stets zu vermeiden, wobei auch von Ammen, vor allem in Ṭihrān, vorgenommene Abtreibungen mithalfen.[10] Mme. Serena erwähnt den gewiss ungeheuer seltenen Fall einer unehelichen Geburt. Dort hatte die Tochter eines „wohlhabenden Grundbesitzers" bei Rašt nach einer Vergewaltigung ein Kind geboren. Der Bruder des Mädchens ruhte nicht, bis er das Kind getötet hatte; auf Anraten eines Geistlichen schonte er erst dann das Leben der Schwester, doch wurde sie verstoßen und verlor den Verstand.[11]

Im Gegensatz zu ehelicher Untreue soll Unkeuschheit vor der Ehe „sehr

---

1 Wills, In the Land, 316.
2 Hommaire, Voyage II, 17.
3 Vgl. Binning II, 401.
4 Zum Teil homosexueller Art, vgl. „Kinder".
5 Vgl. Wills, In the Land, 316.
6 Vgl. Ibrāhīm Bēg, 114 Z 18 f.
7 So Binning II, 405; Polak, Prostitution, 563.
8 Wills, In the Land, 276.
9 Vgl. Wills, Persia, 96 f.
10 Polak, Persien I, 217 f.
11 Serena, Hommes, 334 f.

ungebräuchlich" gewesen sein,[1] wobei auch das äußerst geringe allgemeine Heiratsalter eine gewisse Rolle gespielt hat.

Als eine Folge der genannten Umstände war auch wohl ein gewisser *Alkoholmissbrauch* durch Frauen, vor allem höherer Schichten, anzusehen.[2]

Nachdem eheliche Verfehlungen von Frauen in einer gewissen Breite behandelt worden sind, erscheint es noch einmal nötig, auf die auf die Städte beschränkte und auch dort immerhin begrenzte Ausdehnung dieser Erscheinung hinzuweisen. „Einzelnen Frauen" gab „die öffentliche Meinung" das „ungeteilte Lob" nicht nur geistvoller Anmut, sondern auch eines „anständigen Zartgefühls".[3]

Als grundsätzlich völlig getrennt von Ausschweifungen städtischer Ehefrauen ist selbstverständlich die *Prostitution* anzusehen.

Da die eigentliche Prostitution gesetzlich verboten war und unter Todesstrafe stand,[4] bediente sie sich der Institution der Zeitehe. In dieser Form fand sie ihre gesetzliche Anerkennung und stand unter dem Schutze der Geistlichkeit, deren niedere Ränge sich mit der Beurkundung und auch der Vermittlung solcher Verbindungen befassten.[5] Die in besonderen Gassen, wie in Rašt[6] und Qum[7] zusammenwohnenden Frauen dieser Art, oder diejenigen, die „aus allen Teilen des Landes" nach Mījaneh, einem Durchgangsort an der verkehrsreichen Strasse von Tabrīz nach Ṭihrān, kamen,[8] zeigten in diesem Gebaren keinen Unterschied zu Prostituierten anderer Länder.

Immerhin gab es auch in Persien eigentliche Prostituierte, auch wenn sie nicht immer deutlich von den ihre Tätigkeit durch Zeitehen legalisierenden zu scheiden waren.[9] Ihr Gewerbe konnte aber fast nur im Schutze Mächtiger bestehen. Einzelne Kurtisanen wussten sich durch Geist und Schönheit bei größeren Machthabern zu behaupten; auch der Schah soll einige gehalten haben.[10] Im Allgemeinen aber gedieh die Prostitution unter Polizeichefs und

1 Vgl. Wills, In the Land, 316.
2 Brugsch, Reise I, 240; Vambery, Meine Wanderungen, 236; Gobineau, Lettres, 218, 434 f.
3 Brugsch, Reise I, 240.
4 Vgl. Häntzsche, Haram, 434.
5 Häntzsche, Haram, 375 f, 378.
6 Vgl. Häntzsche, Haram, 432.
7 Brugsch, Im Lande, 300.
8 Vambery, Meine Wanderungen, 71.
9 Vgl. Polak, Prostitution, 563.
10 Polak, Prostitution, 563, 563 Anm.. Polak will selbst „des Königs berühmteste Buhldirne heimgeführt" haben.

Bürgermeistern der Städte. Sie zogen insbesondere aus den „ansehnlicheren“ unter den Dirnen Gewinne und gebrauchten sie auch zu polizeilichen Spitzeldiensten. Solche Verhältnisse bestanden in den 50er Jahren in Tabrīz, Qazvīn, Hamadān, Iṣfahān, Qum und Šīrāz.[1] Einen besonderen Ruf in diesen Dingen muss das Vergnügungszentrum Šīrāz,[2] jedenfalls im ganzen 19. Jahrhundert besessen haben.[3] 1802, zur Zeit des Frauen liebenden Fatḥ ʿAlī Šāh, standen die Prostituierten der Stadt unter dem „unmittelbaren Schutze des Gouverneurs“. Sie waren sorgfältig registriert und wurden stets ersetzt, sobald eine „starb oder heiratete“, ein Zeichen für die Gewinn abwerfende Blüte des Gewerbes in Šīrāz. Nach Qualität und Preisen bewohnten sie getrennte Strassen. Allerdings bezahlten diese Prostituierten die ihnen gewährte Förderung mit „schwersten Steuern“.[4] Dazu erpressten Beamte wohl auch noch wohlhabende Kunden gelegentlich. Watson wusste von solch einer Zahlung an den Polizeichef von 50 tūmān[5] im damaligen Werte von etwa 1.025 GM.[6] In den 80er Jahren standen die Šīrāzer Prostituierten unter der „unumschränkten Gerichtsbarkeit des Polizeichefs oder öffentlichen Scharfrichters“. Schon diese Formulierung, vor allem aber der seit 1802 offenbar neue Umstand, dass man Dirnen, wenn sie in irgendein Delikt verwickelt waren, der sie als Prostituierte zu erwartenden Todesstrafe überantwortete,[7] zeigt zu Ende des Jahrhunderts in Šīrāz eine größere Strenge gegen das öffentliche Gewerbe. In Kirmānšāh wohnten 1867 die Prostituierten gar im Hause des „öffentlichen Scharfrichters“.[8] 1879 sollen in Jazd, einer Stadt von etwa 50.000 Einwohnern,[9] 500 Prostituierte in den Steuerlisten gestanden haben.[10] Eine Gesundheitskontrolle war damit nicht verbunden, so dass, wie auch anderswo, Geschlechtskrankheiten verbreitet waren.[11]

Nicht an allen Orten und zu jeder Zeit scheinen diese eigentlichen Prostituierten geduldet worden zu sein. Denn eine persische Quelle berichtet 1881 aus Urūmijeh von sieben „unzüchtigen Frauen“, die „den Soldaten

1 Polak, Prostitution, 564
2 A.a.O. 401, 495.
3 S. auch Polak, Prostitution, 564.
4 Waring, 80.
5 Waring, 68.
6 GM = Goldmark. Für beide Bände umgerechnet und durchgängig als Wertmaßstab verwendet. Eine GM enthält 0,358423 g Feingold. Zur Untersuchung vgl. Bd I, 345, Anm. 2.
7 Wills, Persia, 40.
8 Wills, In the Land, 110.
9 Houtum-Schindler, Südl. Persien, 320.
10 Houtum-Schindler, Südl. Persien, 321.
11 Vgl. Houtum-Schindler, Südl. Persien, 321 und Polak, Prostitution, 565.

nachgelaufen" seien, und daraufhin schrecklich hingerichtet wurden.[1] Anderswo sollen Skandale oft den Anlass dazu geboten haben, die Prostituierten, zumindest zeitweise, auszutreiben.[2]

Galten Prostituierte und Tänzerinnen der öffentlichen Meinung ohne weiteres als gleichbedeutend,[3] so waren sie es wohl auch tatsächlich.[4] „Die meisten Tänzerinnen" sollen zum Stamm der Susmānī gehört haben,[5] deren Frauen gewerblich beide Tätigkeiten ausübten.[6] Die Quellen bezeichnen sie meist als Zigeuner; sie zogen in Begleitung ihrer musizierenden Männer in Persien umher.[7] – Auch der kleine Stamm der „Khitur" um Qahnū (110 km nordostw. Mīnāb) stand in dem Ruf, seine Frauen, selbst die verheirateten, zu prostituieren.[8]

Der Erwerb der Prostituierten war naturgemäß sehr unterschiedlich. Ohne Zweifel verdienten die durch Zeitehen legalisierten Dirnen verhältnismäßig weniger als die Prostituierten, da jene als ihren Anteil an den vermittelnden mullā offenbar die Hälfte der Einnahme abzugeben[9] und nicht das schwere Risiko jener zu tragen hatten. Die kürzer als einen Tag oder auf eine Stunde währenden Verbindungen in Zeitehe sollen den Prostituierten in Rašt 1864 „die Hälfte etwa" einer „kupfernen Morgengabe", also nicht einmal 1/2 qirān (damals 38 Pf) eingebracht haben.[10] Unter den eigentlichen Prostituierten reichten 1802 die Verdienste in den verschiedenen Güteklassen für eine Begegnung von 2 tūmān (etwa 41 GM) bis herab zu 1 qirān (etwa 2,05 GM) und darunter.[11] Polak berichtet von kostbaren Schalstoffen im Werte von 150 bis 380 GM, mit denen man Kurtisanen nach Orgien in reichen Häusern entlohnte.[12]

Die Prostitution trat also in zwei Formen auf. Vor dem strengen Gesetz bedurfte sie in einem Falle der Legalisierung durch Geistliche, im anderen

1 S. Duval, 36 f.
2 Vgl. Polak, Prostitution, 564.
3 S. auch Kégl, Memoiren, 262.
4 Vgl. Polak, Prostitution, 563, 564.
5 Polak, Persien I, 293.
6 S. Polak, Prostitution, 564; Brugsch, Reise II, 304; Häntzsche, Haram, 431; Lycklama IV, 34.
7 Vgl. Brugsch, Im Lande, 169 f.; Lycklama IV, 54; (Pisson), Reise, 123 r; Ceyp, Beiträge, 78 r. Siehe über die Susmānī ferner: Binning II, 141; Lycklama IV, 34; Polak, Expedition, 107; Le Comte, Kourdes,269.
8 Abbot, Geogr. Notes, 51.
9 Häntzsche, Haram, 432; vgl. Vambery, Meine Wanderungen, 71.
10 Häntzsche, Haram, 432. Zu den Münzarten s. Bd I, 345 Anm. 2.
11 Vgl. Waring, 80.
12 Polak, Prostitution, 564.

war ein behördlicher Schutz notwendig. Beide Arten verdeckter Prostitution scheinen gegen das Ende der hier untersuchten Zeit zurückgegangen zu sein.

Die persischen Frauen der Städte lebten im Ganzen unter sich. Sie standen mit der die Gesellschaft bestimmenden Welt der Männer im Wesentlichen nur in der Familie in Verbindung. Beides gab der Frau weniger als im Abendland die Möglichkeit, gesellschaftlich verbindliche Normen mitzutragen,[1] zumal ihr auch Lebenserfahrung und geistige Bildung dazu fehlten. Etwa seit der Jahrhundertwende in höheren und mittleren Schichten bei den Frauen einsetzende moderne geistige Impulse[2] hatten noch keine unmittelbaren sozialen Auswirkungen.

Anders verhielt es sich bei den Frauen der den weitaus größten Teil des Volkes stellenden Ackerbauern und Wanderhirten. Ihre Abschließung gegenüber dem Bereich des Mannes griff nicht so tief wie bei der Städterin, was sie in lebendiger Berührung mit ihrer Umgebung beließ. Die natürliche Ausgewogenheit ihrer Stellung barg keine Spannungen, aber von daher blieb sie für neuere Anregungen unempfänglich.

Auch in der unterschiedlichen Stellung ihrer Frauen spiegelte sich die große Verschiedenartigkeit der Stadtkultur und des ländlichen Lebens,[3] übrigens ein in seinem Ausmaß für den gesamten Islam charakteristischer Umstand.

1.1.3 Kinder

Das Leben der Kinder wurde durch die Verhältnisse in der Familie bestimmt, die von der grundsätzlich unbestrittenen Vorherrschaft des Vaters geprägt war.

Zunächst sollen einige rechtliche Bestimmungen und ihre Anwendung die *Stellung* der Kinder *in der Familie* umschreiben.

Sie verpflichteten den Vater zur materiellen Sorge für seine Kinder,[4] die auch nach einer Scheidung oder nach dem Ablauf einer Zeitehe blieben.[5]

---

1 S. auch Binning II, 399.

2 Vgl. die erste Versammlung des Frauenverbandes Anǧumān-i Nisvān am 5.10.1907. Bouvat, Sociétée, 569; s. auch Shuster, 186. Die Erzwingung der Ablehnung eines russischen Ultimatums vom 24.12.1911 im Parlament durch 300 Frauen, z.T. mit vorgehaltenen Pistolen, s. bei Shuster, 188. Über die Rolle der persischen Frau während der revolutionären Vorgänge seit 1907, vgl. IV. Ansarī, 96, Anm. 103; s. im Übrigen auch Wishard, 94 f.

3 Vgl. Bd I, 257 f, 281.

4 Querry I, 755 f; vgl. Thot, 404.

5 Thot, 407.

Hinsichtlich dieser Fürsorge waren die Kinder, ebenso wie bei der Erbberechtigung,[1] grundsätzlich alle gleichgestellt.[2] Es war einerlei, ob sie einer „dauernden" Ehe, einer Zeitehe oder der Ehe mit einer Sklavin entsprossen waren. In Wirklichkeit scheint man aber häufig davon abgewichen zu sein. So hatten die Kinder von Prinzessinnen bevorzugt behandelt zu werden.[3] Häufig scheinen Kinder aus Zeitehen materiell nicht gleichgestellt worden zu sein;[4] einen ähnlichen Fall haben wir auch für den Sohn einer Sklavin gesehen.[5] Ein Licht auf die rechtliche Bewertung des Kindes wirft die Bestimmung, welche Kinder, die ihre Eltern ermordet hatten, der Blutrache unterwarf, während im umgekehrten Falle Eltern nur ein Blutgeld leisteten.[6]

Für die *gesetzliche Reife* galten für Knaben und Mädchen unterschiedliche Lebensalter. Für Knaben gab es außerdem eine besondere Vorstufe zur endgültigen Reife. Es war dies das siebente Lebensjahr (sinn-i šuʿūr), in welchem sie in höheren Schichten aus der Erziehung in den Frauengemächern (andarūn), in denen sie bis dahin aufgezogen worden waren, entlassen wurden und von da in den Räumen der Männer (bīrūn, mardāne) lebten.[7] Manchmal gesellte man ihnen dann schon eine Frau in Zeitehe zu.[8] Dieses Alter etwa war dann oft der Beginn einer geregelten Ausbildung. Als endgültiges Reifealter (ḥadd-i taklīf) galt für die Knaben gesetzlich die volle Geschlechtsreife oder das 15. Lebensjahr. Von da an erst waren die religiösen Pflichten, vor allem das anstrengende Fasten im Monat Ramażān, vollständig zu befolgen.[9] Vielfach wurde dann auch der Schritt ins eheliche und berufliche Leben getan.[10]

Dieser gesetzliche Eintritt der Reife galt bei den Mädchen schon im 9. Jahre;[11] von dieser Zeit an,[12] offenbar manchmal auch etwas früher,[13] hatten sie sich vor den Blicken fremder Männer zu verhüllen. Man scheint ihnen

---

1 S. auch Polak, Persien I, 208.
2 Thot, 404; Lycklama II, 388; vgl. Flandin, Souvenirs, 1134; Serena, Hommes, 197.
3 Vgl. Sheil, 143; Polak, Persien I, 208. Zur ehelichen Bevorrechtung der Prinzessinnen selbst s. „Frauen".
4 Vgl. S. G. W. Benjamin, Persia, London 1887, 452.
5 Vgl. Bd I, 343.
6 Vgl. Brugsch, Reise, 242.
7 Polak, Persien I, 198; vgl. Binning II, 137.
8 Gobineau, Trois ans, 443; auch etwa dieses Alter bei Polak, Persien I, 206.
9 Querry I, 194, Art. 96; Thot, 390; Binning II, 137; Pfeiffer III, 221; E. C. Sykes, Through Persia, 60.
10 Vgl. Polak, Persien I, 206, 271; s. auch E. Smith, The Perso-Baluch, 174.
11 Querry I, 194, Art. 96; Thot, 390.
12 Vgl. (Anon.), Perserin, Das Ausland, 848 lk; s. auch A. v. Schweiger-Lerchenfeld, Die Frauen des Orients, Wien-Leipzig 1904, 415.
13 Vgl. Polak, Persien I, 199; Serena, Hommes, 309.

das Fasten verschiedentlich bis zum 10. oder gar 12. Lebensjahr erlassen zu haben.[1] – Mit dem Eintritt der Reife galten Knaben und Mädchen gesetzlich als mündig, eigentlich standen ihnen damit die jeweiligen Rechte Erwachsener ihres Geschlechts zu.[2]

Die *Stellung zum Vater* war gekennzeichnet durch dessen auch nach der Reife weiter bestehende rechtliche Überlegenheit. Das zeigt grundsätzlich ein von Polak mitgeteilter, wenn auch in seiner Schärfe vereinzelter Fall. In den 50er Jahren hatte ein 85 jähriger Greis, nachdem er sein Vermögen verbraucht hatte, geheiratet, und nahm, in der Ausnutzung der auch für Kinder ihren Eltern gegenüber geltenden Sorgepflicht,[3] eines der beiden Häuser in Besitz, welche sein Sohn selber erworben hatte. Der Einspruch des Sohnes trug diesem eine Prügelstrafe ein.[4] Die Kinder hatten dem Vater in jeder Weise den größten Respekt zu bezeigen;[5] sie konnten sich, selbst als Erwachsene, nicht in Gegenwart ihres Vaters ohne dessen Erlaubnis setzen[6] oder essen.[7] Solange sie noch unverheiratet waren, durften sie ihm nicht den Rücken zuwenden.[8] Es versteht sich, dass dieser Abstand echte Zuneigung des Jüngeren schwer machte,[9] obwohl sich Respekt und Zuneigung auch miteinander verbanden.[10]

Eine äußere Achtung wurde auch der *Mutter* bezeigt.[11] Doch verband sie zu meist ein innigeres Verhältnis mit ihren Kindern, besonders mit den Knaben, obwohl diese, jedenfalls in höheren Schichten, nur bis zum siebenten Jahre im andarūn mit ihr verbunden blieben.[12] Da die Geburt eines Sohnes die Mutter besonders auszeichnete, scheinen auch die Frauen Knaben weit höher geschätzt zu haben als Mädchen. Von der Geburt eines Mädchens nahmen die Verwandten und Bekannten keine Notiz.[13]

---

1 S. Pfeiffer III, 221; E. C. Sykes, Through Persia, 60.
2 Vgl. Querry I, 649, Art. 64 f, 655, Art.III, 694, Art. 406.
3 Vgl. Querry I, 756, Art. 841.
4 Polak, Persien I, 227.
5 Vgl. Lycklama III, 527; s. auch Browne, Narrative II, XXV.
6 Brugsch, Im Lande I, 188 f; Polak, Persien I,166, 277.
7 Brugsch, a.a.O.; vgl. Buhse, Aufzählung, XXXV.
8 E. C. Sykes, Through Persia, 184.
9 Vgl. E. C. Sykes, Through Persia, 191, 192; s. auch Lycklama III, 528; A. v. Schweiger-Lerchenfeld, Die Frauen des Orients, Wien-Leipzig 1904, 420.
10 Vgl. S. G. W. Benjamin, Persia, London 1887, 454.
11 Vgl. Polak, Persien I, 166, 227; E. C. Sykes, Through Persia, 184.
12 Vgl. Binning II, 137; Polak, Persien I, 197; Lycklama III, 528.
13 Binning II, 401.

Durch das frühe Ausscheiden der Knaben aus dem andarūn setzte, zumindest in den höheren Schichten, zwischen *Geschwistern* verschiedenen Geschlechts früh eine gewisse Entfremdung ein.[1]

Über das Verhältnis zu dem in Häusern höherer Schichten befindlichen *Dienstpersonal* Allgemeingültiges festzustellen, dürfte schwierig sein.[2] Mädchen und jüngere Knaben traten in den Frauengemächern nur mit weiblichen Bediensteten und Sklavinnen in Verbindung.[3] Der Sohn von ʿAlī Qulī Ḫān, einem Territorialmachthaber in Tāliš, saß, wie die bei einem Gastmahl getrennten Gruppen zeigten,[4] zwischen seinem Vater und der männlichen Dienerschaft deutlich unterschieden eingestuft.

Kinder ärmerer Eltern hatten frühzeitig durch *Arbeit im Rahmen der Familie* zum Lebensunterhalt beizutragen. Das galt vor allem auf dem Lande,[5] wo die Kinder von Ackerbauern bei leichteren Arbeiten mithalfen.[6] Bei denjenigen Ackerbauern, deren Frauen in Heimarbeit Teppiche knüpften, arbeiteten die Kinder ständig mit.[7] Die Einbindung in den Broterwerb der Familie und ihren Tagesablauf minderte die starken Schranken von Gesetz und Brauch und sie kräftigte in diesen Schichten den Zusammenhalt der Familie.

Die *Stellung in der Öffentlichkeit* wurde vor allem von der äußeren Reife bestimmt, zu der die Kinder frühzeitig hingeführt wurden. War bereits ein zurückhaltendes Benehmen gegen die Eltern für die Wertschätzung auch durch Andere maßgebend,[8] so suchte man an Kindern allgemein ein erwachsenes Verhalten. Auf dieses hin wurden vor allem die Kinder höherer und mittlerer Schichten erzogen,[9] sodass sie auch sehr bald in der Lage waren, in Abwesenheit des Vaters die notwendigen Höflichkeitspflichten gegenüber Besuchern wahrzunehmen.[10] Damit konnten diese Kinder auch, wenn erforderlich, in einem Amte repräsentieren, so 1855 der sechsjährige Mīrzā Taqī Ḫān, Sohn des Gouverneurs von Kāšān,[11] und andere.[1] – Kinder nie-

---

1 S. auch Binning II, 137.
2 S. aber auch Bd I, 285.
3 Vgl. Polak, Persien I, 197.
4 Buhse, Aufzählung, XXXV.
5 Vgl. Brugsch, Reise I, 282.
6 Vgl. Lycklama IV, 31; so auch heute, s. Lambton, Landlord, 390 f.
7 Vgl. Aubin, 315; T. A. Churchill, 94 lk; s. auch A. v. Schweiger-Lerchenfeld, Die Frauen des Orients, Wien-Leipzig 1904, 415.
8 Brugsch, Im Lande, 189.
9 Vgl. Binning II, 137; E. C. Sykes, Through Persia, 190; s. auch Ibrāhīm Bēg, 75 Z 19.
10 Vgl. Polak, Persien I, 199; Browne, Narrative II, XXXIII.
11 Vgl. Gobineau, Trois ans, 236 f.

derer Schichten wuchsen ohne solch zielbewusste Erziehung auf; oft blieben sie ganz unbeaufsichtigt.[2]

Bereits unter 6 Jahren wirkten Kinder bei den schiitischen Passionsspielen mit;[3] größere Kinder brachten sich sogar bei den Prozessionen, wie Erwachsene, Wunden bei; so 1894 in Mašhad.[4]

Sehr häufig standen Kinder armer Eltern, oft schon jung, im *Berufsleben* auch außerhalb ihrer Familie.

Vor allem Kirmān mit seiner zahlreichen armen Bevölkerung[5] bot für die dortigen Manufakturen genügend billige Kinderarbeit an. Die Schalstoffwebereien bedurften schon aus technischen Gründen der feinen Kinderhände.[6] So beschäftigte man hier Kinder, vor allem wohl Knaben[7] in allen Altersstufen ab 6 oder 7 Jahren.[8] Ihre Arbeitsumgebung war im Allgemeinen ungesund,[9] und die lange dauernde angestrengte Körperhaltung für die Entwicklung schädlich.[10] 1870 bezeichnete der Inhaber einer Schalstoffmanufaktur 14 Stunden als tägliche Arbeitszeit.[11] Etwa die gleiche Arbeitszeit galt 1888; die monatliche Arbeitsdauer betrug zu der Zeit durchschnittlich 27 volle Tage, es sind dabei ein besonderer 13tägiger Urlaub zum Neujahrsfest und verschiedene freie Festtage eingerechnet.[12] Die Behandlung war schlecht. Einer der Erwachsenen Musterzeichner gab 1876 zu, die Kinder würden oft wegen Fehlern an den Mustern geschlagen, und sie stürben früh.[13] 1895 glaubte P. M. Sykes, eine Besserung dieser Verhältnisse feststellen zu können.[14] – Die Kinder verdienten 1870 bei wahrscheinlich gleichfalls 27 Arbeitstagen monatlich 4,60 bis 9,20 GM,[15] ebenso 1880 von 5,15

---

1 Vgl. Eastwick I, 179; II, 186.
2 Polak, Persien I, 197.
3 Vgl. Gobineau, Les religions, 396; Vambery, Meine Wanderungen, 79; s. auch E. C. Sykes, Through Persia, 247.
4 C. E. Yate, Khurasan; 147.
5 Vgl. Bd I, 327.
6 P. M. Sykes, Ten Thousand Miles, 200.
7 Vgl. Goldsmid, Telegraph, 587.
8 Vgl. E. Smith, The Perso-Baluch, 187; Browne, A Year, 482.
9 Vgl. Goldsmid, a.a.O.
10 S. auch Hume-Griffith, 44 f.
11 E. Smith, a.a.O..
12 Vgl. Browne, a.a.O..
13 Floyer, Baluchistan, 325 f.
14 P. M. Sykes, Ten Thousand Miles, 200.
15 Vgl. E. Smith, The Perso-Baluch, 187.

GM an aufwärts.[1] Damit betrugen ihre Löhne durchschnittlich nur 1/3 derjenigen ihrer erwachsenen Mitarbeiter.[2]

Gleichartig waren die Verhältnisse in den Kirmāner Teppichknüpfereien,[3] so auch noch um die Jahrhundertwende.[4] Zu der Zeit bezahlte man dort die Kinder mit monatlich etwa 4,60 GM, Anfänger noch niedriger.[5]

Über die Zahl dieser in Kirmān arbeitenden Kinder lässt sich mit Sicherheit nur sagen, dass sie etwa 2/3 der gesamten, in den Schalstoff- und Teppichmanufakturen beschäftigten Kräfte ausmachten,[6] was wohl mehr als 6.000 Kinder, wahrscheinlich zu allermeist Knaben ergab. Die wirtschaftlich schwache Lage dieser Stadt mit ihrer Bevölkerung von etwa 40.000 Einwohnern[7] macht diese Zahl durchaus wahrscheinlich. – Die absoluten Zahlen arbeitender Kinder in den Städten, wie in den Kinder beschäftigenden Webereien von Jazd[8] und Iṣfahān[9] oder den Teppichmanufakturen von Mašhad,[10] lagen bei weitem niedriger.

In der eine gewisse Körperkraft erfordernden Filzwalkerei wurden, wie in Qūčān,[11] auch ältere Knaben beschäftigt.

Bei den Türkisminen nordwestlich Nīšāpūr arbeiteten im Tagebau auch Kinder, oder sie durchsuchten den Abraum alter Förderungen. Sie verdienten bei einer Arbeitsdauer von 25 Tagen im Monat 4,90 bis 5,70 GM;[12] das war gleichfalls rund 1/3 des Lohnes eines dort beschäftigten erwachsenen gewöhnlichen Arbeiters.[13]

Auch als Bedienstete sahen wir bereits Kinder;[14] in jungem Alter verwendete man sie besonders in den Frauengemächern großer Häuser.[15]

Es ist auch auf die bisweilen eigentlich noch als Kinder eingestellten Soldaten zu verweisen.[16]

Auch in den Schauspielertrupps gab es Knaben. Als „Stars" konnten sie es während der Hauptspielzeit, den ersten 10 Tagen des muḥarram, der

---

1 Vgl. Browne, A Year, 482.
2 Vgl. Bd I, 307 f.
3 Vgl. Stack I, 210; T. A. Churchill, 95 lk.
4 Vgl. Hume-Griffith, 44 f.
5 Vgl. a.a.O., 44.
6 Vgl. Gasteiger, Von Teheran, 58.
7 Houtum-Schindler, Südl. Persien, 328 f; vgl. E. Smith, The Perso-Baluch, 191.
8 Vgl. Gasteiger, Von Teheran, 48.
9 Vgl. Brugsch, Reise II, 103.
10 Vgl. T. A. Churchill, 95 lk.
11 Radde, Wiss. Ergebnisse, 170.
12 Vgl. Houtum-Schindler, Die Gegend, 308 f.
13 Vgl. Bd I, 307 f.
14 Vgl. Bd I, 289; s. auch Browne, The Babi's, 199.
15 Vgl. Bd I, 289; s. auch Serena, Hommes, 113.
16 S. Bd I, 316.

schiitischen Passionszeit, in den Städten auf hohe Verdienste bringen.[1] – Die Tänzer sollen „im allgemeinen“ als Waisenknaben in die Trupps des fahrenden Volkes aufgenommen worden sein. Ihre Leiter hatten sie an Vaters Stelle zu versorgen, wozu sie sich durch schriftlich vor einem Regierungsvertreter abgefasste Kontrakte verpflichtet hatten.[2]

Solche Knaben nahmen nach der Jahrhundertwende durchschnittlich nicht mehr als 5 bis 10 GM im Monat ein, nur einzelne Begabte sollen es auf 25 GM gebracht haben.[3]

Schließlich ist zu erwähnen, dass es Kinder auch unter den berufsmäßigen Bettlern gab. In Kirmān speisten nach Schließung von Manufakturen entlassene Kräfte (Bd I., 284) oder infolge Umstellung auf neue Muster[4] arbeitslose oder aber auch die ungesunde Web- und Knüpfarbeit (s. o.) verkrüppelte Kinder,[5] die ohnehin starken Scharen der dortigen Bettler. Man erfährt auch aus Qum von vielen bettelnden Kindern.[6] Ohne Zweifel waren bettelnde Kinder nicht nur solche, die, wie in Kirmān, aus einer beruflichen Bahn geworfen waren, doch wahrscheinlich größtenteils zusammen mit ihren Familien lebten, sondern auch verwaiste alleinstehende Kinder.[7] Die Zahl dieser Kinder erhöhte sich ungemein während der großen Hungersnot 1870-72[8] und ließ selbst den Schah ein Eingreifen für geboten erachten.[9]

Doch eine Zuneigung zu Kindern galt allgemein. Verwaiste Kinder sollen zumeist in Nachbarn ihre Pflegeeltern gefunden haben.[10] Kinder, die von sehr armen Leuten,[11] oder auch hier und da von einer unehelichen Mutter,[12] an Moscheetüren ausgesetzt worden waren, fanden stets Aufnahme bei wohltätigen Leuten. Gegen diese Wertschätzung spricht es kaum, wenn man doch Kinder, wie auch Frauen, bei verheerenden Epidemien voller Angst

1 S. Bd I, 298.
2 Vgl. Aubin, 232; s. auch Bd I, 212.
3 Vgl. Aubin, 232; s. auch Bd I, 276.
4 Vgl. Floyer, Baluchistan, 325.
5 Hume-Griffith, 44 f.
6 Vgl. Arnold, Through Persia I, 270.
7 Vgl. Raffi, 11 f; Wishard, 250.
8 Vgl. Wills, In the Land, 252 f.
9 Vgl. Marāġī, Mir'āt III, 145 Z 19 f.
10 Wishard, 250.
11 Polak, Persien I, 218.
12 Raffi, 17. Fälle von Kannibalismus an Kindern 1870-72, von Wills (In the Land, 254; s. auch Stolze-Andreas, 8 r.) für „bewiesen“ erachtet, können in diesem Zusammenhang nicht gewertet werden und erklären nur die mörderische Wucht dieser Hunger-Katastrophe.

auf die Strasse setzte, sobald sie erkrankt schienen. So geschah es 1892 vielfach in Ṭihrān.[1]

Schließlich sind besondere Umstände zu erwähnen, die das Wesen vieler Kinder und damit ihr späteres Verhalten als Erwachsene bestimmten.

Weniger der stoffliche Inhalt der schulischen Ausbildung, wie er, soweit für unser Thema notwendig, bereits in Band I dargelegt worden ist, als vielmehr seine *erzieherischen Wirkungen*, waren bedeutsam. Diese Ausbildung vollzog sich, vor allem in den mittleren und niederen Schichten[2] in verschiedenen Altersstufen gemeinschaftlich,[3] und zwar oft in erheblicher räumlicher Enge.[4] Es gab in diesen Schichten, wenn auch nur selten, eine gemeinschaftliche Schulausbildung beider Geschlechter,[5] aber selbstverständlich nur in jüngerem Alter.

Doch schon in den 50er Jahren stellte Polak eine Zunahme dieser Gemeinschaftserziehung fest.[6] 1878 scheint man in Rašt bis etwa zum siebenten Jahre Knaben und Mädchen zusammen in den Grundschulen unterrichtet zu haben.[7] In höheren Schichten unterrichtete man dagegen häufiger kleinere, wohl meist nach Geschlechtern getrennte Gruppen in den Privathäusern.[8]

Wie schon dargelegt, war die Erziehung der Kinder darauf abgestellt, rasch die feste Formenwelt der Erwachsenen beherrschen zu lernen, was wohl nur zu oft mit nachdrücklicher Strenge erreicht werden konnte.[9] Eine gewisse Vertrautheit mit dem Leben der Erwachsenen, dazu die allgemeine Offenheit in Gesprächen über intime Dinge, und offenbar nicht seltene entsprechende Erlebnisse während des Aufenthalts in jüngeren Jahren in den Frauengemächern, machte die Kinder frühzeitig mit Lebensbereichen bekannt, die ihrem Fassungsvermögen noch nicht entsprachen.[10]

Wie sehr das kindliche Entwicklungen stören musste, liegt auf der Hand. Im Zusammenhang damit dürfte eine besondere, ständige *Gefährdung der*

1 Vgl. Bell, Pictures, 62.
2 Vgl. Bd I, 155, 159 f.
3 Vgl. Polak, Persien I, 269.
4 Vgl. Ibrāhīm Bēg, 39 Z 23; s. auch 149.
5 Vgl. Nicolas, 477.
6 Polak, Persien I, 269.
7 Vgl. Serena, Hommes, 310.
8 Vgl. Nicolas, 477.
9 Vgl. ein Erlebnis Lycklamas (II, 388).
10 Vgl. Brugsch, Reise I, 240 f; A. v. Schweiger-Lerchenfeld, Die Frauen des Orients, Wien-Leipzig 1904, 418; so auch verschiedene andere Autoren.

Knaben zu sehen sein. Erwachsene besaßen, besonders unter „den Chanen,[1] Offizieren, Schullehrern, selbst Priestern, allgemein" verbreitete homosexuelle Neigungen (livat, bačče bāzī),[2] die, zwar gesetzlich unter schwerer Strafe,[3] nicht nur „stillschweigend geduldet",[4] sondern „anstandslos öffentlich zur Schau" getragen wurden.[5]

Da solche Erwachsene alle möglichen Mittel der Verführung anwendeten, bewachte man die Knaben aus „gutem Hause" streng; ihr Ruf wäre gefährdet gewesen, hätte man sie allein außerhalb des Hauses gesehen.[6] Gefährdet scheinen die Knaben vor allem in größeren Städten gewesen zu sein; selbst der Großwesir Mīrzā Naṣru'llāh Ḫān Nūrī (S. 69, 114) „fühlte sich nicht stark genug", einen jungen Neffen aus Māzandarān in der Hauptstadt zu schützen, und schickte ihn daher in die Heimat zurück.[7]

Eigentlich prostituierte, jedermann zugängliche Knaben gab es im Grunde nicht;[8] es verlangte aber die Geltung großer Häuser, einen oder mehrere „gewöhnlich" 8 bis 14 Jahre alte Knaben für derartige tatsächliche oder vorgebliche Zwecke einzustellen.[9] Selbst der Schah, diesem Laster „vollkommen fremd", fand sich genötigt, „eine Zahl davon als Tänzer und Spielleute" zu halten.[10] Solche Knaben waren umworben und daher sorgfältig überwacht.[11] Polak erlebte in den 50er Jahren sogar einen „blutigen Kampf" um einen Knaben zwischen dem „Haushofmeister" ʿAinu'l-Mulk und dem Gesandten ʿAbbās Qulī Ḫān.[12] Diese Knaben scheinen zu allermeist aus armen Familien gekommen zu sein. Obwohl „Kinder von gutem Hause nur unwillig abgegeben" wurden, erfuhr Polak von einer solchen Familie, die schließlich in ein Angebot von 200 Dukaten (damals etwa 1.750 GM) „für eine Nacht" mit ihrem Kinde einwilligte.[13] Als unmittelbare gesundheitliche Folge dieser

---

1 Gemeint sind höhere Regierungsbeamte, weniger Territorialherren oder gar Stammesführer; vgl. Bd I.

2 Polak, Prostitution, 628.

3 Vgl. a.a.O., 627.

4 A.a.O., 629.

5 Brugsch, Reise I, 240; s. über Erlebnisse dieser Art bei: Brugsch, Reise II, 103; Ibrāhīm Bēg, 146 Z 2 f; Stack I, 49. Die Stärke dieser Neigung erklärt sich aus der bis zur Heirat praktischen Abschließung der Männer vom Umgang mit Frauen; sie dürfte durch eine intellektuelle Veranlagung im Volke begünstigt sein.

6 Polak, Persien I, 271; Polak, Prostitution, 628.

7 Polak, Prostitution, 628, Anm. 6.

8 A.a.O., 629.

9 A.a.O., 629.

10 A.a.O., 628.

11 Vgl. a.a.O., 628.

12 A.a.O., 628, Anm. 4.

13 A.a.O., 628, Anm. 3.

Ausschweifungen stellte Polak „Kinder von acht bis zehn Jahren“ als syphilitisch „gründlich infiziert“ fest.[1]

Weniger nachteilig, wenn überhaupt, scheinen die im Allgemeinen nur in den kaspischen Provinzen den Kindern schon in frühester Jugend gegebenen Dosen *Opium*[2] gewirkt zu haben.

Einer verhältnismäßig starken sittlichen Gefährdung, besonders der Knaben oberer Stände, stand eine gründliche Gewöhnung an Formen gegenüber. Dieses Beispiel scheint nicht ohne Wirkung auch auf das Verhalten von Kindern niederer Schichten geblieben zu sein, wie die allgemein bezeugte Leichtigkeit des Umgangs zwischen Menschen aller sozialer Stufen dartut. Der Ablauf des Kindesalters aber, das ohnehin infolge biologischer und klimatischer Bedingungen kürzer als dasjenige in gemäßigten Breiten war, wurde durch diese Umstände eigentlich noch beschleunigt.

Aufzucht und Ausbildung der Kinder lagen, bis auf ganz vereinzelte Ansätze zu staatlicher Kinderfürsorge, völlig in der Hand der Familie. Hier aber erfuhr das Kind schon früh seine äußere Ausprägung zum Erwachsenen, welcher Vorgang dann bald als beendet galt, d.h. schon mit dem Einsetzen geschlechtlicher Reifung.

Eine gemeinschaftliche, schulische Erziehung der Geschlechter lag in weiter Ferne; in der behandelten Zeit wurde sie praktisch nicht in Betracht gezogen.

1.2 Dynamische Faktoren

Erscheinen uns mit Leben erfüllte Bräuche, Sitten und lebendig gebliebenes Recht wie Gefäße, die menschliches Leben bewahren, so wird doch auch ständige Veränderung ausgeführt durch täglich einwirkende Elemente, wie Geburt und Tod, Wohnwechsel, ganze Wanderungen im Lande und auch ständisch-soziale Verschiebungen. Es sind Bekundungen vom Leben, von Krankheit, Katastrophen und Gedeihen der Einzelnen und des Volkskörpers bzw. der Staatsbevölkerung. Das umfasst auch religiöse und volkliche Minderheiten, wie sie im seinerzeitigen Persien und auch im gegenwärtigen Iran bestehen.

1 Polak, Gebrauch des Quecksilbers, 567. Der Missbrauch und die Ansteckung eines 1 1/2 jährigen Kindes (vgl. Polak, Prostitution, 629) dürfte immerhin eine große Seltenheit gewesen sein. Über diesen allerdings „milden Verlauf“ syphilitischer Erkrankungen s. Polak, Persien II; 308.

2 Vgl. Häntzsche, Haram, 427 f.

1.2.1 Alter und Geschlecht

Die für den *Altersaufbau* verfügbaren Angaben sind wenig zureichend, weil in den Quellen statt Altersangaben nur sehr allgemein von „Kindern" und „Erwachsenen" die Rede ist; es ist anzunehmen, dass hierbei bereits verheiratete Jugendliche[1] zu den Erwachsenen gezählt wurden. Einschlägig genauere Statistiken liegen besonders für Zoroastrier vor. So zitiert Gobineau eine von dem damaligen Betreuer dieser Minderheit in Persien, dem Parsen Manūkdjī Līmdjī, stammende Aufstellung, nach der sich diese etwa 1865 in Jazd zu 49,4% aus Kindern und zu 50,6% aus Erwachsenen, und in Kirmān zu 49,5% aus Kindern und zu 50,5% aus Erwachsenen zusammensetzte.[2]

Die fast im ganzen Lande wütende große Hungersnot von 1870-72 aber hatte überall insbesondere die Kinder betroffen.[3] 1872 konnte man nördlich Birǧand Kindern auf weite Strecken hin nicht begegnen;[4] in Dehrūd (40 km nordwestl. Mašhad) lagen Leichen, vor allem von Kindern umher.[5] In Teilen von Ḫurāsān waren 1874 Kinder im Alter von über 2 bis 3 Jahren selten.[6] So ist verständlich, dass sich dann 1872 unter den Zoroastriern in Jazd nur noch 31,1% Kinder, dagegen 68,9% Erwachsene befanden; in 22 Dörfern der Provinz Jazd setzten sich die Zoroastrier aus 39,4% Kindern und 60,6% Erwachsenen zusammen.[7]

Dagegen waren es, in dem offenbar weniger betroffenen Kirmān[8] 1871 noch 54% Kinder und 46% Erwachsene und in drei Dörfern der Umgebung 49,9% Kinder und 50,1% Erwachsene.[9]

Die gesamte Bevölkerung von Tabrīz enthielt 1870/1 noch 49,2% Kinder und 50,8% Erwachsene.[10]

Vor 1876 soll die Diphterie in Šīrāz „alle Kinder fortgerafft" haben,[11] was, sicher nur jüngste Altersstufen betreffend, immerhin einige Jahrgänge fast vernichtet haben kann.

Solche katastrophenartige Massenverluste riefen somit auch, selten allgemeine, meist aber regionale Ungleichmäßigkeiten im Altersaufbau hervor.

1 Über Heiratsalter vgl. oben.
2 Vgl. Gobineau, Trois ans, 373.
3 Vgl. John, 98.
4 Vgl. Bellew, From the Indus, 337.
5 E. Smith, The Perso-Afghan, 369.
6 Goldsmid, Napier's Journey, 172.
7 Nach Erhebungen von Houtum-Schindler (Die Parsen, 54).
8 Vgl. oben.
9 Vgl. Houtum-Schindler, Die Parsen, 54.
10 „aus den Regierungsregistern von Azarbajgan". Vgl. Houtum-Schindler, Nordwestl. Persien, 334.
11 G., D., 300 r.

Dass aber auch ganz andere, örtlich und vielleicht auch zeitlich begrenzte Zustände sich ausprägen konnten, verrät Ambārān (30 km nordostw. Ardabīl), wo Mütter „nicht selten" 10 bis 12 lebende Kinder besaßen.[1]

Konnten auch sehr viele Leute ihr genaues Alter nicht angeben,[2] so soll doch ein sehr hohes Alter oft erreicht worden sein. Gobineau traf in den 50er Jahren in Dörfern vielfach Greise von 80 bis 90 Jahren und auch Hundertjährige.[3]

In Bīdābād (70 km nordwestl. Jazd) soll es viele alte Leute gegeben, und in der Nähe soll „ein noch ziemlich kräftiger Mann von 120 Jahren" gelebt haben.[4] Einen solchen sah auch Feuvrier 1892 in Āštījān (nördl. Sulṭānābād).[5] In Gīlān, mit seinem am Küstensaum ungesunden Klima, erreichten die Menschen dagegen kein hohes Alter.[6]

Alle diese Angaben vermitteln zwar kein geschlossenes Bild, sie lassen jedoch eine reichliche Streuung der Altersstufen erkennen. Die äußerst hohe Kindersterblichkeit drückte aber das Durchschnittsalter erheblich. Es dürfte wenig über 20 Jahre gelegen haben. Ließe sich eine Alterspyramide aufstellen, so würde sie möglicherweise bereits nach dem 2. Lebensjahr eine Verengung um etwa die Hälfte aufweisen.[7]

Im Gegensatz zu den Unterlagen für den Altersaufbau sind diejenigen für das *zahlenmäßige Verhältnis der Geschlechter* in ihren Aussagen deutlicher. Allerdings ist zu vermuten, dass sich bei der Zählung von Frauen falsche Angaben eingeschlichen haben, was bedeutet, dass der Anteil der Frauen oft höher angegeben worden ist. Houtum-Schindler gilt als der Informierteste unter den europäischen Zeugen, und als genau. Die oft starken Unterschiede der Zahlenverhältnisse, die überwiegend zu Gunsten der Frauen stehen, können in armen Gebieten wie Jazd, Kirmān aber örtlich auch anderswo, auf geschlossene zeitweilige Abwanderung von Männern zur Arbeitnahme hinweisen.

Die folgende Statistik wirft einiges Licht auf die Zahlenverhältnisse.

---

1 Radde, Reisen an die persisch-russische Grenze, 191.
2 Vgl. Ibrāhīm Bēg, 183 Z 7 f;. Feuvrier, 401.
3 Gobineau, Trois ans, 277.
4 Petermann, 213.
5 Feuvrier, 401.
6 Vgl. Bell, Pictures, 130.
7 Vgl. oben.

Ort	Bevölkerung	Jahr	männl.	weibl.
Tabrīz[1]		1870/1	48,6 %	51,4%
Kirmān[2]	Zoroastrier	1855-8	44,5 %	55,5 %
Kirmān[3]	Zoroastrier	1878	46,5 %	53,5 %
Kirmān[4]	Gesamtbev.	1878	49,1 %	50,9 %
Kirmān[5]	Zoroastrier	1879	51,4 %	48,6 %
Jazd[6]	Zoroastrier	1854	49,7 %	50,3 %
Jazd[7]	Zoroastrier	1855-8	48,2 %	51,8 %
Jazd[8]	Zoroastrier	1879	49,2 %	50,8 %
Marāġeh[9]	Gesamtbev.	1881	51,8 %	48,2 %
Iṣfahān[10]	Gesamtbev.	1882	51,0 %	49,0 %

1 Houtum-Schindler, Nordwestl. Persien, 334.
2 Gobineau, Trois ans, 373.
3 Houtum-Schindler, Südl. Persien, 328.
4 Houtum-Schindler, Südl. Persien, 328.
5 Houtum-Schindler, Die Parsen, 54; Gasteiger (von Teheran, 57) gibt (1880 für Kirmān) für die gesamte Bevölkerung fünf mal mehr Frauen als Männer an!
6 Vgl. Houtum-Schindler, Die Parsen, 56.
7 Gobineau, a.a.O..
8 Houtum-Schindler, Die Parsen, 54.
9 Vgl. Houtum-Schindler, Nordwestl. Persien, 337.
10 Houtum-Schindler, Eastern, 119 Anm..

Ort	Bevölkerung	Jahr	männl.	weibl.
Šīrāz[1]	Gesamtbev. von 3 Stadtvierteln	1877	49,9 %	50,1 %
Šīrāz[2]	Gesamtbev.	1883/4	46,7 %	53,3 %
Šīrāz[3]	Gesamtbev.	1886/7	47,3 %	52,7 %
Šīrāz[4]	Gesamtbev.	1890	48,1 %	51,9 %
22 Dörfer der Provinz Jazd[5]	Zoroastrier	1879	50,1 %	49,9 %
3 Dörfer der Provinz Kirmān[6]	Zoroastrier	1879	51,1 %	48,9 %
Heirādād (25 km südwestl. Kirmān)[7]		1879	48,8 %	51,2 %
Distrikt Qūhpājeh zwischen Kirmān und Hābīs[8]		1879	55,0 %	45,0%
Rā'īn (200 km südöstl. Kirmān[9]		1879	44,3 %	55,7 %
Dörfer im Distrikt Rā'īn				

1 Andreas, Nachlass, 5b.
2 Fasā'ī II, 23 Z 8 f, 27 Z 24 f, 46 Z 30 f, 53 Z 15 f, 58 Z 24 f, 61 Z 9 f, 80 Z 5 f, 97 Z 35 f, 104 Z 6 f, 110 Z 8 f.
3 Fasā'ī II; 22 Z 35 f.
4 Demorgny, En Perse, 17 (erhebliche Unterschiede zwischen den Vierteln!).
5 Houtum-Schindler, Die Parsen, 54.
6 Houtum-Schindler, Die Parsen, 54.
7 Houtum-Schindler, Südl. Persien, 327.
8 Houtum-Schindler, Südl. Persien, 358.
9 Houtum-Schindler, a.a.O., 347.

Ort	Bevölkerung	Jahr	männl.	weibl.
Sarbistān[1]		1879	47,8 %	52,2 %
Abārīq[2]		1879	46,4 %	53,6 %
Tihrūd[3]		1879	45,1 %	54,9 %
Ǧūpar (30 km südl. Kirmān)[4]		1879	50,4 %	49,6 %
Dörfer d. Distr. Ǧūpar[5]		1879	51,4 %	48,6 %
Mahān[6]		1879	51,5 %	48,6 %
Dörfer im Distrikt Mahān				
Qanāt Ǧīstān[7]		1879	50,7 %	49,3 %
Langar[8]		1879	49,6 %	50,4 %

Die Aufstellungen vermitteln das Bild einer augenscheinlich weit verbreiteten Überzahl der Frauen,[9] wobei Stadt und Land keine eigentümlichen Unterschiede zeigen. Der Eindruck eines Überwiegens der Frauen wird zusätzlich zu den o. a. Überlegungen erhärtet durch eine größere Sterblichkeit der Knaben.[10] Diese zeigt die folgende Tabelle, in der bis auf eine Ausnahme zwar anfangs die Zahlen der Knaben die der Mädchen überwiegen, während später die Frauen zahlreicher als die Männer werden.

1 Houtum-Schindler, Südl. Persien, 347.
2 Houtum-Schindler, Südl. Persien, 347.
3 Houtum-Schindler, Südl. Persien, 347.
4 Houtum-Schindler, Südl. Persien, 347.
5 A.a.O., 350.
6 A.a.O., 351.
7 A.a.O., 351 f.
8 A.a.O., 352.
9 So auch Houtum-Schindler, Nordwestl. Persien, 334.
10 Polak, Persien I, 196.

Ort	Bevölk. Angaben	Jahr	Knaben	Mädchen	Männer	Frauen
Jazd[1]	Zoroastrier	1855-8	27,2 %	22,2 %	21,0 %	29,8 %
Kirmān[2]	Zoroastrier	1855-8	23,0 %	26,5 %	21,5 %	29,0 %
Jazd[3]	Zoroastrier	1879	15,9 %	15,2 %	33,3 %	35,6 %
Kirmān[4]	Zoroastrier	1879	30,2 %	23,8 %	21,2 %	24,8 %
22 Dörfer der Provinz Jazd[5]						
	Zoroastrier	1879	21,1 %	18,3 %	29,0 %	31,6 %
3 Dörfer um Kirmān[6]						
	Zoroastrier	1879	26,7 %	23,2 %	24,4 %	25,6 %
Tabrīz[7]	Gesamtbev.	1870/1	25,9 %	23,3 %	22,7 %	28,1 %

Außerdem scheinen die Zahlen der verschiedenen Jahre für die Städte Kirmān und Jazd in der ersten Tabelle die allgemeine Angabe von John[8] zu bestätigen, außer bei den Kindern habe die große Hungersnot von 1870-2 Opfer besonders bei den Frauen gefordert. Eine derartige Wirkung soll sich auch während der Choleraepidemie von 1854 in Māzandarān und Rašt gezeigt haben.[9] Es scheint einer etwas geringeren Geburt von Mädchen, im Laufe der Zeit trotz bestimmter Einbrüche ein Ausgleich gefolgt zu sein, der die Gesamtzahlen zugunsten der Frauen leicht verschob. Wenn auch Wanderungen zur zeitlich begrenzten oder auch ständigen Arbeit zunächst Männer betrafen, scheint mir das grundsätzliche Ergebnis eines „Frauenüberhanges" nicht in Frage zu stehen.

1 Vgl. Gobineau, Trois ans, 373.
2 Vgl. Gobineau, Trois ans, 373.
3 Vgl. Houtum-Schindler, Die Parsen, 54.
4 Vgl. Houtum-Schindler, Die Parsen, 54.
5 Vgl. Houtum-Schindler, Die Parsen, 54.
6 Vgl. Houtum-Schindler, Die Parsen, 54.
7 Vgl. Houtum-Schindler, Nordwestl. Persien, 334.
8 John, 98; John war Augenzeuge der Hungerkatastrophe.
9 Vgl. Brugsch, Reise II, 438 (nach Beobachtungen von Dr. Häntzsche).

1.2.2 Räumliche Verteilung

Angesichts einer im Orient immer schwierigen statistischen Erfassung, muss eine Untersuchung auch über die räumliche Verteilung der Menschen auch hier ein unvollkommenes Unterfangen bleiben. Es soll aber versucht werden.

Immerhin haben unsere Untersuchungen über die zahlenmäßigen Gesamtentwicklungen deutlich *Gebiete stärkerer Bevölkerungsdichte* im Norden Persiens gezeigt. Von Āẕarbājǧān aus, welches etwa 1/4 bis 1/5 des ganzen Volkes aufnahm,[1] zog sich eine Zone besonderer Dichte am Südufer des Kaspischen Meeres hin, eine zweite verlief etwa gleichlaufend weiter im Süden über das Gebiet um Qazvīn und Ṭihrān nach Ḫurāsān. In dieser Provinz lagen außerdem ostwärts der großen Salzwüste, wie eine Insel, die verhältnismäßig stark bevölkerten Distrikte von Qā'in und Sīstān.[2] Ein solch isoliertes Gebiet scheint auch das um Iṣfahān gewesen zu sein.
Unsere früheren Untersuchungen zeigen auch, dass die Bevölkerung der beiden nördlichen Zonen stärker als die in den südlichen Provinzen zunahm; dazu kommt, dass Āẕarbājǧān und die kaspischen Provinzen unter der Katastrophe von 1870-72 recht wenig gelitten hatten. Die Zunahme der Bevölkerung setzte in Ḫurāsān allerdings erst nach dem Ende der turkmenischen Raubzüge ein.

Diese Betrachtungsweise könnte aber den meist oasenhaft verstreuten *Charakter der Besiedlung* übersehen lassen; ihn verdeutlichen am besten Berechnungen aus besonderen, durch Iven[3] für die Jahre um 1910 gegebenen Daten, auch wenn diese zum größeren Teil auf nicht sicheren Unterlagen beruhen. Wohnten bei einer Gesamtfläche von 1.645.000 km^2 im Durchschnitt etwa 5 Personen auf 1 km^2,[2,4] so verhielt es sich mit der Siedlungsdichte im Einzelnen ganz anders. Iven unterscheidet das „humide" Persien, also die kaspischen Provinzen, und das „aride" Persien, worunter er das gesamte übrige Land versteht. Beide Bereiche besaßen einen unterschiedlichen, doch geringen Anteil an Kulturland. Im ariden Persien, dessen Kulturland er nach solchem Gebirge, und solchem in Flusslandschaften des Gebirges unterteilt, stand ihm zur Bestimmung der Bodenflächen und der Menschenzahlen als ausführliches Hilfsmittel nur eine das nordwestliche Āẕarbājǧān deckende russische Generalstabskarte von vor 1910 zur Verfügung. Aus den

1 Vgl. auch J. Greenfield, Die Verfassung, 47.
2 Vgl. insgesamt auch Rausch v. Tr., 45 f; Baumann, 145 f.
3 Iven, Kulturland (Auszug), 239 f.
4 Vgl. auch Baumann, 129.

von Iven mitgeteilten Bewohnerzahlen und Flächen ergibt sich je km^2 die folgende Bevölkerungsdichte:

<table>
<tr><th></th><th>Kulturland</th><th>Gesamtfläche</th></tr>
<tr><td colspan="3">Arides Persien</td></tr>
<tr><td colspan="3">Gebiet der russischen Karte (nordwestliches Āẕarbāiǧān)</td></tr>
<tr><td>Gebirge</td><td>122</td><td rowspan="2">14,5</td></tr>
<tr><td>Flusslandschaft</td><td>98,5</td></tr>
<tr><td colspan="3">Außerhalb der russischen Karte</td></tr>
<tr><td>Gebirge</td><td>120</td><td rowspan="2">3,5</td></tr>
<tr><td>Flusslandschaften</td><td>60</td></tr>
<tr><td colspan="3"></td></tr>
<tr><td>Humides Persien</td><td>487</td><td>4,2</td></tr>
<tr><td>Gesamtes Staatsgebiet</td><td>etwa 105</td><td>etwa 5</td></tr>
</table>

Dem entspricht auch, dass bestimmte Regionen mit hohem landwirtschaftlichem Ertrag, auch auf ihrer Gesamtfläche eine verhältnismäßig starke Bevölkerungsdichte aufwiesen. Ein solches war Sīstān 1872 mit 18,4 Personen je km^2;[1] 1903 hatte es etwa 35 Personen je km^2.[2] 1876 bewohnten auf dem Kūhsār-Plateau (etwa 130 km NO z O v. Astarābād) durchschnittlich etwa 40 Menschen einen km^2.[3]

Zur *Siedlungsweise* ist ganz allgemein zu sagen, dass ein verhältnismäßig großer Teil der Dörfer abseits der Hauptverbindungsstrassen lag;[4] welcher Umstand es vor allem war, der Schätzungen der Gesamtbevölkerung erschwerte.

1 Vgl. Goldsmid, Journey, 71.
2 Vgl. Tate, 223.
3 Vgl. Napier, Extracts, 132.
4 Vgl. Binning II, 57 f; Filippi, 140; Curzon, Persia II, 494; Bleibtreu, 90.

Recht unterschiedlich waren die *Siedlungsgrößen*, und zwar teilweise auch innerhalb der verschiedenen Gebiete. Die folgenden Aufstellungen, die unter den Zahlen der Ortschaften einiger Distrikte (bulūk, entspricht etwa unserem Kreis) ganz verschiedenen Größenklassen zeigen, vermitteln den Eindruck deutlich.

<table>
<tr><th>Zahl von Famili-en im Ort</th><th>Malā'ir 1879-80[1]</th><th>Nihāvand Ḫazal 1880/1[2]</th><th>Sīstān 1903[3]</th><th>Sirājeh Distrikt ostw. Qum 1893[4]</th><th>Kurdistan Distrikt südl. Qum 1893[5]</th><th>Ǧasp u. Ardahāl Distrikte südl. Qum 1893[6]</th></tr>
<tr><td>300-500</td><td>15</td><td rowspan="3">2</td><td>2</td><td></td><td></td><td></td></tr>
<tr><td>200-300</td><td>8</td><td rowspan="6">358</td><td></td><td>1</td><td>3</td></tr>
<tr><td>120-200</td><td rowspan="2">24</td><td></td><td>2</td><td>2</td></tr>
<tr><td>100-120</td><td>4</td><td>1</td><td>2</td><td></td></tr>
<tr><td>80-100</td><td rowspan="2">48</td><td>7</td><td></td><td></td><td>1</td></tr>
<tr><td>60- 80</td><td>10</td><td>1</td><td></td><td>1</td></tr>
<tr><td>50- 60</td><td></td><td rowspan="2">20</td><td rowspan="5"></td><td>1</td><td>3</td><td>6</td></tr>
<tr><td>40- 50</td><td rowspan="4">59</td><td>2</td><td>3</td><td>2</td></tr>
<tr><td>20- 40</td><td>14</td><td>9</td><td>2</td><td></td></tr>
<tr><td>10- 20</td><td>14</td><td>7</td><td></td><td></td></tr>
<tr><td>unter 10</td><td>7</td><td>3</td><td></td><td></td></tr>
</table>

1 Lambton, Landlord, 156.
2 Lambton, Landlord, 156.
3 Tate, 223.
4 Vgl. Houtum-Schindler, Eastern, 77.
5 Vgl. Houtum-Schindler, a.a.O., 82 f.
6 Vgl. Houtum-Schindler, a.a.O., 86, 88.

Die Dörfer Kurdistans können für die verschiedenen Distrikte der Provinz nur mit den durchschnittlichen Einwohnerzahlen für die Dichte angegeben werden; sie zeigten 1296/1879 keine sehr großen Unterschiede. Der Durchschnitt lag um 150 Einwohner je Dorf; eine Untergrenze wiesen die Dörfer von Amīrābād mit 85 auf, eine obere Grenze die von „Tilkou“ mit 175 Einwohnern.[1] Diese Zahlen entsprechen etwa 17 und 35 Familien.

Die 1860 für Gīlān angegebenen 1250 Dörfer[2] würden bei den vielleicht 120.000 Dorfbewohnern der Provinz[3] eine durchschnittliche Kopfzahl von 100 Menschen, also 20 bis 25 Familien je Dorf ergeben. Diese recht niedrige Durchschnittsgröße erklärt sich aus dem waldreichen und zerklüfteten Gelände der Provinz.

In diesem Zusammenhang sei auch eine Beobachtung aus Kirmān gestellt. Zwischen 1876 und 1878 stagnierte hier zwar die Bevölkerung der inneren Stadt, dafür nahm aber diejenige der Vorstadt außerhalb der Mauer erheblich zu.[4] Wie weit derartiges zu verallgemeinern ist, lässt sich hier nicht feststellen; eine große Wahrscheinlichkeit spricht aber für einen Vorgang des Stillstehens von Innenstädten auch an anderen Orten Persiens zu der Zeit.

1.2.3 Binnenwanderungen

In der persischen Gesellschaft bestand eine Freizügigkeit ohne obrigkeitliche Beschränkungen.[5] Die unter dem Großwesir Mīrzā Taqī eingeführten amtlichen Überwachungen des Ortwechsels von Personen[6] dürften nicht einmal während seiner kurzen Amtszeit von 1848 bis 1851 vollständig durchgeführt worden sein. Grundherrliche Behinderungen dieser allgemeinen Freizügigkeit wirkten auf Wanderungsdrücke nur verzögernd. Nur den Sklaven war eine Freizügigkeit rechtlich und tatsächlich vorenthalten.[7]

Unter den lediglich *zeitweiligen Ortswechseln* nahmen die *Pilgerreisen* einen hervorragenden Platz ein,[8] schon infolge der beliebten kurzen Pilgerfahrten zu den zahlreichen kleineren Heiligtümern, die es überall im Lande gab. Die

1 Vgl. Nikitine, Valis, 72.
2 Melgunov, Das südliche Ufer, 288.
3 Vgl. Brugsch, Reise II, 472. Aufgrund einer Angabe des damals seit 4 Jahren in Rašt anwesenden englischen Konsuls, Mr. MacKenzie, abzüglich der Bewohner von Rašt und kleinerer Städte.
4 Vgl. Houtum-Schindler, Südl. Persien, 329.
5 S. J. Malcolm, 490; Häntzsche, Talysch, 49.
6 Vgl. Marāġī, Mir'āt II, 63 Z 13 f; Marāġī, Ta'riḫ-i muntaẓam III, 207 Z 29 f.
7 Vgl. Bd I, „Bauern“, „Sklaven“.
8 Vgl. auch Vambery, Meine Wanderungen, 194.

jährliche Zahl dieser kurze Strecken Pilgernden, lässt sich wenig abschätzen,[1] sie war aber ohne Zweifel viel höher als die der Pilger nach den großen Heiligtümern in Arabien, Mesopotamien und auch in Persien selber. Aber auch diese weiten Reisen waren für jedermann, der das wünschte, durchführbar. Mildtätigkeit gegenüber Reisenden, die Wohlfeilheit von Gütern und Leistungen und schließlich die Muße, die es erlaubte, sich unterwegs aufzuhalten, um durch Arbeit die Reisekasse zu ergänzen, machten die Erfüllung der religiösen Pflicht auch armen Menschen möglich.[2] Für die verschiedenen Richtungen der Pilgerzüge mag es auch im Großen aufschlussreich sein, wenn 1840 aus der Provinz Gīlān nach Mekka 26, nach Mesopotamien und nach Qum etwa 1.200 und nach Mašhad über 600 Menschen gepilgert sein sollen.[3] Obwohl sehr viele Pilger auf einer Reise mehrere der Heiligtümer besuchten, nahm die Beliebtheit der Wallfahrt nach Mašhad deutlich zu. 1858 und 1861 waren es dort jährlich etwa 50.000 Pilger,[4] die allermeisten aus Persien, um 1870 sollen es schon 100.000 im Jahr gewesen sein.[5] Nach dem Ende der Turkmenengefahr nahmen die Zahlen weiter zu; 1896 sollen sich ständig bis zu 20.000 Fremde in der Stadt aufgehalten haben.[6] Diese Zunahme könnte zu Lasten von Qum gegangen sein, das noch 1849 stets etwa 8.000 Pilger beherbergt zu haben scheint.[7] Für die schiitischen Perser trat die „große Wallfahrt" nach Mekka gegenüber der zu ihren großen schiitischen Heiligtümern stark zurück; auch würden sich dort bei der Reise über eine lange Wüstenstrecke hinweg wahrscheinlich doch für die große Masse der Pilger finanzielle Schwierigkeiten eingestellt haben.[8] So beinhaltete 1269/1852-3 eine Gruppe von 246 offenbar gut gestellten Hausbesitzern im Ṭihrāner Viertel Pātūq-i Ḥajāt-i Šāhī va Maḥalle-ji ʿArabhā 7 Mekka-Pilger (ḥāǧǧī); und es waren 10, die nach Karbalā in Mesopotamien gewallfahrt waren. Insgesamt waren das in diesem Viertel bemittelter Angehöriger der regierenden Stände sehr geringe Zahlen; es kennzeichnet die übliche schwache Beteiligung eines hohen Standes an Wallfahrten. Von den aufgeführten Prinzen, Qāǧāren und ḫānen trug keiner den Ehrentitel als „ḥāǧǧī" oder „karbalā'ī"; solche fanden sich nur unter den mīrzās.[9] Die von 104 Hausbe-

---

1 Vgl. aber auch unten.

2 Vgl. Rochechouart, Souvenir, 15. Gobineau (vgl. Trois ans, 419; Lettres, 78, auch 73) erzählt von seinem Stallknecht, der 1855 auf diese Weise für die Wallfahrt nach Mesopotamien nur rund 24 GM benötigte.

3 Chodzko, Le Ghilan, 1850, T 3, 93.

4 Vgl. Chanykov, Mém. Partie mérid. 100; Eastwick II, 228.

5 E. Smith, The Perso-Afghan, 363.

6 Minkevic, Reise, 336 r.

7 Vgl. Abbot, Geogr. Notes, 9.

8 Vgl. dazu auch Ibrāhīm Bēg, 184 Z 4 f.

9 Vgl. II, (Anon.), Adad, 18 ff.

sitzern mittlerer Schichten, vor allem von Gewerbetreibenden, bewohnte Maḥalle-ji Ark hatte dagegen 7 ḥāǧǧīs und 14 karbalā'īs.[1] In den höheren Schichten pflegten vor allem Geistliche und Kaufleute nach Mekka zu pilgern.[2]

So führten 1883 von 43 maßgebenden Ṭihrāner Kaufleuten 30 den Titel eines „ḥāǧǧī";[3] 1893 verhielt es sich in Šīrāz etwa entsprechend.[4]

Zahlreiche Menschen dürften in ihrem Leben mehrfach gewallfahrtet sein. So soll, wer nach Karbalā pilgerte, zu allermeist vorher in Mašhad gewesen sein.[5]

Verglichen mit den für Gīlān oben genannten Zahlen lässt eine Schätzung des britischen Generalkonsuls in Tabrīz für das Jahr 1870, von 60.000 bis 100.000 Pilgern nach Mesopotamien,[6] eine Gesamtzahl der jährlichen Wallfahrer nach den großen Heiligtümern, mit ganz grob 150.000 Menschen vermuten. Bis zur Jahrhundertwende scheint mit der Bevölkerungszunahme und der gestiegenen Sicherheit ihre Zahl angewachsen zu sein, denn um 1900 sollen allein nach Mekka „einige 10.000 Personen" und nach Mesopotamien „mindestens 100.000" gezogen sein.[7]

Für die Gesamtgröße dieser Bewegungen von Pilgern nach nahen und fernen Heiligtümern ist vielleicht von Wert, dass der, allerdings nicht immer genaue, Gasteiger 1880 „mit Sicherheit" annahm, „dass 1/10 der Bevölkerung stets auf Wallfahrten begriffen" gewesen seien.[8]

Weitere Teile auch der sesshaften Bevölkerung bewog die sommerliche Hitze zu *regelmäßigen jährlichen Wanderungen*.

Sie wurden in kleinerem Umfange bei entsprechenden klimatischen und geographischen Voraussetzungen in vielen Teilen des Landes durchgeführt,[9] sie erfassten aber in einigen Gebieten weite Landstriche mit zahlreichen

---

1 Vgl. a.a.O., 9 f.

2 Vgl. Bd I, 139 ff, 179 ff. Es ist allerdings zu bedenken, dass sich wahrscheinlich auch damals im rituellen Monat der großen Pilgerfahrt (ẕu l-ḥiǧǧe) Geborene den Titel eines ḥāǧǧī zulegten (spöttisch: „ḥāǧǧī šikamī"). Für die Gegenwart nach einer mündl. Mitteilung.

3 Vgl. Marāǧī, Ta'riḫ-i muntaẓam, Anh., 16 f.

4 Vgl. Fursat, 549 Z 2 f.

5 Der Rangfolge der an diesen Orten begrabenen imāme wegen. Für die Gegenwart nach einer mündlichen Mitteilung.

6 Angeführt bei Stolze-Andreas, 44 r, Anm. 1; im Übrigen s. auch Nolde, 106.

7 Nach der Zeitung „Tarbijat" (Nr. 231) sollen die letzteren sogar 300.000 betragen haben. J. Greenfield, Die Verfassung, 322, 322 Anm. 2, dort weitere Quellenangaben.

8 Gasteiger, Von Teheran, 15.

9 S. auch J. Greenfield, a.a.O., 168; vgl. f. Habiš: Abbot, Geogr. Notes, 34; f. Fatḥābād (210 km nordostw. Bandar 'Abbās): vgl. Houtum-Schindler, Südl. Persien, 347.

Menschen. Ein solches Gebiet waren der Alburz und die kaspischen Provinzen. Hier ergänzten beispielsweise Ask (am Damāvand) und Āmul einander in der Weise, dass die Bewohner von Ask ihren Winter nahezu vollzählig in Āmul zubrachten.[1] Das größere Āmul dagegen scheint einen Teil ständiger Bevölkerung gehabt zu haben. Gleiche Beziehungen zu anderen Gegenden unterhielten auch Bārfurūš[2] und Sārī.[3] Auch die dörflichen Bewohner des Gebiets unternahmen die Wanderung.[4] Wie in den genannten Städten lebte aber auch eine beträchtliche ständige Bevölkerung am tiefer gelegenen Küstensaum.[5] In Ortschaften in gemäßigterer Lage werden nur wohlhabende Leute ein Winterquartier bezogen haben, so diejenigen von Firūzkūh im südlich davon gelegenen Ḥasanābād.[6] In Māzandarān stellten die Zuwanderer im Sommer 75% der Bevölkerung in den von ihnen im zugehörigen Teil des Gebirges bezogenen Gebieten.[7] – Die Küste am Persischen Golf bildete ein anderes großes Wandergebiet. Hier wechselten Teile der Bevölkerung der Städte Būšahr[8] und insbesondere Bandar ʿAbbās,[9] wie auch häufig diejenigen des flachen Landes,[10] jahreszeitlich ihre Wohnsitze. – Ohne Zweifel mischten sich unter all diese Wanderbewegungen auch eigentliche halbnomadische Elemente, die, obwohl noch im Stammesverband lebend, teilweise feste Häuser besaßen und neben der Viehzucht Ackerbau trieben.[11]

Besondere Verhältnisse hatten sich in Ṭihrān herausgebildet. Die Bevölkerung der von der herrschenden Dynastie erst geschaffenen Hauptstadt hing derart mit dem Hofe zusammen,[12] dass große Teile von ihr dem Herrscher folgten, wenn er wie seine nomadischen Vorfahren allsommerlich mit großem Gefolge im kühlen Gebirge sein Zeltlager aufschlug,[13] oder sie nahmen doch, soweit es die Mittel erlaubten, an höher gelegenen Orten Aufenthalt. Durch das herrscherliche Beispiel haben sich hier ursprüngliche Stammesbräuche eines Hofgefolges und Ministerien-Angestellter[14] auf einen

---

1 Sheil, 267; vgl. Polak, Persien II, 52; Brugsch, Reise I, 295; Rochechouart, Souvenir, 48; Baker, 114; Stack II, 196; Lovett, It. Notes, 65; Gill, 274 lk.

2 Vgl. Napier, Extracts, 125; Stack II, 199.

3 Vgl. Napier, Extracts, 123.

4 Vgl. s. S. 94 f.

5 Diese half sich gegen die feuchte Sommerhitze vielfach durch auf Pfosten erbaute Wohntürme (tālār). Vgl. Morgan, Mission I, 161, 163.

6 Vgl. Marāġī, Maṭlaʿ I, 22 Z 17 f.

7 H. L. Rabino, Mázandarán, 40, zit. bei Lambton, Dialects, 80, Anm. 1.

8 Shepherd, 154.

9 Vgl. Curzon, Persia II, 425; Morgan, Mission II, 290 f.

10 Vgl. s. S. 95.

11 Vgl. J. Greenfield, Die Verfassung, 168; s. auch Lycklama II, 428.

12 Vgl. auch Polak, Persien I, 101.

13 S. auch Riżā Qulī, Sifārat-nāme, 8 Z 11 f.

14 Vgl. s. S. 83.

erheblichen Teil sesshafter Städter übertragen. Die Schätzungen der bestunterrichteten Beobachter geben während der gesamten Regierungszeit Nāṣiru'd-Dīns etwas weniger als 50 % der Einwohner von Ṭihrān an, die jährlich so ihre Wohnsitze wechselten.[1]

Auch Bewohner anderer Städte, wie Jazd[2] und Kāšān,[3] führten solche Wanderungen durch, doch sicherlich nicht in dem Größenverhältnis wie diejenigen der Hauptstadt mit dem Hofe. Das der Hitze aus der großen Salzwüste Dašt-i Kavīr besonders ausgesetzte Dāmgān wurde im Sommer von sehr erheblichen Teilen seiner Bevölkerung verlassen.[4]

Neben diesen jahreszeitlichen Wanderungen gab es eine *tägliche Fluktuation* zwischen den Städten und ihren ländlichen Einzugsgebieten, deren Menschen meist aus beruflichen und geschäftlichen Gründen die Städte aufsuchten. Zu Beginn der 50er Jahre wurde der Umfang dieser Bewegung für Ṭihrān zwar weit übertrieben geschätzt,[5] es zeigt aber, dass sie erheblich gewesen sein muss. Ganz sicher gab es ebensolche Bewegungen um alle anderen Städte, ob sie dem Umfang derjenigen von Ṭihrān gleichkamen, muss offen bleiben.

Auch *berufliche* Gründe veranlassten bestimmte Gruppen zu jahreszeitlichen *Wanderungen*, vor allem nach Gīlān und Gebieten um Bandar 'Abbās. Es waren vor allem Landarbeiter.[6]
So sollen in den ersten Jahren des 20. Jahrhunderts aus Tāliqān, Tāliš und der Provinz Kāšān jährlich 15.000 bis 20.000 Menschen zur „Saisonarbeit" nach Gīlān gezogen sein.[7]

Zu den beruflichen Wanderungen gehörten auch Reisen von Kaufleuten[8] und ambulanten Gewerbetreibenden.[9] Es ist für den Europäer bemerkens-

1 Vgl. Sheil, 159; Polak, Persien I, 101; Brugsch, Reise I, 212; Feuvrier, 410; Bleibtreu, 155. Lycklama (II, 237) und Serena (Hommes, 50) haben 1866 und 1877 die Zurückbleibenden wohl richtig, dagegen die gesamte Einwohnerschaft zu groß angegeben (mit 150.000 und 200.000) und kamen so für die Fortgezogenen zu überhöhten Schätzungen. Die Garnison (1860: 8 Regimenter = etwa 500 Mann, vgl. Brugsch, Reise I, 212) zog mit; sie ist offenbar bei sämtlichen der o. a. Quellen mitgerechnet.

2 Vgl. Vaughan, Journeys, 30.

3 Vgl. Watson, 131.

4 Vgl. Eastwick II, 154 und die „normale" Bewohnerzahl bei Bellew, From the Indus, 401.

5 Vgl. (Anon.), Teheran, Das Ausland, 475 r.

6 Vgl. Bd I, 306 f.

7 H. L. Rabino, Provinces, 28.

8 Bd I, 180 f.

9 Vgl. Bd I, 198.

wert, dass die beruflichen Wandernden deutlich weniger als die Pilger waren. Augenfällig wurde das natürlich an großen Heiligtümern, wie etwa in Mašhad.[1]

Schließlich sei auch auf zeitweise oder vollends vor Bedrückung *flüchtende Dorfschaften* hingewiesen; sie suchten sich auch vor Reisekarawanen von Machthabern oder vor Truppen in Sicherheit zu bringen.[2] Es entfernten sich 1851 auch die männlichen Bewohner aus dem armenischen Ǧulfā bei Iṣfahān, als sie, entgegen der für Andersgläubige geltenden Übung,[3] zur Armee eingezogen werden sollten.[4]

Andererseits führten Ortswechsel auch häufig zu *dauernden Umsiedlungen.*

Ortswechsel beträchtlicher Teile der betroffenen Bevölkerung waren durch ständig einander folgende Seuchen und andere Naturereignisse hervorgerufen.[5] Doch kehrten viele der Aufgebrochenen nach einer Zeit an ihre Heimatorte zurück.[6] Ganz sicher geschah das, wenn beispielsweise Ackerbauern während der Hunger-Katastrophe von 1870-72, einem Schutzinstinkt folgend, nach Ṭihrān in die Nähe des Schah strömten oder sich auch in anderen großen Städten zu bergen suchten.[7] Anschaulich ist das in seiner Härte nicht zu verallgemeinernde Beispiel von Kāzarūn, wo während dieser Katastrophe von ursprünglich 10.000 Einwohnern bereits bis 1871 4.000 abgewandert und ebenso viele Hungers gestorben sein sollen.[8]

Am Nordrande der großen Salzwüste zwangen wandernde Sandmassen die Dorfbewohner südlich und südostwärts von Samnān, ihre Wohnstätten aufzugeben.[9] Gleiches ereignete sich stets dann, wenn die für die meisten Orte unterirdisch herangeführte Wasserzufuhr (Qanāt) versiegte oder verfiel;[10] aus solch einem Grunde war bis 1858 ein Teil der Bevölkerung von Nīšāpūr abgewandert.[11]

Einige Landstriche verloren an Bevölkerung infolge mangelnder Sicherheit. Mögen im ganzen Nordosten Persiens die Turkmeneneinfälle bis um 1870 schon eine ständige Abwanderung hervorgerufen haben, so hatten sie

1 S. oben.
2 Vgl. Bd I, 255 ff.
3 Vgl. Bd I, 315.
4 Vgl. Binning II, 161.
5 Nahezu alle erreichten Quellen bestätigen das. S. besonders für die Hungersnöte, 1849-50 in Fārs: Binning I, 430; 1860-61 in Nordpersien: Eastwick I, 313; 1870-72: Basset, Persia the Land, 71.
6 Vgl. Brugsch, Reise II, 33; vgl. auch für Kirmānšāh.
7 Vgl. Basset, a.a.O., 118; Wills, In the Land, 252, 254.
8 Goldsmid, Notes on ... travels, 195.
9 Vgl. Houtum-Schindler, Beschreibung, 217 f.
10 Vgl. Filipi, 136 f; s. auch Lycklama III, 536.
11 Chanykov, Meched, 271 lk f.

zumindest zwei Gegenden vollständig entleert. Es waren dies das Gebiet nordostwärts Mašhad bis zur Grenze gegen die Turkmenen[1] und einer der acht bulūks von Astarābād.[2] – Dörfer in den Tälern von Mūristān (etwa 120 km nordwestl. Iṣfahān) waren, wohl vor 1870, wahrscheinlich durch Baḫtijāren zerstört und von der Bevölkerung verlassen worden.[3] – Die starke Entvölkerung Sīstāns bis 1872[4] wird weitgehend auch durch Abwanderung geschehen sein. – Zu Beginn der 80er Jahre hatten in ʿArabistān Kämpfe zwischen Baḫtijāren und arabischen Stämmen den Ort Rām Hurmuz nahezu vollständig menschenleer gemacht.[5]

Die Bewohner von Dörfern an großen Verbindungswegen, die den Bedrückungen von Beamten und Soldaten besonders ausgesetzt waren, hatten ihre Wohnsitze oft weiter ins Innere verlegt. 1851 fand Binning Dehbīd (80 km nordostw. Šīrāz) und ein Dorf 30 km nördlich Jezdiḫāst auf diese Weise verlassen vor.[6]

Umsiedlungen aus derartigen Gründen scheinen aber bald nach dem Regierungsantritt Nāṣiru'd-Dīns, wenn auch nicht abgeschlossen gewesen, so doch erheblich zurückgegangen zu sein. Allerdings wechselten Ackerbauern häufiger ihre Grundherren und damit die Wohnsitze, doch ließen gegen Ende des 19. Jahrhunderts auch diese Umsiedlungen nach.[7]

Umsiedlungen ergaben einen *Zuzug* an anderen Orten. So hatten sich kurz vor 1872 „infolge der Hungersnot und aus anderen Gründen" Menschen im verschont gebliebenen Sīstān niedergelassen; es scheinen bis zu 20.000 Zuwanderer gewesen zu sein.[8] Auch Damāvand scheint sich in dieser Zeit vergrößert zu haben.[9] Nach dem Ende der Turkmenengefahr kamen Menschen, oft von weither, in die Provinz Astarābād.[10] Vor 1887 war infolge „ewiger Reibereien" mit den Luren „eine Anzahl Familien" aus Ḫānsar nach Sulṭānābād übergesiedelt.[11]

1 Vgl. Eastwick II, 250.
2 Vgl. Hommaire, Voyage II, 288.
3 Vgl. Houtum-Schindler, Südwestl. Persien, 60 f.
4 Tate, 224.
5 Vgl. Houssay, Souvenir, 380, 858; Babin-Houssay, 91.
6 Vgl. Binning II, 57, 69.
7 Vgl. Bd I, 246 f.
8 E. Smith, The Perso-Afghan, 267; Goldsmid (Journey, 71) bezweifelt die Höhe dieser vom amīr von Qā'in angegebenen Zahl.
9 Vgl. Napier, Extracts, 64.
10 Curzon, Persia I, 359.
11 K. Hadank, Die Mundarten von Khunsar, Mahellat ..., in Kurdisch-Persische Forschungen, Abt. III, Band I, Berlin-Leipzig 1926, 4 f.

Da vor allem die größeren Städte eine ständige Zuwanderung anzogen,[1] nahmen sie dauernd Menschen aus Dörfern und auch aus Wanderstämmen auf.[2] 1860 heißt es von einem Teil der Bevölkerung Ṭihrāns, er könne das „Nomadenleben nicht vergessen",[3] was vor allem seine qāǧārische Herkunft deutlich kennzeichnet. 1877 waren allein in Dizfūl 500 Familien der Luren vom Stamme Dirākvand ansässig.[4]

Schließlich bedeutete auch die Einberufung zu dem meist jahrzehntelangen Dienst in die Armee eine dauernde Umsiedlung in die Städte, vor allem aus Dörfern, aber auch aus Wanderstämmen.

Wir hatten gesehen, wie geringen Hauseinwohnerzahlen in den Dörfern höhere in den Städten gegenüberstehen, und zwar etwa gleichlaufend mit deren Einwohnerzahlen, von 3 bis 4 Personen auf dem Dorfe bis hin zu 10 in großen Städten. Das deutet nicht nur auf umfangreichere Häuser in Städten hin; hier spiegelt sich eher eine Wanderung vom Lande in die Stadt, und vor allem in die große Stadt.

Bevölkerungsumschichtungen zwischen Städten scheinen nicht so häufig gewesen zu sein. So hatte sich zwar Kirmānšāh in den 40er Jahren infolge ungewöhnlicher Beraubung der Bevölkerung durch den Gouverneur erheblich geleert,[5] erreichte aber, vor allem durch Rückwanderung, bis in die 60er Jahre seine frühere Einwohnerzahl wieder.[6] Doch soll man auch damals aus kleineren Städten häufiger in größere umgesiedelt sein.[7] Das bestätigt ein Bericht aus dem 1880-81 von der Hungersnot hart betroffenen Kāzarūn, von wo „viele" Menschen nach Šīrāz und Būšahr gezogen waren.[8]

Man hat sich also verhältnismäßig erhebliche Wanderungen vorzustellen, die in erster Linie zu zeitweiser Ortsveränderung, dann aber auch zu Umsiedlungen führten.[9]

1 Vgl. s. S 136 f.
2 Vgl. Grolman, 210.
3 Brugsch, Reise I, 219.
4 Houtum-Schindler, südwestl. Persien, 96.
5 Vgl. Bd I, 312 ff.
6 Vgl. J. P. Ferrier, Voyages en Perse … I, Paris 1860, 44.
7 Vgl. Lycklama III, 453.
8 Stack I, 37.
9 Vgl. auch Curzon, Persia II, 491.

1.2.4 Zwischenständische Fluktuation

Im Folgenden wird versucht, die Anteile der verschiedenen Stände und Gruppierungen am Volkskörper, und möglichst auch ihre Verschiebungen, zu erfassen. Auch hier lässt die Aussagekraft der Zahlen ein eindeutiges Ergebnis nur selten zu.

Die *regierenden Stände* sind in allen ihren Gruppen schwer zu überschauen.

Das gilt selbst für die *Prinzen*, die direkten Abkömmlinge Fatḥ ʿAlī Šāhs im Mannesstamme. Betrachtet man die durch Curzon gelieferte Zusammenstellung von Schätzungen über die Nachkommenschaft dieses Fürsten,[1] zu der noch die von Brugsch[2] heranzuziehen ist, dann leuchtet die Unmöglichkeit einer genauen Festlegung der Zahl ein. Bei der sprichwörtlichen Fruchtbarkeit jenes Monarchen, wie auch vieler seiner Nachkommen,[3] mag die Zahl der lebenden Prinzen zu Beginn der Regierungszeit Nāṣiru'd-Dīns um 2.000,[4] an ihrem Ende mehrere Tausende,[5] betragen haben.

Die im Regierungsdienst tätigen Qāǧāren haben jedenfalls mehrere Hundert nicht überschritten.[6]

Hingegen ist neben den *Qāǧāren* der zahlenmäßige Anteil der *ḫāne* überhaupt nicht festzustellen.[7]

Ein Gleiches gilt auch für die *mīrzās*, deren ohnehin nicht sicher abzugrenzende Gruppe infolge der ständigen Erweiterung des Regierungsapparates[8] einen steten Zustrom aus verschiedenen Kreisen erhielt.[9]

---

1 Vgl. Curzon, Persia I, 410 f.

2 Vgl. Brugsch, Reise I, 175.

3 Vgl. Curzon, Persia I, 411; Brugsch, Reise I, 316; Ḥusein ʿAlī Mīrzā (Bd I, 90, 116) hatte 19 Söhne. Vgl. Fasā'ī II, 110 Z 15 ff. – Šeiḫ ʿAlī Mīrzā soll 60 Söhne gehabt haben. Eastwick II, 328; Curzon, Persia I, 411.

4 Vgl. Polak, Persien I, 35. Polak hatte lange genug am Hofe gelebt, um als Europäer den darüber wohl besten Eindruck gewonnen zu haben. Er gibt die „Nachkommen des königlichen Hauses", also auch die Töchter und deren Kinder mit 10.000 an (II, 203).

5 Es lebten jedenfalls 1892 in Tu'i (40 km südwestl. Hamadān) allein etwa 1.000 Nachkommen unter Muḥammad Šāh dorthin verbannter Prinzen. Feuvrier, 395.

6 Vgl. Bd I, 84, 97, 105.

7 „In a city of 60.000 inhabitants there are more than 500 counts" (ḫāne). Adams, 106. Die Bemerkung zeigt eigentlich nur die beliebte und fast beliebige Verwendung des Titels.

8 Vgl. Bd I, 15, 82, Anm. 5; s. auch S. Teufenstein, 104 r.

9 So für 1861: Grolman, 214; s. auch Bd I, 88, Anm. 1, 120 f, 288.

Den mag es veranschaulichen, wenn 1877 in Ṭihrān etwa 1.600 höchste bis niedere Beamte,[1] 1894 dagegen etwa 2.500[2] tätig waren. Ihre Zahl bestand zum weit überwiegenden Teil aus mīrzās.[3] Mit Familien machte das für 1877 fast 10%, für 1894 vielleicht 7% bis 8% der Bevölkerung in der Hauptstadt aus.[4]

Damit ist auch zu erkennen, dass die anwachsende Metropole ihren ursprünglich stärkeren Charakter als Beamtenstadt allmählich verlor. Die entsprechenden Anteile für die übrigen Städte lagen auf jeden Fall niedriger, ohne Zweifel nahmen auch dort die Anteile der regierenden Stände mit steigenden Einwohnerzahlen ab.

Für den Stand der *Geistlichen* erlaubt das vorliegende Material keine eindeutige proportionale Bestimmung ihres Anteils an der Gesellschaft. Ihre zweifelsfrei verhältnismäßige Häufung in den Städten, gefördert durch die vielfachen öffentlichen Funktionen, erfuhr eine weitere Steigerung an den Wallfahrtsorten, vor allem in Mašhad und in Qum,[5] während in abgelegenen ländlichen Gebieten auch niedere Geistliche oft nicht anzutreffen waren.[6] Die 1848 für Tabrīz angegebene Zahl von „nahezu 3.000“ Geistlichen[7] ergäbe mit Familien den hohen Anteil von etwas über 10% der Bevölkerung.[8] Hier scheint eine Verschreibung vorzuliegen. Wenn wir folgend in der Hauptstadt, welche die Geistlichkeit nicht übermäßig schätzte, gut 0,5% der Einwohnerschaft diesem Stande zuzurechnen haben, dann mag für Tabrīz die Zahl um 1% liegen.

Das macht es möglich, bei „3.000“ an eine Verschreibung „um eine Null zuviel“ zu denken. Dagegen befanden sich unter den Hausbesitzern des Viertels Maḥalle-ji Ark in der stark durch die regierenden Stände mit ihrem Anhang bewohnten Hauptstadt nur 5,9% Geistliche.[9]

Einen ungefähren Begriff über Zahlenverhältnisse innerhalb des Standes mag es vermitteln, wenn es 1890 in Ṭihrān offenbar 200 ʿulamā gab,[10] was

---

1 Vgl. Marāġī, Mir'āt III, Anh., 6 ff einschließlich Hofbeamte!

2 Vgl. Marāġī, Al-tadvīn, Anh., 5 ff einschließlich Hofbeamte!

3 Vgl. Bd I, 78 ff.

4 Ṭihrān hatte 1877 um 100.000 (vgl. Serena, Hommes, 50 u. Encyl. Britt., 9. Ed., 628 lk), und 1894 über 200.000 (vgl. Curzon, Persia I, 298, 333; Stahl, Reisen, 5; auch Bleibtreu, 155) Bewohner.

5 Vgl. Curzon, Persia I, 163; II, 9 f; C. E. Yate, Khurasan, 331 f; Basset, Persia the Land, 284.

6 Vgl. Häntzsche, Talysch, 42; Stahl, Reisen, 26.

7 Hommaire, Voyage II, 74.

8 Mit etwas mehr als 100.000 Einwohnern. A.a.O. II, 20; Sheil, 91.

9 II. (Anon.), Adad, 9 f.

10 Vgl. Curzon, Persia I, 430.

mit Familien gut 0,5% der Einwohner ausgemacht haben kann.[1] Etwa der gleiche Anteil ergibt sich 1901 für 60 ʿulamā in Qazvīn.[2] Verhältnismäßig hohe Zahlen Studierender in den madrases (Tabrīz 1855: 800 bis 1.000;[3] Ṭihrān 60er Jahre: 442[4]) können keinesfalls, wie Rochechouart es sieht,[5] „für alle persischen Städte" verallgemeinert werden; es blieben sonst trotz der Vielen, die das lange Studium nicht durchhielten zuzüglich einer Minderheit, die damit keinen geistlichen Beruf erstrebte, immer noch ein unglaubhaft zahlreicher Nachwuchs für die ʿulamā übrig. – Ein ähnlicher Anhalt wie für die ʿulamā lässt sich für die mullās nicht geben,[6] zumal es nicht möglich ist, diesen niederen Teil der Geistlichkeit gegenüber den ihm sozial gleichgestellten Schichten anderer Stände und Gruppen deutlich abzugrenzen.[7]

In welchem Sinne eine Fluktuation – Ergänzung aus niederen Schichten und Abwanderung etwa zu Kaufleuten und mīrzās[8] – auf die zahlenmäßige Größe des Standes einwirkte, lässt sich nach den vorliegenden Quellen nicht entscheiden.

Den Stand der *Kaufleute* hielt man schon zu Beginn des 19. Jahrhundert für „zahlreich".[9] Einen ähnlichen Schluss legt schon der Umstand nahe, dass das vorhandene Handelsvolumen sich in fast völliger Ermangelung von Gesellschaften[10] auf eine verhältnismäßig große Zahl dieser selbstständig tätigen großen Kaufleute verteilen musste, der als ein eigener Stand gegenüber den Gewerbetreibenden abhob (vgl. Bd I, 179 f, 195 f). Darum ist anzunehmen, dass dieser Stand einen recht hohen Anteil der städtischen Bevölkerung stellte.

Für Iṣfahān scheint das in den 40er Jahren weniger gegolten zu haben, denn man entnimmt aus einer noch unter Muḥammad Šāh von dortigen

1 Ṭihrān hatte 1890 fast 200.000 Einwohner a.a.O. I, 298.

2 J. Greenfield, Die Verfassung, 127; Bérard, 141. Qazvīn hatte etwa 50.000 Einwohner. J. Greenfield, a.a.O.. Von diesen „höheren Geistlichen" dürfte kaum einer in den im Zusammenhang erwähnten „700 Dörfern der Umgebung" (J. Greenfield, a.a.O.) sondern alle in der Stadt gewohnt haben.

3 Wright, From a letter, 423.

4 Rochechouart, Souvenir, 110. Ṭihrān hatte etwa 120.000 Einwohner vgl. Brugsch, Reise I, 212; II, 323;– Eastwick I, 217.

5 Rochechouart, Souvenir, 110.

6 Die in Bd I, 161 f genannten Zahlen von Grundschulen genügen dazu bei weitem nicht.

7 Vgl. Bd I, 149.

8 Vgl. Bd I, 172.

9 J. Malcolm, 430; s. auch Lycklama II, 331.

10 S. Bd I, 183.

Kaufleuten gespendeten Summe im Verhältnis zu den als Durchschnitt angegebenen Einzelspenden eine Zahl von 120 Kaufleuten.[1] Mit dem unmittelbaren Familienanhang von vielleicht 600 Personen wäre das, bei einer Einwohnerzahl von wahrscheinlich nicht mehr als 60.000 Menschen,[2] ein Bevölkerungsanteil von 1%. Eben so wenig, wie für das wirtschaftlich damals offenbar wenig rege Iṣfahān, darf allerdings ein Beispiel für 1884 aus Astarābād mit seiner nach den Turkmeneneinfällen günstigen Handelslage verallgemeinert werden; hier bestand unter den 8.000 Einwohnern „die Kaufmannschaft aus ungefähr 70 Personen",[3] was mit den Familien etwa 4% ergibt. Einen noch höheren Anteil scheint bereits 1860 das nahe gelegene Bārfurūš gehabt zu haben.[4] In den großen und mittleren Städten mag der Anteil zwischen den eben genannten Zahlen gelegen haben.

Nach dem, was in Bd I über die Familien der Kaufleute festgestellt worden war, dürften sie auch in ihrem zahlenmäßigen Bestande eine hohe Konsistenz im Vergleich zu anderen Ständen besessen haben.

Berufliche Tätigkeit brachte nicht nur häufige Reisen, sondern vielfach einen Wohnsitzwechsel mit sich.[5] Beispiele dafür finden sich häufig.[6]

Um den Anteil des Standes der *Gewerbetreibenden* an der sesshaften Bevölkerung näherungsweise zu bestimmen, bieten sich als hervorragendes Hilfsmittel Angaben über die Zahl von Läden in vielen Orten an. Das bliebe allerdings unvollkommen verwendbar, wenn nicht gleichzeitig gewisse Möglichkeiten zur Ermittlung der Zahl beschäftigter Hilfskräfte und Familienangehöriger bestünden.

1852-3 wurden für Ṭihrān die Läden von 3.883 nach Gewerben aufgeschlüsselten Handwerkern und Händlern angegeben,[7] zu denen etwa insgesamt 10.000 Hilfskräfte gehört haben dürften.[8] Unter der Voraussetzung,

---

1 Tanakābuni, 109 Z 23. Geschätzte Gesamtsumme 18.000 tūmān, durchschnittliche Einzelspende 150 t. S. auch Bd I, 193.

2 Vgl. Häntzsche, Spezialstatistik, 431; Thomson, 17; dazu Lycklama II, 403. Die Angabe Binnings (II, 113), „the population does not exceed 120.000", dürfte trotz größerer Zeitnähe den Tatsachen am wenigsten entsprechen.

3 Stolze-Andreas, 50 lk. Zur Einwohnerzahl: a.a.o. – Curzon, Persia I, 182, 358.

4 Vgl. Melgunov, Das südliche Ufer, 184.

5 Vgl. auch Bd I, 181 f.

6 Beispielsweise hatten sich Mašhadī Afrāsjāb aus Zanǧān und Ḥāǧǧī Muḥammad Ṣādiq aus Ṭihrān in Jazd niedergelassen. Marāǧī, Mir'āt III, 2 Z 24, 5 Z 19 f; Ḥāǧǧī Qāsim, aus Ṭihrān, lebte in Mašhad. Marāǧī, Mir'āt II, 470 Z 23 f.

7 Vgl. II, (Anon.), Adad, 3 Z 1 ff.

8 Nach Ph. Gogitschayschwili (Das Gewerbe in Georgien, Tübingen 1900. Zeitschr. f. d. ges. Staatswissenschaft, Ergänzungsheft I) kamen Ende des Jahrhunderts in georgischen städtischen Bezirken auf 1 Handwerker 1,45 Hilfskräfte. Das der oben im Text genannten Zahl von 10.000 zugrunde liegende Verhältnis von mehr als 1:2,5

dass von diesen weniger als die Hälfte eigene Familien gegründet hatten, und ein Viertel hiervon Familienangehörige dieser Gewerbetreibenden waren,[1] und unter der Annahme der Familienkopfzahl von 4 bis 5 Personen ergibt sich für diesen Stand in Ṭihrān zu der Zeit eine Mindestzahl von etwa 37.000 Menschen, also etwa 37% der Einwohnerschaft.[2] Die Zahl wäre noch zu ergänzen durch ambulante Gewerbe, beispielsweise kleine Makler und Bauhandwerker.

Im Folgenden soll unter diesen Gesichtspunkten auf Grund der Einwohner- und Landeszahlen die Relation des Standes zur übrigen Bevölkerung für Orte verschiedener Größe betrachten werden.[3]

Ort	Jahr	ca. Einwohner	Zahl der Läden	mögl. Bevölkerungsanteil des Standes
Amīrābād[4] nordostw. Samnān	1886	600	4	4,4%
Aradān[5] ostw. Varāmīn	1886	700	3	2,8%
Qal'eh[6] ostw. Samnān	1884	1.000	3	2%
Habiš[7]	1850	1.700	0	0%
Meibund[8]	1849	1.000-2.000	etwa 40	13-17%

1:2,5 wurde geschätzt unter Berücksichtigung der damaligen starken Zuwanderung vor allem in den größeren persischen Städten und dem für heutige Ṭihrāner, in alter Form geführte Handwerksbetriebe geltenden Verhältnis von etwa 1:3 (auf Grund aufgeschlüsselter mündlicher Mitteilungen).

1 Nach mündl. Mitteilung über die noch heute in den verschiedenen Branchen der Basarbetriebe tätigen Hilfskräfte.

2 Etwa 100.000. vgl. S. 136. In der Maḥalle-ji Ark gehörten von 104 Häusern 56 Gewerbetreibenden. II, (Anon.), Adad, 9 ff.

3 Das aber unter Zugrundlegung eines Verhältnisses auf dem Lande für Handwerker und Hilfskräfte von nur 1:1,15 und in kleineren und mittleren Städten von 1:1,45 (nach Ph. Gogitschayschwili, s. oben).

4 Marāġī, Maṭla' III, 301 Z 16.

5 A.a.O. III, 354 Z 6.

6 A.a.O. I; 48 Z 1.

7 Abbot, Geogr. Notes, 33.

8 Abbot, a.a.O., 18.

Ort	Jahr	ca. Einwohner	Zahl der Läden	mögl. Bevölkerungsanteil des Standes
Firūzkūh		2.500[1]	50[2]	13,3%
Daulatābād[3] etwa 60 km südostw. Hamadān	1875	4.500	250	40%
Nihāvand[4]	1875	5.000	300	43,5%
Sāveh[5]	1849	5.000	50	7,2%
Sāveh[6]	1893	7.000	120	12,4%
Šāhrūd[7]	1886	6.000-7.000	300	31-36%
Nīrīz[8]	1850	6.000	40-50	4,8-5,6%
Turbat-i Ḥaidarī[9]	1870	7.500	200	19,5%
Maḥallāt[10]	1893	8.000	200	18%
Astarābād[11]	1860	10.000(?)	395	mehr als 25%
Samnān	1870	13.000[12]	700[13]	39%

1 Napier, Extracts, 65; Goldsmid, Napier's Journey, 166.
2 Marāġī, Maṭla' I, 24 Z 12 f.
3 Houtum-Schindler, Nördl. Persien, 115.
4 Houtum-Schindler, a.a.O., 116.
5 Abbot, Geogr. Notes, 5.
6 Houtum-Schindler, Eastern, 129.
7 Marāġī, Maṭla' III, 251 Z 16.
8 Abbot, Geogr. Notes, 71. Hier wie für Sāveh u. Habiš dürfte die damals noch fehlende Sicherheit die Zahl der Gewerbetreibenden gehalten haben.
9 E. Smith, The Perso-Afghan, 353. Die Stadt liegt verkehrsgünstig an der Strasse Mašhad - Sīstān.
10 Houtum-Schindler, Eastern, 90.
11 Vgl. Melgunov, Das südliche Ufer, 108. Die Einwohnerzahl scheint nicht sicher, denn Brugsch (Reise II, 324 f) gibt aus seiner „sehr genauen und zuverlässigen Quelle" für dieselbe Zeit 4-5.000 Einwohner an. Der obige Anteil der Gewerbetreibenden beruht auf einem Verhältnis zwischen „Häusern" und „Verkaufsläden".
12 Vgl. E. Smith, a.a.O., 384; Goldsmid, Lieut. Vaughan's Journey, 591.
13 E. Smith, a.a.O., 384.

Ort	Jahr	ca. Einwohner	Zahl der Läden	mögl. Bevölkerungsanteil des Standes
Birǧand[1]	1870	15.000	200	9,7%
Sabzvār	1870	30.000(?)[2]	1.000[3]	vielleicht 24%
Šīrāz		etwa 45.000[4]		
Maḥalle-ji Iṣḥāq Beg und Maḥalle-ji Bāl-i Goud[5]	1877	9.973	573	53,5%
Tabrīz	1886	160.000[6]	6.500[7]	38%
Tabrīz	1886	170.000[8]	3.922[9]	21,6%
Ṭihrān	1852/3	100.000[10]	3.883[11]	37%

Berücksichtigt man, dass manche dieser Läden nicht besetzt waren,[12] andererseits aber Zahlen der ambulanten Gewerbe nicht ermittelt werden konnten, dann vermitteln die Aufstellungen ein brauchbares Bild über eine allgemeine Zunahme des Bevölkerungsanteils der Gewerbetreibenden mit steigender Ortsgröße. Wenn die Aufstellungen auch keine endgültigen Gesamtzahlen für den Stand berechnen lassen, so ist doch bei aller gebotenen Vorsicht anzunehmen, dass der Anteil der Gewerbetreibenden auf dem Lande nur in größeren und wirtschaftlich begünstigten Orten, wie etwa Firūzkūh, über 10% hinausging, in den Städten bis etwa 30.000 Einwohner bei allgemein höheren Anteilen den wirtschaftlichen Gegebenheiten der Städte ent-

1 E. Smith, a.a.O., 336.
2 Vgl. E. Smith, a.a.O., 373; Curzon, Persia I, 268.
3 Marāǧī, Maṭla' II, 194 Z 1.
4 Vgl. für 1883: Fasā'ī II, 23 Z 8 f; für 1890: Demorgny, En Perse, 16 f.
5 Andreas, Nachlass, 5 f.
6 Vgl. Häntzsche, Spezialstatistik, 431, u. Anm. 15.
7 Marāǧī, Mir'āt I, 344 Z 19 f.
8 Vgl. Houtum-Schindler, Nordwestl. Persien, 334; Stolze-Andreas, 48 r.
9 Curzon, Persia I, 521.
10 Vgl. Sheil, 160; (Anon.), Teheran, Das Ausland, 475 r.
11 II: (Anon.), Adad, 3 Z 1 f.
12 In Ṭihrān waren es 1269/1852-3 etwa 10%. Vgl. II. (Anon.), Adad, 3 Z 1 und 5 Z 7.

sprechend stark schwankte, und in den größten Städten anteilig am höchsten lag. Einen gewissen Sonderfall dürfte Tabrīz darstellen, da es als Importstadt sein eigenes Handwerk weniger stark entwickelte;[1] es scheint sogar, auch wenn die Zahl für 1877 von 6.500 Läden überhöht sein mag, ein absoluter Rückgang in der Zahl der Handwerker eingesetzt zu haben.

Hier tritt damit eine strukturelle Verschiebung innerhalb des Standes zutage, die auch anderswo aufgetreten sein dürfte.

Sie vollzog sich in Wechselwirkung mit der Ausbreitung europäischer eingeführter oder auch im Lande nachgeahmter Waren[2] und eine Rückentwicklung bestimmter handwerklicher Erzeugnisse. So fand Curzon 1889 in Mašhad die seinerzeit blühende Klingenmachergilde in vollem Rückgange.[3] Gleiches galt auch in Iṣfahān 1871 für die Metallgraveure.[4] Diese Entwicklung mag manche Handwerker zur Aufgabe ihrer wirtschaftlichen Unabhängigkeit veranlasst haben und andererseits einen möglichen Nachwuchs durch Ausfall der Lehrstellen, vielfach ungelernte Arbeiter haben werden lassen.

Es scheint eine laufende Abwanderung schon um die Jahrhundertmitte zu den Bediensteten hin stattgefunden zu haben.[5]

Ein steter Nachstrom aus den Ackerbauern dürfte, vor allem bei Gewerben wie den Bäckern, Hilfskräfte gestellt haben und im Übrigen vor allem den Händlern zugute gekommen sein.[6]

Händler aus Harand (70 km ostw. Iṣfahān), einem Orte von 3.000 Einwohnern, sollen „in fast jeder Stadt Persiens" gelebt haben.[7]

Andererseits gingen örtliche Verschiebungen in der Weise vor sich, dass beispielsweise Handwerker ihre Wohnsitze in solche Städte verlegten, die, wie Ṭihrān, bessere Verbindungsmöglichkeiten zu bieten schienen.[8] In den 50er Jahren zogen dorthin vor allem Handwerker aus Iṣfahān und Kāšān.[9]

Leider erlaubt das vorliegende Material es nicht, auf eine absolute oder auch anteilmäßige Veränderung des Standes zu schließen.

---

1 Vgl. Blau, Zustände, 123. Seit etwa 1835 suchten europäische Fabrikanten das „Abnehmen der Industrie Persiens" durch Importe zu nutzen. Blau, a.a.O.

2 Den sich anbahnenden Geschmackswandel bezeugten 1890 in Šīrāz die Schreiner Muḥammad Ǧaʿfar und Muḥammad Raḥīm, die sich in ihrer Produktion von Möbeln auf europäische Muster umgestellt hatten. Fursat, 552 Z 15 f. Für frühere Jahre vgl. Blau, Zustände, 123; Stolze-Andreas, 85.

3 Curzon, Persia I, 166 f.

4 Vgl. Wills, In the Land, 332.

5 Vgl. Sheil, 593.

6 Nach mündl. Angaben.

7 Houtum-Schindler, Südl. Persien, 313 Anm..

8 Vgl. Rochechouart, Souvenir, 312; Wishard, 188.

9 Polak, Persien II, 185.

Eine gewisse örtliche Konzentrierung des *fahrenden Volkes* hatte offenbar in Šīrāz stattgefunden. Einmal infolge der hohen Zahl der lūṭīs in diesem Stande, zum anderen aber dadurch, dass das weiterhin ambulante Gewerbe der Tänzer, Sänger und Musikanten durch die lebensfrohe Stadt angezogen wurde.[1]

Nach Browne[2] waren 1881 die Tänzer dort noch zahlreicher als in Ṭihrān, wo, jedenfalls 1970, 44 Trupps mit insgesamt etwa 450 Köpfen gezählt wurden. Dabei überwogen die weiblichen Mitglieder erheblich ihre männlichen Kollegen. Über die Gesamtzahl des Standes lässt sich nichts sagen; es besteht der Eindruck, als sei sie trotz des Einschlusses einer Masse Berufsloser erheblich niedriger gewesen als diejenige etwa der Gewerbetreibenden.

Fluktuationen von und zu diesem Stande dürften gering gewesen sein.[3] So wird auch nur selten ein Mensch höheren Standes den sozialen Abstieg auf sich genommen haben, wie es die Tochter eines armen Tischlers aus dem Dorfe Taǧrīš (bei Ṭihrān) getan hatte.[4]

Die Landwirtschaft treibende Bevölkerung ist eigentlich zu trennen in den Stand der *Ackerbauern* im Sinne unseres Themas und in Wanderhirten, die häufig Feldfrüchte für den eigenen Verbrauch anbauten. Nach Curzon[5] waren solche Teile der Wanderstämme meist sesshaft. Sie stellten unter den Türkisch sprechenden Stämmen[6] eine beträchtliche Mehrzahl, unter den arabischen Stämmen und bei den Balūčis „eine entschiedene Mehrheit“ und unter den Kurden und Luren ebenfalls „eine entschiedenen Mehrheit“ dar.

Die Nähe großer Städte veranlasste mehr zu sesshafter Lebensweise,[7] das entgegengesetzte galt für Gebirge und Steppen. Dem soll nicht weiter nachgegangen werden. Dagegen ist festzustellen, dass weniger ein jahreszeitlicher Ortswechsel der, wie wir gesehen haben, klimatisch bedingt sein konnte, als vielmehr die nachlassende Kraft der Stammesverfassung und der Eintritt in Pachtverhältnisse für die Zurechnung zum Stande der Ackerbauer von Belang sind. Ohne dass Quellen diese Kriterien ausdrücklich nennen, deuten sie doch verschiedentlich auf derartige Übergänge oder eine bereits vollzogene Entwicklung hin.

---

1 Vgl. Binning II, 182; Wills, In the Land, 223 und Browne, A Year, 120. Lycklama (II, 518) bezeichnete sie 1867 als „nuée de mendiants, qui infestent les rues de Chiraz ».

2 Browne, A Year, a.a.O..

3 Vgl. Bd I, 217.

4 Spätere Frau des Schah, Ǧajrān Ḫānum, zuvor Tänzerin der Mutter des Schah (Polak, Persien I, 232) – früher wahrscheinlich öffentliche Tänzerin.

5 Persia II, 270.

6 Vgl. Lambton, Landlord, 159.

7 Vgl. Curzon, Persia II, 275.

So hatten sich in Deregez einige Turkmenen unter den Schutz des ḫāns gestellt und waren sesshaft geworden.[1] Sie dürften sich damit aus ihrem Stamme gelöst haben. Gleiches kann man im Laufe der Zeit für diejenigen Baḫtijāris annehmen, die 1877 in Ḫumein (etwa 50 km südostw. Sulṭānābād) unter anderen Dorfbewohnern siedelten,[2] ebenso für die 50 Familien derselben Stammesgruppe, die 1868 nach Gavnek (25 km südostw. Dizfūl) verpflanzt worden waren.[3] Die Hazāres südostwärts Mašhad[4] und die Qara'ī in „Shahn-i Bālā" und „Alīak" in demselben Gebiet[5] waren Pächter geworden, die letzteren hatten stammesfremde Grundherren. Auch die „dem Nomadentum abgewonnenen" turkstämmigen Ackerbauern in ʿAbbāsābād, dem südlichsten Dorf im bulūk Sīrǧan[6] (südwestl. Kirmān), werden 1881 zu dem Stande zu zählen gewesen sein. Auch Teile der Luren wurden sesshaft,[7] wenn sie auch verschiedentlich weiter ihre Zelte bewohnten, um, wie in der Ebene von Tell-Aspīd,[8] Steuereinnehmern leichter ausweichen zu können.

Die Regierung soll Ansiedlungen von Wanderhirten begünstigt haben.[9] Von weiteren Elementen, die mehr vereinzelt von Stämmen zu den Ackerbauern gestoßen waren, war die Rede gewesen.[10]

Solchen Zuflüssen standen Abwanderungen gegenüber, doch ist es weder möglich, für beide Vorgänge absolute Zahlen anzugeben, noch etwas über ihr Größenverhältnis zueinander auszusagen.

Es gab einen ständigen Abfluss in die Städte, dort dann auch zu der Berufsgruppierung der Soldaten. Der durch Anforderungen der Armee verursachte Abgang aus Ackerbauern (und Wanderhirten) wird, bei dem infolge hoher Sterblichkeit großen Ergänzungsbedarf, um jährlich 15.000 Männer gelegen haben.[11]

Ob aber, wie es einmal heißt,[12] eine nennenswerte Anzahl von Ackerbauern zu den Stämmen strebte, scheint mir zweifelhaft. Angesichts des steigenden Bedarfs an Ackerbauern und zunehmender Erwerbsmöglichkeiten in den anwachsenden Städten zog es Ackerbauern wohl nur dann zu Wan-

---

1 Vgl. Stewart, Country of the Tekke, 538 f; Lessar, Bemerkungen, 288 r, Anm. 1.
2 Floyer, Baluchistan, 395.
3 Houtum-Schindler, Südwestl. Persien, 98.
4 Vgl. C. E. Yate, Khurasan, 138; s. auch S. 226 f.
5 S. Bd I, 256.
6 Stack I, 177 – Afsaren? Vgl. EI I, 188 r; s. dazu auch die Afsaren im südl. davon gelegenen bulūk Urzū. Houtum-Schindler, Südl. Persien, 339.
7 Vgl. Arnold, Through Persia II, 231.
8 Wells, Surveying, 161.
9 Vgl. Bleibtreu, 128.
10 Bd I, Ackerbauern.
11 Vgl. Bd I, 317 f.
12 So Khrustalew, 936.

derstämmen, wenn sie Sühne für Verfehlungen oder einen Zugriff Mächtiger zu fürchten hatten.

Abwanderungen ins Ausland, wie in den 80er Jahren die zahlreichen Ackerbauern aus Balūčistān nach Indien und ʿUmān wegen zu großer Bedrückung,[1] wogen zahlenmäßig weniger, als bestimmte Einwanderungen. Diese setzten nach dem Aufhören der Turkmeneneinfälle ein, so bereits in den 70er Jahren in die Provinz Astarābād, wohin Einwanderer aus Afghanistan fanden.[2]

Die häufigen Binnenwanderungen von Ackerbauern hatten zwei verschiedene Formen, deren eine der Umzug zu neuen Grundherren war. Solche Wanderungen dürften seit den 70er Jahren, wo sie einen Höhepunkt erreicht zu haben scheinen, allmählich nachgelassen haben, wie eine chronologische Zusammenstellung einschlägiger Äußerungen und ihre abnehmende Stärke erwiesen.[3] Bis 1880 waren aus Mejbud zahlreiche Familien der verarmenden Folgen wegen fortgezogen, die der dortige Opiumanbau für die Ackerbauern mit sich brachte.[4] Zum anderen gab es regelmäßige Wanderungen, die ganze oder nahezu ganze Dorfschaften zu Beginn des Sommers aus heißen Gebieten in höher gelegene Sommerquartiere führten. Der größte Bereich dieser Wanderungen befand sich ohne Zweifel im Alburz und seinem nördlichen Vorgelände.[5] Es nahmen daran Bewohner der Küste ostwärts Rašt,[6] Ackerbauer aus Ḥijābān Rižā (ostw. Langarūd)[7] und mehrere Dörfer bei Bārfurūš im bulūk Savādkūh teil.[8] Bewohner der Gegend um Āmul zogen nach Ask (am Damāvand) und nach dem umgebenden Lārīǧān.[9] Mehr nach Astarābād hin wohnende Dörfler wanderten im Sommer in die Umgebung von Firūzkūh;[10] auch südlich Astarābād scheint man jahreszeitlich den Ort gewechselt zu haben, wenn vielleicht auch weniger regelmäßig und vor allem dann, wenn die Ernte am Hauptwohnsitz nicht ausgereicht hatte, so 1882 in Šāhkūh-i Bālā (30 km südl. Astarābād).[11] – An der Küste des Persischen Golfs erzwang das Klima gleichfalls einen derarti-

1 Curzon, Persia II, 264.
2 Curzon, Persia I, 359.
3 Dazu vgl. für 1855-58: Gobineau, Trois ans, 415; für 1862-66: Rochechouart, Souvenir, 82; für 1876: Floyer, Baluchistan, 400 f; für die Zeit vor 1886: Marāġī, Maṭlaʿ III, 190 Z 11 f, 358 Z 3, 363 Z 17, 372 Z 1 f.
4 Ceyp, Beiträge, 79 r.
5 Vgl. Curzon, Persia I, 363; H. L. Rabino, Provinces, 23.
6 Vgl. Buhse, Dans les Montagnes, 263.
7 Vgl. Melgunov, Das südliche Ufer, 215.
8 Vgl. a.a.O., 197.
9 Vgl. Polak, Communicationsmittel, 42.
10 Vgl. Lovett, It. Notes, 68 f.
11 Vgl. a.a.O., 82.

gen Wechsel. So zogen ein erheblicher Teil der Bewohner des großen Dorfes Dalākī,[1] und die Leute von Kalānī und Abdū'i (bei Kāzarūn),[2] im Frühsommer mit ihren Herden bergan. Die Einwohner von „Oushdahn" (5 km nordostw. Gask) in Balūčistān wechselten im Jahre sogar zwischen drei verschiedenen Plätzen.[3] – Außer diesen beiden großen Gebieten gab es zahlreiche Gegenden, deren Bewohner ebenfalls jahreszeitlich wanderten, so beispielsweise die von Sīvand (etwa 80 km nördl. Šīrāz).[4]

Schließlich sollen Ackerbauern häufig nach Mašhad und Karbalā gewallfahrtet sein; Rochechouart scheint in den 60er Jahren eine Angabe für zutreffend zu halten, nach welcher nahezu 1/10 des Standes der Ackerbauer die Pilgerfahrt zu diesen beiden Orten durchgeführt haben sollen.[5]

Überschlägig wurde die Zahl der Ackerbauern auf 55% der gesamten Bevölkerung[6] geschätzt, was etwa 73% der Sesshaften bedeuten würde. Wenn sich außerdem fast 66% der gesamten Bevölkerung mit „Ackerbau beschäftigten",[7] so hieße das, das über 10% der gesamten Bevölkerung ackerbauende Angehörige von Wanderstämmen waren.

Für eingehende Untersuchungen über zahlenmäßige Veränderungen bei der beruflichen Gruppierung der *Bediensteten* steht fast kein Material zur Verfügung; einige Überblicke können aber von Wert sein. Es steht wohl fest, dass der recht beträchtliche Anteil an der Bevölkerung, der, wenn auch infolge dämpfender Maßnahmen des Schah[8] vielleicht nicht im gleichen Umfange wie der der regierenden Stände anstieg, sich vorzugsweise in den Städten zusammenballte. Es waren das vor allem die größeren Städte und Verwaltungszentren, unter ihnen selbstverständlich Ṭihrān. Hier mögen Schätzungen am Platze sein: 1877 amtierten in der Hauptstadt 14 Minister und etwa 1570 hohe bis niedere Beamte; 1894 waren es 12 und etwa 2460. Berücksichtigt man, dass auch niedere Beamte mindestens 4 Diener hielten,[9] der Schah 1295/1878 ihre Zahl für mittlere Ränge wie den sartīp-i avval auf 19, den sartīp-i duvvum auf die Hälfte und den sarhang wiederum auf die Hälfte zu

1 Gobineau, Trois ans, 141.
2 Vgl. Fursat, 333 Z 18 f.
3 Floyer, Baluchistan, 7.
4 Vambery, Meine Wanderungen, 203.
5 Vgl. Rochechouart, Souvenir, 15.
6 J. Greenfield, Die Verfassung, 148.
7 Curzon, Persia II, 488.
8 Mindestens seit 1274/1857-8 bemühte er sich ständig um eine Einschränkung der Zahl an Bediensteten. Vgl. Marāġī, Mir'āt II, 216 Z 17f; Al-ma'āṣir, 113 Z 12 f, 119 lk Z 12; Ta'riḫ-i muntaẓam III, 369 Z 9f.
9 Vgl. O'Donovan I, 483; s. auch Rochechouart, Souvenir, 115.

begrenzen gesucht hatte,[1] und schließlich höhere Würdenträger 50 und mehr Bedienstete besaßen,[2] so mag man sich in der Hauptstadt für 1877 um 20.000 und für 1894 gegen 30.000 Bedienstete vorzustellen haben.[3]

Unter Hinzurechnung von Familienangehörigen zu etwa der Hälfte dieser Bediensteten stellten sie so 1877 vielleicht knapp 40%, 1894 rund 25% der Einwohnerschaft. In anderen Städten lagen die Anteile gewiss niedriger, und nahmen wohl meist mit dem Ansteigen der Einwohnerzahlen anteilig ab. Für die kleine Stadt Bāneh könnte man aufgrund einer in einer Krankenstatistik von Schlimmer[4] gegebenen Relation 4% Bedienstete, mit Familienangehörigen vielleicht 6%, annehmen.

Es war bereits dargelegt worden, dass zwar ein sehr großer Teil der Bediensteten berufliche Traditionen fortführte, die anwachsende Gruppierung aber auf einen Zufluss angewiesen war, den vor allem Ackerbauer, Handwerker und Wanderstämme, aber sogar höhere Schichten, stellten.[5]

Neben den eigentlichen Bediensteten betrugen das unbezahlte Gefolge der Klienten, die aber zum Teil anderen Ständen und Gruppen zuzuzählen sind,[6] eine nicht abzuschätzende Zahl. Dass diese Leute, welche sich bei einigen hohen Würdenträgern auf mehr als 1.000 belaufen mochten,[7] und durch allerhöchste Verordnungen vielleicht ein wenig vermindert wurden,[8] auch weiterhin sehr zahlreich sein konnten, zeigt einen nach dem Tode Nāṣiru'd-Dīns angestellte Beobachtung.[9]

Untersuchungen über die Zahl der beruflichen Gruppierung der *Lohnarbeiter* bergen die Gefahr schwerer Fehler, da einmal der Bestand an gewerblichen Betrieben stark schwankte,[10] und man in zahlreichen Erwerbsgruppen nur gelegentlich arbeitete. Vor allem aber sind die Quellen für eine Gesamterfassung gänzlich ungenügend.

---

1 Vgl. Marāġī, Mir'āt III, 106 Z 18 ff.

2 Vgl. Curzon, Persia I, 449; s. auch Polak, Persien I, 239. Die Zahl der Bediensteten war unter den Ṣafavīden in vergleichbaren Stellungen geringer. Vgl. TM, 15.

3 Ihre bereits für die 60er Jahre durch Rochechouart (Souvenir, 115) auf 30.000 und damit 75% der männl. Bewohner geschätzte Zahl, von der aus man mit Familien etwa 65% der gesamten Einwohnerschaft anzunehmen hätte, halte ich für viel zu hoch, nicht zuletzt aufgrund des ziemlich sicheren Anteils der Gewerbetreibenden von knapp 40% (S. 491), und der regierenden Stände von vielleicht 10%. Es waren ja auch Kaufleute, Geistliche und andere vertreten.

4 Schlimmer, 447 f.

5 Vgl. Bd I, 288 ff.

6 Vgl. Bd I, Bedienstete.

7 Vgl. Curzon, Persia I, 449.

8 Vgl. Marāġī, Ta'riḫ-i muntaẓam III, 369 Z 9 f; Marāġī, Al-ma'āṣir, 133 lk Z 12 f.

9 J. Greenfield, Die Verfassung, 214.

10 Vgl. J. Greenfield, a.a.O., 307 f.

Es bleiben einzelne Feststellungen möglich, so über die *Manufakturarbeiter*. Als Orte, die in nennenswerter Zahl vor allem textile Manufakturen besaßen, werden in den 60er Jahren Tabrīz, Kāšān, Iṣfahān, Jazd, Kirmān, Mašhad, Rašt, Lahiǧān, Qazvīn, Qum, Hamadān und Šīrāz erwähnt,[1] ohne dass diese Reihenfolge etwas über die Bedeutung aussagt. Die acht zuerst genannten Städte erscheinen auch 1890 in einer Abhandlung über bestimmte Textilgewerbe.[2] Solche Standorte pflegten gleichzeitig Färbereien zu beherbergen.[3] Andererseits beschäftigten Färbereien in Dizfūl als offenbar einziges industrielles Gewerbe um 1850 „Hunderte von Leuten",[4] die mit ihren Familien einen geringen Teil der etwa 15.000 Einwohner[5] ausmachten. 1890 besaß die Stadt 129 kleine Färbereien.[6] Wenn damit also Städte, wie Dizfūl, nicht zu den eigentlichen Manufakturorten gezählt wurden, so ist in den obigen Aufzählungen Ṭihrān doch nicht ganz zu Recht fortgelassen worden. Der hier recht deutlich zu erfassende Niedergang der meist zu Beginn von Nāṣiru'd-Dīns Regierungszeit begründeten Unternehmungen, und ihr teilweiser Wiederaufstieg, spiegelt deutlich das Geschick eines großen Teils der persischen Manufakturen und industriellen Betriebe wieder, und damit auch die Veränderungen ihres Bestandes an Arbeitskräften.

1269/1852-3 bestanden in Ṭihrān neben angeblich 12 Druckereien 8 Betriebe, welche für die Armee arbeiteten, wie Zeugmeistereien, Arsenalwerkstätten und eine Geschützgießerei.[7] 1875 „verfiel" die Geschützgießerei „immer mehr";[8] zumindest die anderen genannten Betriebe erlebten jedoch etwa 1860 einen, wahrscheinlich vorübergehenden, Aufschwung.[9] Immerhin blieben sie aus staatlicher Notwendigkeit weiter bestehen.[10] Anders erging es der 1268/1851-2[11] aufgenommenen Glas- und Kristallfabrikation, die auch bereits 1875 „immer mehr" zurückging.[12] 1279/1862-3 wurde sie zwar lobend noch einmal erwähnt,[13] muss aber bald danach eingestellt worden sein.[14]

1 Häntzsche, Specialstatistik, 434.
2 Vgl. Curzon, Persia II, 525.
3 Polak, Persien II, 173.
4 Lotus, 311.
5 A.a.O.
6 Curzon, Persia II, 304.
7 II. (Anon.), 'Adad, 2 Z 16 f.
8 Blau, Zustände, 102.
9 Brugsch, Reise II, 299; vgl. Marāġī, Mir'āt II, 254 Z 20 f, 282 Z 11.
10 1890: vgl. Curzon, Persia I, 602.
11 Marāġī, Ta'riḫ-i muntaẓam III, 219 z 16 f; vgl. a.a.O., 222 Z 28 f.
12 Blau, Zustände, 102.
13 Marāġī, Mir'āt III, 11 Z 12 f; vgl. Marāġī, Al-ma'āṣir, 102 lk Z 16 f.
14 Vgl. (Anon.), Wirtschaftl. Lage, OeMO, 148 lk.

Sie wurde wahrscheinlich in den 80er Jahren wieder aufgenommen.[1] 1267/1850 war eine Porzellanfabrikation eingerichtet worden,[2] eine solche gab es auch 1888 noch.[3]

Andererseits hatte man eine Dampfmühle und eine Papierfabrik[4] noch vor 1880 stillgelegt,[5] ebenso eine schon 1857 bestehende[6] Kerzenzieherei.[7] Sind damit ohne Zweifel auch nicht sämtliche Betriebe Ṭihrāns erfasst,[8] so ist doch zu sagen, dass die stärkeren Industriegründungen in den anfänglichen Regierungsjahren des Schah einen höhere Zahl an Manufakturarbeitern als später, zumindest in Ṭihrān, zur Folge gehabt haben muss. 1885 hatten die Manufakturen der Stadt 12.000 tūmān (etwa 84.000 GM) an Steuern zu zahlen.[9] Setzten wir, etwas willkürlich, die Lohnsummen dieser Betriebe in der doppelten Höhe ihrer Steuersumme an, so kämen wir für diese Zeit auf nahezu 800 Arbeiter, was mit Familienangehörigen vielleicht 2.000 Personen zu bedeuten hätte. Es ist möglich, dass wir uns die Arbeiter in den Manufakturbetrieben der Hauptstadt mit ihren damals etwa 120.000 Einwohnern in ungefähr dieser Größe vorzustellen haben.[10] Damit beherbergte Ṭihrān im Vergleich zu mehreren Städten recht wenige Manufakturarbeiter.

Am höchsten war ihr Anteil wahrscheinlich unter den Einwohnern von Kirmān, Jazd und Kāšān, die sich infolge ihres umgebenden kargen Landes zu vermehrter gewerblicher Tätigkeit gezwungen sahen.[11] Kirmān, schon 1857 vor Mašhad „Hauptsitz" der Weberei von Schalstoffen, zählte 1879 100 dieser Webereien, 5 Teppichmanufakturen und über 100 andere Betriebe.[12] Wenn dabei wahrscheinlich eine der größten Schalwebereien 150 Arbeiter,[13] eine andere etwa 45 Arbeiter,[14] und die größte Teppichmanufaktur

---

1 Marāġī, Al-ma'āṣir, 102 lk Z 24 f.

2 Marāġī, Ta'riḫ-i muntaẓam III, 207 Z 13; vgl. a.a.O., 222 Z 28 f.

3 Marāġī, Al-ma'āṣir, 102 lk Z 24 f.

4 Vgl. Marāġī, Al-ma'āṣir, 96 r Z 3 f, 106 r Z 6 f.

5 (Anon.), Wirtschaftl. Lage, OeMO, 148 lk; vgl. J. Greenfield, die Verfassung, 307.

6 Blau, Zustände, 103; vgl. Marāġī. Ta'riḫ-i muntaẓam, 281 Z 14.

7 (Anon.), Wirtschaftl. Lage, OeMO, 148 lk.

8 Vgl. Marāġī, Al-ma'āṣir, 95 lk Z 26 f; J. Greenfield, Die Verfassung, 307.

9 Marāġī, Al-ma'āṣir, 244 Z 12.

10 Vgl. Brugsch, Im Lande, 121; (Anon.), Bevölkerung, OeMO, 132 r; (Anon.), Bevölkerung, Deutsche. Rundschau f. Geogr. u. Stat., 518.

11 Vgl. Rochechouart, Souvenir, 41.

12 Houtum-Schindler, Südl. Persien, 331. Seit 1871 hatten sich diese Zahlen nicht wesentlich verändert (vgl. E. Smith, The Perso-Baluch, 191, zitiert B. Curzon, Persia II, 245, Anm. 2), doch ging gerade die Schalstoffindustrie stetig zurück (vgl. Houtum-Schindler, a.a.O. und E. Smith, a.a.O.).

13 Vgl. Gasteiger, Von Teheran, 58.

14 Vgl. Floyer, 324.

„weniger als 30 Arbeitskräfte"[1] beschäftigte, so ist eine Zahl von grob 10.000 Arbeitskräften vorzustellen, was in der fraglichen Zeit von 1870 bis nach 1880 etwa einem guten Viertel der Bewohnerschaft entsprochen hat;[2] das auch darum, weil nach sämtlichen der oben angeführten Quellen nur ein knappes Drittel der in der Schalstoff- und Teppichfabrikation beschäftigten Männer, der weitaus größere Teil dagegen Kinder waren.

Eine ähnliche industrielle Struktur besaß Jazd, welches etwa 1850 in 1800 Seidenwebereien 9.000 Arbeitskräfte beschäftigt haben soll,[3] was damals ebenfalls rund 1/4 der Einwohnerschaft bedeutet haben kann.[4] 60 Schalwebereinen, die bis 1279/1862-3 begründet worden waren,[5] dürften die durch den Rückgang der persischen Seidengewinnung und –verarbeitung[6] frei gewordenen Arbeitskräfte aufgenommen haben. Auch in Jazd beschäftigte man zahlreiche Kinder.[7]

In Kāšān beschäftigte die Seidenspinnerei und –weberei im Sommer 1848 etwa 1.000 Arbeiter;[8] in der Porzellan- und Töpferwarenfabrikation waren es in den 60er Jahren nur 150 Kräfte. Zu dieser Zeit besaß die Stadt etwa 150.000 Einwohner.[9]

Als besonderes Gebiet gewerblicher Fabrikation verdient auch der Distrikt Farāhān im persischen Iraq erwähnt zu werden. Dort beschäftigte die Teppichknüpferei seit den 70er Jahren in steigendem Maße Arbeitskräfte. 1890 waren es in 150 Dörfern 10.000 Personen,[10] die, zum sehr großen Teil aber auch in Heimarbeit, tätig waren.[11] Ihre Zahl bestand zum größeren Teil aus Frauen und Kindern.[12]

Sämtliche anderen Orte und Gebiete wiesen, an den Bevölkerungszahlen gemessen, wesentlich weniger Manufakturarbeiter auf.

Wechselnde Veränderungen in der Zahl der Arbeitskräfte und wohl auch in ihrer Struktur, lassen sich aus den Neugründungen in den 50er Jahren und aus der späteren Stilllegung vieler Betriebe folgern, wie wir sie in Ṭihrān sahen, und wie sie beispielsweise auch in Māzandarān mit seiner Muni-

---

1 Stack I, 209; vgl. Browne, A Year, 482.

2 Diese nach einem Zensus des Gouverneurs, vgl. bei Houtum-Schindler, Südl. Persien, 328.

3 Vgl. Curzon, Persia II, 242.

4 Goldsmid, Notes on eastern Persia, 277.

5 Marāġī, Ta'riḫ-i muntaẓam III, 280 Z 9; ders., Mir'āt III, 2 Z 24 f.

6 Vgl. Stolze-Andreas, 20 r; Curzon, Persia, 367 f; II, 242.

7 Gasteiger, Von Teheran, 48.

8 Hommaire, Voyage II, 351.

9 Feststellungen Rochechouarts (Souvenir, 310) nach dreimaligem Besuch der Stadt.

10 Curzon, Persia II, 524, danach wohl Baumann, 125.

11 Vgl. Wishard, 132.

12 T. A. Churchill, 95 r; Vgl. Aubin, 315.

tionsfabrik,[1] der 1266/1850 gegründeten Manufaktur für Wollstoffe[2] und der seit Mai 1852 produzierenden Zuckerfabrik[3] in Sārī, welche noch 1862 „sehr tätig" war,[4] und der teilweise späteren Schließung dieser Betriebe zu beobachten war. In Qum hatte man 1267/1850 eine Glas- und Kristallfabrikation[5] aufgenommen, die noch 1893 arbeitete.[6] – Dagegen scheint die Zahl der Manufakturarbeiter in den älteren, schon lange bestehenden Gewerben der Teppichknüpferei und der Schalstoffweberei geringeren Veränderungen unterworfen gewesen zu sein.

Die fast immer ungesunden Arbeitsbedingungen lasse eine hohe Sterblichkeit unter den Manufakturarbeitern vermuten. Polak stellte während eines „kurzen Aufenthalts" in Iṣfahān zehnmal mehr chronisch Lungenkranke fest, als ihm in den neun Jahren von 1851 bis 1860 in Ṭihrān und Umgebung vorgekommen waren.[7] Als Arzt sah er die Ursache im Staub dieser „Fabrikstädte" und in der Beschäftigung im Wasser bei den Färbereien.[8] Entsprechende Verhältnisse dürfte es in Kirmān und Jazd gegeben haben.

Näheres über die Gesamtzahl der *Bergarbeiter* anzugeben, scheint unmöglich, doch lassen einzelne Beschäftigtenziffern aus den verhältnismäßig wenigen ausgebeuteten Vorkommen[9] gewisse Schlüsse zu. Wahrscheinlich die stärkste Belegschaft arbeitete in den Türkisminen nordwestlich Nīšāpūr. Diese gaben 1890 Arbeit für insgesamt etwa 15.000 Personen,[10] davon 2.000 mitarbeitende Unterpächter (ustād).[11] Auch die Bewohner von Anārek waren 1888 „hauptsächlich Bergarbeiter".[12] Andere ausgebeutete Vorkommen aber beschäftigten nur wenige Kräfte. In den Salzgruben im Westteil der Insel Qišm waren es 100-150 Arbeiter.[13] In den Bleigruben von Ganǧābād beschäftigte man 110, in der Schwefelgrube auf dem Plateau am Taḫt-i Sulaimān (beide 90 und 110 km SW z W von Zanǧān) 60, und in der nahebei befindlichen Realgarmine nur 8 Bergarbeiter.[14] Die Kupfergrube von Sīr-i

---

1 Marāġī, Al-ma'āṣir, 101 r Z 2 f.
2 Marāġī, a.a.O., 103 lk Z 6 f; vgl. J. Greenfield, Die Verfassung, 307.
3 Marāġī, Ta'riḫ-i muntaẓam III, 219 Z 27 f; vgl. J. Greenfield, a.a.O.
4 Gasteiger, Rundreise, 352.
5 Marāġī, Ta'riḫ-i muntaẓam III, 207 Z 14.
6 Houtum-Schindler, Eastern, 65; vgl. J. Greenfield, a.a.O.
7 Polak, Persien II, 259 f.
8 A.a.O., 325.
9 Vgl. Curzon, Persia II, 510, dort weitere bibliografischen Angaben.
10 Curzon, Persia I, 265.
11 Marāġī, Maṭla' III, 80 Z 19, 81 Z 7 f.
12 Mit 4.000 Einwohnern. Vaughan, A Journey, 104.
13 Pelly, A visit (JRGS), 253.
14 Houtum-Schindler, Neue Angaben, 184, 187 f; s. auch ders., Nordwestl. Persien, 326.

Dašt im gleichnamigen bulūk (südwestl Kirmān) wurde mit 40 Bergleuten betrieben.[1] Nach Polak besaß „fast jeder Distrikt“ eine kleine Kupfermine.[2] Angesichts solcher Belegschaften wird man nicht fehlgehen, die Zahl der ständigen und zeitweiligen Bergarbeiter zusammen auf höchstens wenige Zehntausend zu beziffern; mit Familienangehörigen dürfte das 40.000 Personen kaum erreicht haben.

Jährliche hohe Todesraten von über 5% scheinen nicht selten gewesen zu sein.[3]

Angaben über die Zahl der *Landarbeiter*[4] fehlen vollständig, so dass darüber hier nicht einmal Vermutungen angestellt werden dürfen. Ähnliches gilt auch für die *Lasttierführer*.

Die Berufsgruppierung der *Soldaten* (sarbāz)[5] lässt sich ausreichend genau feststellen. Ihre Zahlen waren wie folgt:

Jahr	Soll-Stärke (Rahmen f. d. bedarfsweise Rekrutierung	Offiziell anwesend	Wirklich in den Garnisonen (Stand nach Abzug unter der Hand beurlaubter und anderer Ausfälle)
vor 1834	18-19.000[6]		
vor 1848	höchstens 63.000[7]		

1 Lovett, Surveys, 205.
2 Polak, Persien II, 174.
3 Bd I, 304 f.
4 S. aber die Zahl der fluktuierenden Landarbeiter in Gīlān, Bd I, 306.
5 Damit ist nicht die gesamte Armee gemeint, sondern nur ihr unser Thema betreffender, allerdings weit überwiegender Teil. Vgl. Bd I, Soldaten.
6 Curzon, Persia I, 579. Möglicherweise annähernd so viele tatsächlich in den Garnisonen. Vgl. hier sowie für die folgenden Anmerkungen die Zahlenverhältnisse der Offiziers- zu den Unteroffiziers- und Mannschaftsdienstgraden bei Binning II, 292 ff; vgl. Polak, Persien I, 42.
7 Sheil, 384 (bei einer so genannten „offiziellen“ Zahl von 100.000). Der hohe Stand erklärt sich möglicherweise aus der Wirkung der damals recht zahlreichen europäischen Militärmissionen.

Jahr	Soll-Stärke (Rahmen f. d. bedarfsweise Rekrutierung	Offiziell anwesend	Wirklich in den Garnisonen (Stand nach Abzug unter der Hand beurlaubter und anderer Ausfälle)
1851	etwa 44.000[1]		
vor 1860	etwa 60.500	etwa 30.000[2]	
1858	etwa 11.000[3]		
1877	etwa 55.000[4]	etwa 18.000[5]	
1883	etwa 53.000[6]	etwa 17.000[7]	
1889	etwa 57.000	etwa 22.000	etwa 14.000[8]
1891	etwa 57.000	etwa 31.000	höchstens 22.000[9]

Von den Soldaten waren um die 15% aus Wanderstämmen gekommen; 1877 waren es etwa 15,5%, 1883 etwa 9% und 1893 etwa 15%.[10]

Im Ganzen wird man das Verhältnis der Ziffern der letzteren Spalte zu den anderen für sämtliche Jahre in etwa verallgemeinern dürfen, ausgenommen die von 1849-1851 unter dem Großwesir Mīrzā Taqī. Auf jeden Fall

1 50 fouğ zu je etwa 800 sarbāz, vgl. Binning II, 292. Die wahrscheinlich nach dem Thronwechsel stark abgefallene Zahl wurde bald, wohl im Hinblick auf die Pläne gegen Herat, stark vermehrt. Vgl. auch Binning II, 156.

2 84 fouğ, vgl. Polak, Persien I, 42.

3 Blau, Zustände, 3. Die niedrige Zahl eine Folge des Krieges von 1856.

4 77 fouğ, vgl. Marāğī, Mir'āt I, Anh., 10 r ff. Zahlen, wie die von Lycklama (II, 335) und Du Temple (66) mitgeteilten, von 72.000 und 85.000 Mann, sind Übertreibungen.

5 74 fouğ, vgl. Marāğī, Ta'riḫ-i muntaẓam III, Anh., 13 r ff.

6 1/3 der Regimenter in den Garnisonen, 2/3 auf Heimaturlaub. (Anon.), Organis. u. Dienst., Internat. Revue ü. d. ges. Armeen ..., 215.

7 Vgl. Curzon, Persia I, 590.

8 79 fouğ, vgl. a.a.O., Anm. 4.

9 80 fouğ, vgl. Marāğī, Al-tadvin, Anh., 16 r ff.

10 S. Bd I, 312.

besaß die Truppe unter Nāṣiru'd-Dīn die meiste Zeit eine etwa gleichmäßige Sollstärke von knapp 60.000 Soldaten und Unteroffizieren, von denen in Garnison die Hälfte bis ein Drittel anwesend zu sein hatte. Wirklich anwesend waren wahrscheinlich nur etwa 30% der Sollstärke, später 25% und weniger. 1881 stand allerdings in Jazd ein Regiment mit der Hälfte seiner Sollstärke.[1]

Bedauerlicherweise wird der jährliche Ersatzbedarf für die Truppe nirgends erwähnt. Jedenfalls lag die Sterblichkeitsziffer bei den Soldaten unter den gegebenen Umständen wesentlich höher als allgemein bei den männlichen Erwachsenen.[2] Militärische Expeditionen, wie sie gerade während des ersten Drittels der Regierungszeit Nāṣiru' d-Dīns noch häufig waren, trieben die Verluste durch mangelnde Betreuung auf die erstaunliche Höhe von rund 50% des Bestandes der teilnehmenden Einheiten.[3] Truppenteile, die 1855 an der turkmenischen Grenze eingesetzt waren, sollen „zum größten Teil ... buchstäblich Hungers gestorben sein ...".[4] Die Unternehmung gegen Merv endete mit dem im Vergleich zur Stärke der Armee vernichtenden Verlust von angeblich beinahe 40.000 Mann.[5] Sie waren meist gefangen worden und wurden später durch die Russen befreit.[6] Waren auf solche Weise entstandene Verluste in jener frühen Zeit recht häufig, so brachten während der gesamten Regierungszeit des Schah durch Standortwechsel veränderte klimatische Umgebungen gleichfalls hohe Einbußen für die Truppe. So verloren in den 50er Jahren Regimenter aus Āẕarbājǧān und Hamadān, wenn sie nach ʿArabistān, an den Persischen Golf und auch nach Šīrāz in Garnison verlegt worden waren, bis zu ihrer Beurlaubung in die Heimat über 50% an Gestorbenen. Von in Enzelī stehenden Truppen aus Tāliš raffte „das Fieber die Mehrzahl hinweg", und Einheiten aus Damāvand wurden in Ṭihrān „in kurzer Zeit durch Fieber und Typhus mehr als dezimiert.".[7] Dass man mit Verlegungen dem Klima wenig gewachsener Leute fortfuhr, zeigen 1886 in Šīrāz stehende Verbände aus Hamadān, in Būšahr und Bandar ʿAbbās die aus Kazzāz und Farāhān (im pers. ʿIrāq) und die aus Damāvand in Ṭihrān.[8] Die Verordnung von 1307/1889-90, nach der jährlich von 180 männlichen Personen eine als Soldat einzuziehen war,[9] lässt bei Vergleich mit den Plan-

1 S. Bd I, 312.
2 Vgl. auch Polak, Persien I, 307.
3 Vgl. Polak, Persien II, 211.
4 Gobineau, Trois ans, 408.
5 Eastwick I, 277 f.
6 Vgl. Curzon, Persia II, 596.
7 Polak, Persien II, 351; vgl. I, 43. Das bestätigen z.T. Berichte des schwedischen Arztes in persischen Diensten, Fagergrin. Vgl. Polak, Persien II, 314; Brugsch, Reise II, 179 f.
8 Vgl. Curzon I, 600.
9 Lambton, Landlord, 168.

stellen von durchschnittlich einem Soldaten auf 50 bis 60 männliche Personen (s. u.) der Dörfer erkennen, dass man mit einem Abgang bei der Truppe von etwa jährlich einem Drittel ihres Bestandes rechnete.

Es gab wenige territoriale Unterschiede bei der anteiligen Gestellung von Soldaten. Āẕarbājǧān als die volkreichste Provinz stellte die meisten. Vor 1848 waren es nominell 25.000 Mann,[1] 1860 23.000 Mann,[2] womit sie aus ihrer sesshaften Bevölkerung stets etwas weniger als 20% der gesamten sarbāz aufgebracht hat.[3] So füllten auch Soldaten aus dieser Provinz zu einem großen Teil die Garnisonen in anderen Gebieten Persiens;[4] beispielsweise stammte die Hälfte der 1889 in Ḫurāsān stehenden Regimenter aus Āẕarbājǧān.[5] Legen wir Curzons Angaben über die ländliche sesshafte islamische Bevölkerung von Āẕarbājǧān mit etwa 1.100.000 zugrunde,[6] dann entfielen 1877 bis 1893, bei rund 10.000 dieser Provinz entnommenen sarbāz,[7] einer auf etwa 55 männliche Bewohner. Dieser Anteil scheint für die sesshafte Bevölkerung einiger anderer Gebiete ebenso hoch gewesen zu sein.[8] So zitierte J. Greenfield Angaben von Marāġī,[9] nach denen mehrere Dörfer des bulūk Čahār Maḥall (südwestl. Iṣfahān) im Mittel einen Soldaten auf 57 männliche Einwohner zu stellen hatte. Eine Angabe aus dem Jahre 1860 aus Činārān (etwa 120 km nordostw. Hamadān) ergibt einen Soldaten auf 55 männliche Bewohner.[10] Man darf diese Durchschnitte auch deswegen verallgemeinern, weil sie sich mit der wahrscheinlichen Anzahl der männlichen

1 Sheil, 384.

2 Eastwick I, 179.

3 Vgl. Bd I, 313 f.

4 Vgl. Curzon, Persia I, 600.

5 Curzon, Persia I, 169, 525; s. auch C. E. Yate, Khurasan, 68, 78. Es ist aber ein Irrtum, Ḫurāsān habe keine Truppen gestellt (Anon., Organis. U. Dienst, Internat. Revue ü. d. ges. Armeen ..., 213). 1877 stellte Qā'in ein Regiment, 1883 und 1893 zwei, Tursiz stellte stets eines. Vgl. Marāġī, Mir'āt I, Anh., 12 lk Z 17 f; ders., Ta'rīḫ-i muntaẓam III, Anh., 15 lk Z 19 f; ders., Al-tadvīn, Anh., 18 r Z 6 f; s. auch Curzon, Persia I, 233. Mašhad allerdings stellte keine Truppe.

6 Ohne Tabrīz und die größeren Städte. Vgl. Curzon, Persia I, 517; s. auch J. Greenfield, Die Verfassung, 17; Iven, Kulturland (Auszug), 239 f.

7 Vgl. Bd I, 313 f.

8 Vgl. die effektiven Stärken mit der Gesamtbevölkerungszahl. Zwar würden 3 Regimenter in Ḫurāsān bei einer Bevölkerung von 5-600.000 (Curzon, Persia I, 179 f) nur 1 sarbāz auf etwa 130 männliche Bewohner ergeben, doch ist zu berücksichtigen, dass hier gerade große Teile der Bevölkerung, vor allem im Norden der Provinz, unter ihren ḫānen irreguläre Stammeskontingente stellten.

9 J. Greenfield, Die Verfassung, 331, zit. Marāġī, Mir'āt IV, 51 f; vgl. J. Greenfield a.a.O., 164.

10 Vgl. Brugsch, Reise I, 342.

Ackerbauern und des von diesen überwiegend gestellten Bestandes an sarbāz vereinbaren lassen.

Die Berufsgruppierung der *Bettler*, welche ein großenteils fluktuierendes Element darstellt, lässt sich zahlenmäßig nicht einmal schätzen. Die Bettler werden kaum registriert worden sein. Zwar ist es misslich, sehr allgemein gehaltene Angaben überhaupt in Größenordnungen umzusetzen, es scheint aber alles darauf hinzudeuten, dass Persien in wirtschaftlich normalen Jahren angesichts der allgemeinen Gebefreudigkeit erstaunlich wenige auf Dauer bettelnde Personen aufwies.[1]

Das bestätigt auch eine besondere Angabe für die Städte von Gīlān.[2]

Andererseits häuften sich an bestimmten Orten Bettler, so anscheinend auch in der Hauptstadt[3] mit ihren einkommensstarken Hof- und Regierungsbeamten. Anteilig am meisten Bettler beherbergten das während des Aufstandes der Bābī 1851 weitgehend zerstörte Zanǧān,[4] in noch stärkerem Maße aber Kirmān,[5] welches 1794 durch Aġa Muḥammad vollständig verwüstet worden war. Hier verstärkten die bei der ungesunden Beschäftigung in den Manufakturen zahlreich erkrankten Kinder, nachdem sie zur Arbeit untauglich geworden waren, die Scharen der Bettler.[6]

Zahlreiche *lūṭīs* gingen keinem Berufe nach. Ihrer Zahl irgendwie nahe zu kommen ist unmöglich; sie gehörten teilweise zu den unter dem *fahrenden Volk* erwähnten Berufslosen.

Die einzige Gemeinschaft, die an keinem bestimmten Stande und keiner beruflichen Gruppierung Anteil hatte, waren die *Derwische*. Neben den üblichen statistischen Schwierigkeiten, ist es infolge der immerwährenden Wanderungen großer Teile von ihnen sehr schwer, annähernde Zahlen zu ermitteln. Persische Derwische zogen ins Ausland, ausländische durch Persien, vor allem solche aus Indien zu den heiligen schiitischen Stätten in Mesopotamien und im Ḥiǧāz.[7] Die durchaus nicht ungewöhnliche Erschei-

---

1 Binning (II, 374) meinte 1850-1 weniger Bettelnde als in den USA angetroffen zu haben, doch mag hier diesem sehr konservativen Engländer alter Schule eine Empfindlichkeit gegenüber der selbstständig gewordenen ehemaligen Kolonie entschlüpft sein. Der amerikanische Gesandte S. G. W. Benjamin (Persia, London 1887, 472) stellte 1883-85 in Persien „weit weniger" Bettler als in Italien oder Spanien fest.

2 Vgl. H. L. Rabino, Provinces, 39.

3 Vgl. Polak, Persien I, 336; Brugsch, Im Lande; 131.

4 Vgl. Browne, A Year, 80.

5 Browne, a.a.O.; E. C. Sykes, Through Persia, 216.

6 Hume-Griffith, 44 f.

7 Vgl. Gobineau, Trois ans, 416; Lycklama III, 489; s. auch Abbot, Geogr. Notes, 48 f.

nung eines Schwarzen, der 1861 als Derwisch in Tabrīz gesehen wurde,[1] zeigt *die Weite solcher Wanderungen.* 1907 streiften die persischen Ḫāksār nach Mesopotamien, aber auch nach Kleinasien, Afghanistan, Indien und, ungeachtet der nach Süden verlegten Grenze Russlands, über diese nach Turkistan und Kaukasien. Auch die ʿağam zogen nach Zentralasien.[2]

Über bestimmte örtliche Konzentrationen ist zu sagen, dass sich zur Zeit des persischen Neujahrsfestes die meisten Derwische der Almosen wegen in die Städte begeben haben.[3] Die ʿağam hatten 1907, außer „ihrer stärksten Gruppe" von etwa 2.400 Derwischen in Ṭihrān, kleinere in Iṣfahān und Gīlān. Da die Ḫāksār mit etwa 600 Derwischen in Ṭihrān vertreten waren, hatten damit dort insgesamt 3.000 Derwische ihren Stützpunkt.[4] Dabei ist zu berücksichtigen, dass sich keinesfalls die ganze Zahl gleichzeitig in der Stadt aufgehalten haben wird. Der Ortsmittelpunkt der Niʿmatullāhī in Mahān scheint es mit sich gebracht zu haben, dass sich um und auch in Kirmān stets eine verhältnismäßig große Menge von Derwischen aufhielt.[5] P. M. Sykes, damals Konsul in Kirmān, gibt für 1894 unter den 49.120 Einwohnern der Stadt 1.200 „ṣūfīs" an.[6] Es werden damit ansässige Derwische gemeint sein; die ṣūfīs der neueren Terminologie (religiös liberale Gebildete) wären zahlenmäßig kaum zu erfassen gewesen. Damit hatte Kirmān unter seiner Einwohnerschaft fast 2,5% Derwische, mehr als etwa 20 Jahre später Ṭihrān bei seinen vielleicht 210.000 Einwohnern[7] mit knapp 1,5% nur zum Teil sesshaften Derwischen. Für das ganze Land gibt Malcolm etwa um 1.800 mit Vorbehalt die persische Angabe von 200.000 bis 300.000 Derwischen wieder, und vermutet dabei, dass darin auch der von uns oben als liberale „ṣūfī" bezeichnete Personenkreis enthalten war.[8] Bei seiner Annahme von damals 6.000.000 Einwohnern[9] und unserer etwas groben Unterstellung, die Hälfte seiner für die Derwische angegebenen Zahl seien liberale „ṣūfīs" gewesen, kämen wir für das damalige Persien auf 1,6 bis 2,5% an wirklichen Derwischen. Betrachtet man unsere für Ṭihrān und Kirmān errechneten Beispiele, so wird die Zahl nicht weit von der Wirklichkeit entfernt gewesen sein. Es wäre aber bei dem allmählichen Rückgang der Derwischorden verfehlt, diesen Anteil auch auf die zweite Hälfte des 19. Jahrhunderts anzuwenden. In dieser Zeit dürfen wir für das ganze Land gewiss

1 Vgl. Brugsch, Reise II, 382.
2 Vgl. Aubin, 239 f.
3 Vgl. Polak, Persien I, 372.
4 Vgl. Aubin, 240.
5 Vgl. Browne, A Year, 475 f, 500, 520.
6 P. M. Sykes, Ten Thousand Miles, 195.
7 Fevret, 197.
8 J. Malcolm, 423.
9 J. Malcolm, 519.

weniger als die 1,5% Derwische, die wir für Ṭihrān ermittelt hatten, annehmen.[1]

Auch bei den *Sklaven* ist es nicht möglich, umfassende genauere Zahlen festzustellen. Immerhin mag für das Kontingent der jährlichen Einfuhr die wahrscheinlich fundierte Angabe der Frau des britischen Gesandten von „zwei- oder dreitausend" Sklaven um 1850[2] einigermaßen aufschlussreich sein. Die Zahl dieser Importierten aber wird wirklich damals höher gelegen haben. Sie nahm im Laufe der Zeit ab.[3] Der zahlenmäßige Bestand an Sklaven, die um dieselbe Zeit in der Mitte des Jahrhunderts als „nicht zahlreich" angegeben werden,[4] verteilte sich von Süden nach Norden abnehmend. Während man um 1850 in den Städten des nördlichen Persiens nur „wenige" Sklaven erblickte,[5] machten sie in Šīrāz einen zahlreichen Eindruck.[6] Beispielsweise sollen um 1877 in der Maḥalle-ji Iṣḥāq Beg von Šīrāz unter den 3.458 Männern 65 schwarze Sklaven und unter den 3.578 Frauen 154 schwarze Sklavinnen gelebt haben.[7] Das würde fast 2% der männlichen Bewohner, mehr als 4% der Frauen bedeuten. Es lässt sich vorstellen, dass zum Dienst in den Häusern Sklavinnen begehrter, und darum zahlreicher waren als Männer. – In Būšahr scheint ein noch größerer Teil der Bevölkerung Sklaven gewesen zu sein.[8]

Verhältnismäßig am stärksten waren sie ohne Zweifel in Teilen des südlichen Balūčistān.[9]

Wollte man dem sicher etwa gleich bleibenden Bedarf an Sklaven genügen, so war eine laufende Einfuhr notwendig, da jene, des Klimas ungewohnt, eine hohe durchschnittliche Sterberate aufwiesen. Die starke Anfälligkeit der Sklaven für Lungentuberkulose ließ sie in Ṭihrān „in der Regel" vor dem 30. Lebensjahre sterben.[10] Eine Blatternepidemie raffte dort in den 50er Jahren von 20 eingetroffenen Sklaven die Hälfte hin;[11] einen ähnlichen Verlust sollen die Pocken 1859 unter den Sklaven von Qum und Iṣfahān

1 Nach L. Massignon (Bd I, 730 r) überstieg ihre Zahl in keinem islamischen Lande 3% der Bevölkerung.
2 Sheil, 245.
3 Vgl. Bd I, 330 ff.
4 Sheil, 244.
5 A.a.O..
6 Vgl. Binning I, 272.
7 Andreas, Nachlass, 5 b; vgl. auch Arnold, Through Persia II, 145.
8 Vgl. Arnold, a.a.O., 240.
9 Vgl. Bd I, 341 f.
10 Polak, Medizinische Briefe, 140 lk; vgl. Polak, Persien II, 352.
11 Polak, Persien II, 292 f.

hervorgerufen haben.[1] Eunuchen dagegen erreichten häufig ein hohes Alter.[2] Auch die Sklavinnen waren im Norden Persiens sehr anfällig, sie sollen meist im Wochenbett gestorben sein.[3] Wesentlich günstiger scheinen diese Verhältnisse im Süden des Landes gelegen zu haben.

Aus den geschilderten Gründen waren im Norden auch kaum Nachkommen von Sklaven anzutreffen; selbst die von Persern gezeugten Kinder von Sklavinnen sollen den dortigen klimatischen Bedingungen nicht gewachsen gewesen sein. Infolge von Todesfällen, vor allem durch Rachitis und Skrofulose,[4] konnte Polak in den 50er Jahren solche Kinder in Ṭihrān auf „kaum zehn" schätzen, die das Pubertätsalter erreicht hatten.[5] Anders war es unter dem den afrikanischen Sklaven mehr zusagendem Klima des südlichen Persien; so sah Houssay 1885 in Dizfūl mehrere Nachkommen aus Verbindungen mit Sklaven.[6] In Balūčistān und den im Westen angrenzenden Distrikten ergänzte sich wohl die autochthone Sklavenbevölkerung der Dörfer zum größten Teile selber, so in Qahnū (110 km nordostw. Mīnāb)[7] und in Rīǧān[8] mit ihren „ḫānezāde".[9] In Qāsimābād westlich Bampūr nannte man sie „darzāde".[10]

Die zahlenmäßigen Größenverhältnisse der hier zu dem Zweck untersuchten Stände und Gruppe blieben nicht ohne *Veränderungen*.

Allen denjenigen Einflüssen, die Sterblichkeit begünstigen, unterlagen vor allem die ärmeren Kreise des Volkes.

So hielt 1854 die Cholera in Māzandarān und Rašt ihre Ernte besonders in diesen Schichten,[11] die auch in dem dortigen feucht-heißen Klima am ehesten kränkelten.[12] Wie anderswo auch, hatten sie oft keine Gelegenheit, den heißen Sommern an kühleren und abgelegenen Orte zu entgehen und fielen daher Seuchen leichter zum Opfer.[13] Hungersnöte trafen zuerst und härter die Unbemittelten.[14] Gasteiger meint sogar, die zahlreichen Todesfälle

1 A.a.O., 203.
2 A.a.O., I, 257.
3 A.a.O., II, 352.
4 Vgl. a.a.O., II, 352.
5 A.a.O. I, 251.
6 Vgl. Houssay, Souvenir, 382.
7 Vgl. Abbot, Geogr. Notes, 51.
8 Vgl. Gasteiger, Von Teheran, 151.
9 Vgl. Bd I, 341 ff.
10 P. M. Sykes, Ten Thousand Miles, 121.
11 Brugsch, Reise II, 483.
12 Vgl. Guilliny, 89.
13 S. auch Polak, Persien II, 291.
14 Vgl. für 1861: Brugsch, Reise II, 337.

durch Cholera und Hunger vom Juni und Juli 1862 in Ṭihrān hätten „ausschließlich" die niederen Schichten betroffen.[1] Kalten Wintern erlagen ebenfalls nur unbemittelte Menschen.[2] Auch die höhere Sterblichkeit im Fastenmonat Ramażān muss die niederen Schichten verhältnismäßig stärker berührt haben, da in diesen Kreisen die religiöse Pflicht des Fastens strenger als in den höheren Schichten befolgt wurde.[3]

Dazu besaßen die letzteren mehr Möglichkeiten, sich gegen genannte Gefahren zu schützen. Die schon 1851 vom Schah angeordnete Pockenimpfung[4] befolgten, wenigstens zunächst, wohl nur die „reichen Familien".[5] Während die Armen nur bei schwerer Hungersnot als ein letztes Mittel den Ort wechselten,[6] besaßen Wohlhabendere Gelegenheiten, selbst der sommerlichen Hitze auszuweichen und ihre Gesundheit so zu schützen.[7]

Demnach müsste in den höheren Schichten die Sterblichkeit unterdurchschnittlich gewesen sein. Eine Prinzessin hatte um 1855 8 lebende Kinder; doch war das so etwas Seltenes, dass sie „das Stadtgespräch" bildete.[8] Die einzige Frau des Großwesirs Mīrzā ʿAlī Aṣġar Ḫān besaß 1890 sechs, anscheinend zu der Zeit lebende, Kinder;[9] Maula Ġulām ʿAlī hatte vier, offenbar ebenfalls lebende Kinder.[10] Andererseits aber fügt sich die Sterblichkeit unter den Kindern Nāṣiru'd-Dīns, von denen bis etwa 1860 73,6% gestorben waren,[11] und unter denen von Jār Muḥammad Ḫān, Sihāmu'd-Daule, der sogar fast 84% von ihnen verlor,[12] durchaus nicht in ein Bild zahlreich aufwachsender Kinder ein. Es entsprach mehr den allgemeinen Angaben Polaks, welcher fand, dass in den Städten von sechs Kindern „in der Regel kaum zwei, manchmal keins" am Leben blieb.[13] Doch stellte Polak auch fest, dass die Frauen in den höheren Schichten, da sie Ammen hielten, im Gegensatz zu dem städtischen Gesamtdurchschnitt,[14] „fast jedes Jahr" gebaren.[15] Bei alledem scheint doch in den Städten die stärkere Gesundheit bei

1 Gasteiger, Rundreise, 354. Gasteiger neigt allerdings zu Übertreibungen.
2 Vgl. Wishard, 92.
3 Vgl. Anderson, 262.
4 Vgl. Binning II, 220; Marāġī, Al-ma'āṣir, 103 r Z 26 f.
5 Hommaire, Voyage II, 20.
6 Vgl. Eastwick I, 313.
7 Vgl. für Ṭihrān: Feuvrier, 410; für Kāšān: Watson, 131; für Jazd: Vaughan, Journeys, 30; für Kirmān: Houtum-Schindler, Südl. Persien, 354.
8 Polak, Persien I, 217.
9 Vgl. Feuvrier, 188.
10 Vgl. Marāġī, Al-ma'āṣir, 167 Z 13 f.
11 Vgl. Polak, Persien I, 234.
12 Vgl. C. E. Yate, Khurasan, 201.
13 Polak, Persien I, 217.
14 A.a.O., 216.
15 A.a.O., 216.

den höheren Schichten gelegen zu haben; so führt Polak die starke Vermehrung der königlichen Sippe auf ihre fast durchgängige Impfung gegen Pocken zurück.[1] Für eine kräftigere Vermehrung in den höheren Schichten spricht auch, dass der Zuzug, den die Städte ständig zur Erhaltung ihrer Bevölkerungszahlen benötigten,[2] vorwiegend von den niederen Schichten aufgenommen wurde. Zumal in Ṭihrān waren die rasch anwachsenden regierenden Stände in größerem Umfang auf einen Zufluss angewiesen, der zumeist unmittelbar von den Bediensteten kam und damit letztlich zumeist dem Lande entstammte.

Zu diesem Zuzug in die Städte trugen mit ihrem Geburtenüberschuss die Wanderhirten wesentlich bei.[3] Solange sie aber noch bei ihren Stämmen lebten, kamen eheliche Verbindungen mit Städtern nahezu nie vor,[4] wohingegen Ehen zwischen auch ackerbauenden Wanderhirten und Dorfbewohnern nicht ganz selten gewesen zu sein scheinen.[5] Religiöse Gleichheit und die Nähe einer Stadt konnten sogar den trennenden Abstand zwischen Städtern und Wanderhirten mildern; so hatten sich in dem zum größeren Teil von sunnitischen Araberstämmen bewohnten ʿArabistān der schiitische Stamm der Āl-i Kasīr vielfach mit den gleichfalls schiitischen Bewohnern von Dizfūl verschwägert.[6]

Wir sehen vor allem in ihren niederen Schichten die städtische Bevölkerung in lebhafter sozialer Änderung; jene schöpfte aus dem Stande der Ackerbauern und nahm auch eheliche Verbindungen mit ihm auf. Neben diesen sesshaften Teilen der persischen Bevölkerung standen die Wanderhirten den Stadtbewohnern, und ihre rein nomadisch gebliebenen Teile auch den Ackerbauern, innerlich fern und lebten von beiden geschieden. Insoweit waren sie, bis auf ihre Funktion als ein potentielles, aber selten gebendes Menschenreservoir für die Städte und auch die Dörfer, wenig in das soziale Leben des Volkes einbezogen.

1 Polak, Persien II, 203.
2 Vgl. a.a.O., 217.
3 Vgl. Grolman, 210.
4 Vgl. Polak, Persien II, 95.
5 Vgl. Bd I, 267.
6 Loftus, 372.

1.3 Bevölkerungszahlen

Das zahlenmäßige Erfassen von Zuständen und Veränderungen in größeren Teilbereichen und gar für die gesamte Bevölkerung Persiens ist ein Unterfangen, das starken Einwendungen begegnen wird. Darum sei betont, dass in den Angaben dieses Abschnitts eine der zeitgenössischen europäischen Statistiken entsprechende Genauigkeit nicht vorausgesetzt werden darf. Aber das bei der Bearbeitung unseres Themas wohl in dem Umfang erstmalig anfallende Zahlenmaterial[1] empfahl eine Auswertung. Sie kann ausreichende Aufschlüsse geben über Größenordnung und Intensität von Entwicklungen.

In Band I waren Wanderhirten und religiöse Minderheiten nicht behandelt worden und hier in Band II nur dort, wo für ein Gesamtbild notwendig. Hier in diesem Abschnitt wurden sie herangezogen, um die Anschaulichkeit, die wesentlich auf statistischen Größen beruht, nicht zu beeinträchtigen. Die drei Kapitel unseres Abschnitts führen auf die Zahl der Gesamtbevölkerung und ihre Veränderung hin.

1.3.1 Wachstum

Für die Häufigkeit der Geburten, von denen unsere Überlegungen ausgehen müssen, liegt spärliches Material vor.[2]

Nach Dr. E. Polak gebaren die städtischen Perserinnen „durchschnittlich ... sechs bis achtmal".[3] Dabei stellte Dr. Häntzsche „fast nie" Zwillingsgeburten fest.[4] Nimmt man die durchschnittliche Lebenserwartung der Frau mit nur rund 20 Jahren an,[5] dann kann eine jährliche *städtische Geburtenrate* von 15 bis 20 je Tausend der Wirklichkeit entsprochen haben.[6] Aber diese Größe allein hat wenig Wert, da sie nur für einen verhältnismäßig kleinen Teil der persischen Bevölkerung galt. Ferner darf ein ungünstiger Einfluss der Mehrehe auf die Zahl der Geburten nicht überschätzt werden, da jene ja nicht zahlreich und überdies im Abnehmen war.

Die Geburtenrate erweist sich auch als eine wenig brauchbare Grundlage für die Ermittlung der biologischen Veränderungen, da der größere Teil der

---

1 Einen Versuch veröffentlichte Baumann, 127 ff.

2 Standesamtliche Register, wie sie 1802 in Šīrāz die kathudās der Stadtviertel führten (Waring, 64), sind weder für diese, noch für Die spätere Zeit (vgl. auch Brugsch, Reise II, 323) erreichbar.

3 Polak, Persien I, 216.

4 Häntzsche, Haram, 426.

5 Die hohe Kindersterblichkeit s. u.

6 Die Geburtenrate im etwa zeitgenössischen London betrug 35,4 je Tausend (Encyclopaedia Britannica 1945, „London"), in der Deutschen Bundesrepublik lag sie 1955 um 15 je Tausend.

Kinder bereits bis zum 2. Lebensjahre gestorben war.[1] Besonders die Städte scheinen dabei die verhältnismäßig höchsten Verluste gehabt zu haben.[2] Kurz vor 1850 starben in Tabrīz „unter den Kindern" 50%.[3] 1892 sollen dort überhaupt etwa nur 30% ein Alter von 8 Jahren erreicht haben.[4] Vor 1899 raffte eine Pockenepidemie in Iṣfahān und Qum „die Hälfte aller Kinder und Sklaven hinweg ...".[5] Sie blieben durch diese Krankheit ständig gefährdet; im Frühjahr 1877 starben an den Pocken in Astarābād „täglich 50 ... Personen",[6] zumeist wohl Kinder. Seit etwa 1874 bis 1876 muss die Krankheit unter den Kindern von Šīrāz schwere Verheerungen angerichtet haben; 1876-7 forderte sie auch in Qum und Iṣfahān ihre Opfer.[7] Die Todesfälle an Diphtherie, wohl überwiegend von Kindern, machten im Dezember 1876 in Ṭihrān 20 bis 30% der Gesamtsterblichkeit aus, im Februar/März 1877 17%.[8]

In ländlichen Bezirken muss, vor allem auch infolge ungenügender Bekleidung im Winter, die Kindersterblichkeit ebenfalls hoch gewesen sein,[9] wenn auch nicht im Maße der den Epidemien mehr ausgesetzten Städte. In den ungesunden Gebieten am Persischen Golf sollen allerdings 75% der Kinder, deren erstes Zahnen in den Sommer fiel, gestorben sein.[10]

Ganz allgemein sollen um 1850 70% aller Kinder nicht ihr 3. Lebensjahr erreicht haben,[11] eine angesichts der obigen Angaben wohl etwas hoch gegriffene Schätzung. Grundsätzlich dürften die Verhältnisse sich bis zum Ende des Jahrhunderts nur wenig verändert haben.[12] Berücksichtigt man diese hohe Kindersterblichkeit, so bleibt eine im ganzen vielleicht die knappe Hälfte der Geburtenrate betragende *Nachwuchsrate* übrig, wie sie durch diejenigen Kinder dargestellt wird, die das höchst gefährdete Säuglings- und Kleinkindalter überstanden hatten, und so „dürfte im Durch-

1 Polak, Persien I, 217; vgl. Moh. Hassan Khan, Grossesse, 54.
2 Vgl. Polak, Persien I, 190, 217.
3 Hommaire, Voyage II, 20, nach Dr. Casolari, Leibarzt bei Muḥammad Šāh.
4 Vgl. Le Comte, Tebriz, 167.
5 Polak, Persien I, 203.
6 G., D., 300 r.
7 Vgl. a.a.O..
8 A.a.O..
9 Vgl. E. C. Sykes, Through Persia, 160; P. M. Sykes, History, 390.
10 Vgl. Gobineau, Trois ans, 145.
11 Sheil, 149 (nach Dr. Cloquet, dem ersten europäischen Leibarzt Nāṣiru'd-Dīns) – „... die Sterblichkeit derselben (der Kinder) viermal größer, als in Europa ..."; Brugsch, Reise II, 302. Brugsch war ebenfalls Arzt. – Im etwa zeitgenössischen London betrug die Sterblichkeit der Kinder unter 1 Jahr 6%. Encyclopaedia Brittannica 1945, „London".
12 Vgl. Allgemein: Fevret, 196; für Tabrīz s. oben; für Ḫu'ī: Lemm, 136.

schnitt kaum mehr als ein lebendes Kind auf eine Frau"[1] in den Städten entfallen sein. Da infolgedessen die Städte ihren Bevölkerungsbedarf nicht selbst decken konnten,[2] muss, zumal angesichts einer im ganzen steigenden Bevölkerungsziffer, das Land eine höhere Geburtenrate oder eine höhere Nachwuchsrate, oder aber beide, gehabt und daraus Geburtenüberschüsse gewonnen haben. Immerhin dürfte der Fall von Ambārān (30 km nordwestl. Ardabīl), wo „nicht selten" Mütter 10 bis 12 lebende Kinder besaßen,[3] nicht zu verallgemeinern sein. Zu den Geburtenüberschüssen scheinen vor allem die Wanderhirten mit ihrem guten Gesundheitszustand beigetragen zu haben;[4] diese stellten bekanntlich einen beträchtlichen Teil der Zuwanderer in die Städte und wurden, wie wir gesehen haben, auch verschiedentlich zu Ackerbauern.

Den Nachwuchsraten stand eine hohe *Sterblichkeit* gegenüber. Da aber das Land immer wieder durch Katastrophen verschiedener Art heimgesucht wurde, ist es nicht möglich, eine „normale" Sterblichkeitsrate festzustellen. Die etwa chronologische Aufstellung der schwereren dieser Ereignisse mit möglichst verlässlichen Angaben über die Menschenverluste, kann doch die häufige hohe Beanspruchung der biologischen Volkskraft veranschaulichen, die auch aus Katastrophen entstand.

Bei den Kämpfen mit den Bābīs kostete nur der Aufstand in Zanǧān 1849/50 erhebliche, wahrscheinlich mehrere Tausende ausmachende Todesopfer.[5]

Während Nāṣiru'd-Dīns Regierungszeit ereignete sich die erste der etwa alle 10 Jahre vorkommenden Hungersnöte 1849-50 in Fārs; sie führte nur zu wenigen überdurchschnittlichen Todesfällen.

Im August 1851 soll die Cholera in Būšahr täglich 30 Todesopfer gefordert haben; insgesamt wurden es mehr als 500 Tote, also etwa 4,5% der Einwohnerschaft von 11.000.[6] Die Cholera drang über Kāzarūn, wo sie „sehr schlimm" gehaust haben soll, ein Stück auf dem Wege nach Šīrāz vor.[7]

---

1 Polak, Persien I, 217.
2 A.a.O..
3 Radde, Reisen an die persisch- russische. Grenze, 191.
4 Vgl. Bishop, Karun, 9; Guilliny, 89.
5 Vgl. dazu Kazem-Beg, Bab VIII, 201 Anm. 2; Lycklama II, 102.
6 Binning I, 144.
7 Vgl. Binning II, 418, 411. Dieser Epidemie waren bereits mindestens zwei schwere der gleichen Krankheit vorausgegangen. 1821 hatte die eine, angeblich zum ersten Mal in Persien, dem Krieg mit der Türkei ein Ende gesetzt. 1829 tötete die Cholera in Gīlān angeblich 200.000 Menschen und wurde von einer Hungersnot gefolgt. Vgl. Markham, 392 f, 400; H. L. Rabino, Provinces, 55.

Überhaupt war Cholera „im allgemeinen im einen oder anderen Teil" des Persischen Golfes anzutreffen.[1]

1853 scheint sie in Tabrīz, dann in Ṭihrān und Iṣfahān erheblich gewütet zu haben.[2]

Im selben Jahre erlitt Šīrāz ein Erdbeben, bei dem wahrscheinlich um 8.000 Menschen, etwa 27% der Bewohner, umkamen.[3] Die Todesopfer in den umliegenden Dörfern scheinen einige Tausende betragen zu haben.[4]

Im Jahre 1854 erreichte die Cholera Māzandarān und Rašt, wo „sie ungemein wütete".[5]

Im Sommer und Herbst 1856 hauste die Krankheit in Ṭihrān, wo 1/3 der Bevölkerung „verschwand",[6] in Tabrīz[7] und in Gīlān.[8]

Im September 1857 trat die Cholera um Mašhad auf,[9] doch breitete sie sich nicht nach Westen hin aus.

Erheblichere Menschenverluste brachten erst wieder die Jahre 1860 und vor allem 1861. In Nordpersien war eine Hungersnot entstanden, die besonders unter den Bewohnern vor Ṭihrān, Qazvīn und Zanǧān ihre Opfer gefordert zu haben scheint.[10]

Noch im Frühjahr 1862 starben Menschen am Wege zwischen Ṭihrān und Qazvīn.[11] Im Gefolge der Hungersnot brachen Typhus und Cholera aus, welch letztere offenbar seit dem November 1857 nicht mehr vorgekommen war.[12] Sie war 1860 aus Indien über Balūčistān nach Südpersien gelangt.[13] Von Šīrāz aus hatte sie Sīvand, Qumišeh und Qum erreicht[14] und war über Ṭihrān nach Kirmānšāh gelangt, wo sie „vierzig Tote pro Tag" forderte.[15] Die meisten Opfer kostete sie in Ṭihrān. Dort steigerte sich die Zahl von zwei der Cholera am 15. Dezember 1860 zuzuschreibenden Todes-

---

1 Constable-Stiffe, 23.

2 Vgl. Petermann, 225.

3 Vgl. Petermann, 171. Die Stadt war bereits 1813 und 1824 durch Erdbeben schwer heimgesucht worden. Vgl. Lycklama II, 496.

4 Vgl. Brugsch, Reise II, 178.

5 Brugsch, Reise II, 483 (neben einem Bericht v. Dr. Häntzsche).

6 Gobineau, Trois ans, 483; offenbar aber zum größeren Teil nur geflüchtet.

7 Vgl. Gobineau, Trois ans, 484; Seidlitz, Rundreise, 236.

8 Vgl. H. L. Rabino, Provinces, 55.

9 Vgl. Clerk, 45.

10 Vgl. Brugsch, Reise II, 330, 337, 365, s. auch 324 ff; Eastwick I, 288 ff, 309; II, 100; Gasteiger, Rundreise, 354.

11 Vgl. Ussher, 648.

12 S. Polak, Medizinische Briefe, 138 r.

13 Brugsch, Reise II, 136.

14 Vgl. a.a.O., 179, 200, 203, 229, 272, 294 f.

15 A.a.O., 295.

fällen[1] auf 30 am Tag[2] und war am 4. Januar 1861 auf 17, am 5. auf 15 und am 6. auf 3 zurückgegangen, und klang damit ab.[3] Später nahm sie wieder zu und scheint im Februar mit täglich 3 bis 5 Opfern zunächst ihr Ende gefunden zu haben.[4] Im Sommer 1861 hauste sie aber wieder in der Stadt, dazu auch in umliegenden Dörfern.[5] Eine überschlägige Berechnung dürfte bis dahin für die Stadt fast 1.000 Tote durch Cholera ergeben. An Hunger und Krankheit sollen 1861 dort zusammen monatlich 300 bis 400 Menschen umgekommen sein,[6] was einem Verlust von rund 4.000 in dem Jahre entspricht. Stärker noch als Hunger und Cholera scheint der Typhus gehaust zu haben. Anfang Juni 1862 sollen täglich 40 bis 60 Menschen daran gestorben sein, im Juli waren es sogar 120 bis 130,[7] was zusammen einige Tausende ergeben haben dürfte. Man wird darum nicht fehlgehen, die Menschenverluste durch Hunger und Krankheit in Ṭihrān vom Ende des Jahres 1860 bis 1862 auf nahezu 1/10 der Bevölkerung anzusetzen. – Auch anderswo forderte die Cholera Opfer, so sollen 1861 in Ašraf 40 oder 50 Personen gestorben sein,[8] was um 1% der Einwohnerschaft ausgemacht haben wird.

1863 soll in Āẕarbājǧān die Pest aufgetreten sein.[9]

1865 scheint die Cholera nur in Balūčistān vorgekommen zu sein und forderte in Bint und Umgebung erhebliche Todesopfer.[10]

Geringfügig scheint sich die Krankheit im Sommer 1867 in Ṭihrān ausgewirkt zu haben.[11] 1868 und 1869 herrschte sie in Kirmān.[12]

---

1 Eastwick I, 276; vgl. Brugsch, Reise II, 279 f.
2 Eastwick I, 276.
3 Brugsch, Reise II, 295.
4 Vgl. Brugsch, Reise II, 322 f.
5 Eastwick II, 103.
6 Brugsch, Reise II, 323.
7 Gasteiger, Rundreise, 354.
8 Eastwick II, 73.
9 S. Nazare-Āġā (Ardachir Khan), 32. Die Pest hatte 1830-31 „manche Gegenden am Kaspischen Meer fast ganz entvölkert" (Polak, Persien II, 346), Māzandarān und Gīlān sollen 2/3 (Curzon, Persia I, 364; vgl. H. L. Rabino, Provinces, 55) und Rašt 5/6 (Brugsch, Reise II, 474; vgl. Curzon, Persia I, 384) ihrer Bewohner verloren haben; sie hatten sich 30 Jahre später noch nicht erholt (vgl. Polak, Persien II, 291). Die Pest scheint kurz darauf Šūštar schwere Verluste gebracht zu haben (vgl. Curzon, Persia II, 365). Etwas danach soll eine Pestepidemie die Hälfte der Bevölkerung von ʿArabistān vernichtet haben (Layard, 26).
10 Vgl. Goldsmid, Notes on eastern Persia, 295; ders., Telegraph, 609; s. auch G., D., 299 lk.
11 Vgl. Lycklama IV, 71.
12 Houtum-Schindler, Südl. Persien, 354.

Ständige örtliche Kämpfe hatten Sīstān durch Tod und Abwanderung des größten Teils der Bewohner „nahezu entvölkert",[1] bis es 1872 endgültig unter persische Hoheit gelangte.

In diesem Zusammenhang seien auch die tödlichen Verluste erwähnt, die die Turkmeneneinfälle der Bevölkerung des östlichen Persien, vornehmlich Ḫurāsān, zufügten. 1862 war das Gebiet nordostwärts Mašhad menschenleer,[2] zum großen Teil durch Tötung der Bewohner. Alte und Kranke, die mitzuführen nicht zu lohnen schien, brachten die Turkmenen sofort um,[3] ebenso diejenigen, die sich wehrten. Allerdings sind die auf der Stelle Getöteten[4] schwer von den Zahlreichen zu scheiden, die ihr Los erst als Sklaven auf dem Marsch nach Turkistan ereilte.

Im Herbst 1869 setzte eine Hungersnot ein, die sich 1870 endgültig auf nahezu das ganze Land ausbreitete und eine bis dahin unbekannte Stärke annahm. Als sie erst zu Beginn des Jahres 1873 endgültig endete, hatte sie Persien unerhörte Menschenopfer gekostet.[5] Verhältnismäßig wenig waren allerdings die volkreichsten Provinzen, Āẕarbājǧān,[6] Gīlān, Māzandarān und Astarābād[7] betroffen. Die hauptsächlichen Verluste trugen die weniger dicht besiedelten Provinzen. Aus Ḫurāsān liegen für das Gebiet des amīrs von Qā'in mehrere Einzelangaben vor;[8] der Distrikt Qā'in mit neun bulūks scheint einige Zehntausende an Toten eingebüßt zu haben.[9]

Das westlich gelegene Gebiet des ḫāns von Tabas[10] soll allein im Jahre 1871 20.000 Todesopfer erlitten haben.[11] Der Bezirk von Turbat-i Ḥaidarī mit sieben bulūks[12] büßte nahezu ebenso viele ein.[13] Für den Bezirk von Nīšāpūr mit zwölf bulūks[14] schätzte Houtum-Schindler einen Verlust von ebenfalls etwa 20.000 Menschen.[15] Sabzvār mit seinen neun bulūks[1] soll eine

1 Tate, 224.
2 Vgl. Eastwick II, 250.
3 E. Smith, The Perso-Afghan, 344; Bellew, From the Indus, 324.
4 Einzelangaben bei Houtum-Schindler, Beschreibung, 220, 221; O' Donovan II, 26.
5 Über den Verlauf im Einzelnen s. John, 95 ff.
6 Vgl. Basset, Persia the Land, 68, 71.
7 Vgl. Goldsmid, Napiers Journey, 172.
8 Vgl. Bellew, From the Indus, 303, 311, 313 f, 317 f, 322, 333, 337; Goldsmid, Journey, 76.
9 Vgl. Bellew, From the Indus, 303.
10 Einzelangaben bei Bellew, From the Indus, 339 f, 341; E. Smith, The Perso-Afghan, 339 f, 350 f.
11 E. Smith, a.a.O., 346 f.
12 Einzelangaben bei Bellew, a.a.O., 356; E. Smith, a.a.O., 353, 355.
13 Vgl. Bellew, a.a.O., 349.
14 Einzelangaben bei Bellew, a.a.O., 372, 374 f; E. Smith, a.a.O., 369.
15 Vgl. Houtum-Schindler, Beschreibung, 224 f.

eine ähnliche Menge Menschen verloren haben.[2] In der nördlich gelegenen Herrschaft des ḫāns von Qūčān gab es ebenfalls Verhungerte,[3] auch unter den Wanderhirten.[4]

Teile dieses Gebiets, so die kleine Stadt Šīrvān,[5] scheinen aber verschont geblieben zu sein. Ebenso dürfte es im Herrschaftsgebiet des ḫāns von Buǧnūrd gewesen sein.[6] Die unmittelbare Umgebung von Mašhad[7] und die Stadt selbst,[8] diese als fast ausschließliches Konsumgebiet, dürften am meisten gelitten haben. Die 1872 für ganz Ḫurāsān von einem hohen Provinzialbeamten mit 100.000,[9] oder die zur selben Zeit durch den Gouverneur mit 120.000[10] bezifferten Todesopfer zeigen zwar, wie ungenau die Behörden der Hauptstadt informiert wurden, doch dürfte eine Zahl um 100.000 der Wirklichkeit in etwa entsprochen haben. In der kleinen Provinz Sahrud-Bistam[11] scheint im Wesentlichen nur der Hauptort selbst der Hungersnot entgangen zu sein,[12] da er eine gute Verbindung zu der fruchtbaren Provinz Astarābād besaß. Eine ähnliche Lage scheint sich in der westlich anschließenden kleinen Provinz Samnān-Dāmgān ergeben zu haben, deren Hauptort Samnān ebenfalls von den kaspischen Provinzen her versorgt werden konnte,[13] während Dāmgān[14] mit den ländlichen Bezirken[15] erheblich zu leiden hatte. In der bereits im Alburz gelegenen kleinen Stadt Damāvand wurde die Hungersnot nur „leicht verspürt";[16] sie dürfte damit etwa ein Beispiel für das gelinde Schicksal der Bevölkerung des ganzen Gebirges geboten haben. Ṭih-

1 Einzelangaben bei Bellew, a.a.O., 381, 382; E. Smith, a.a.O., 371, 373, 374; Baker, 166; s. auch Curzon, Persia I, 268.
2 Vgl. Bellew, a.a.O., 381.
3 Vgl. Goldsmid, Napier's Journey, 172; s. auch Napier, Extracts, 85, 87.
4 Vgl. C. E. Yate, Khurasan, 33.
5 Napier, Extracts, 100.
6 Vgl. Napier, Extracts, 103.
7 Einzelangaben bei E. Smith, a.a.O., 367; Bellew, a.a.O, 372; Napier, Extracts, 80.
8 Einzelangaben bei E. Smith, a.a.O., 361; danach Goldsmid, Notes on Travels, 202; s. auch Bellew, a.a.O., 363.
9 E. Smith, a.a.O., 361; danach Goldsmid, Notes on Travels, 201; Encycl. Britt., 9. Ed., 628 lk.
10 Bellew, a.a.O., 337, 363.
11 Einzelangaben bei E. Smith, a.a.O., 380; Goldsmid, Napier's Journey, 167 f.
12 Vgl. E. Smith, a.a.O., 378.
13 Vgl. E. Smith, a.a.O., 384.
14 Vgl. Bellew, a.a.O., 401.
15 Einzelangaben bei E. Smith, a.a.O., 385; Goldsmid, Notes on ... Travels, 203; ders., Napier's Journey, 166 ; Napier, Extracts, 65.
16 Napier, Extracts, 64.

rān und seine Umgebung[1] hatten, offenbar vor allem erst seit dem Winter 1871/72, schwere Verluste durch Hunger und Krankheiten.[2] Qazvīn, und damit wohl auch die dazugehörige Provinz, soll „beträchtlich" an Bevölkerung verloren haben.[3]

Ḫamseh mit seinem hart betroffenen Hauptort Zanǧān[4] lag noch im Bereich der Hungersnot.[5] Nicht im gleichen Maße scheint die Katastrophe in die südlich der Hauptstadt liegenden Provinzen Sāveh und Hamadān gedrungen zu sein.[6] Qum und seine Provinz sollen stark heimgesucht worden sein.[7] Auch aus der Provinz Iṣfahān wird über Verluste berichtet.[8] Selbstverständlich blieben die trockenen Provinzen, vor allem Jazd,[9] aber auch Kirmān,[10] nicht verschont, obschon in dieser vorsorgliche Maßnahmen des Gouverneurs dem Schlimmsten zuvorgekommen sein dürften.[11] In Bam, dem Hauptort des Kirmān unterstellten Balūčistān, kamen offenbar trotz Hungers keine Menschen um.[12] Ganz erhebliche Verluste dürften in Fārs entstanden sein;[13] hier wurden besonders schwer die Wanderstämme betroffen.[14] Nach Andreas[15] sollen von der 20.000 Zelte starken Stammesgruppe der Qašqā'ī „im Hungerjahr 2/3 gestorben" sein. Andererseits scheint in Šīrāz wie auch in Iṣfahān eine englische Hilfsorganisation das Ärgste verhütet zu haben.[16] – Seuchen begleiteten auch diese Hungerkatastrophe; einmal war es wieder die Cholera, die aus Šīrāz[17] und Ṭihrān[18] gemeldet wird, dann aber auch ein gleichzeitig auftretender Unterleibstyphus.[19] Von seinen Op-

1 Für die Umgebung Einzelangaben bei Basset, Persia the Land, 123; Bellew, From the Indus, 415.

2 Vgl. Basset, a.a.O., 118; Bellew, a.a.O., 412; Goldsmid, Notes on ... Travels, 191, 203; vgl. ders. Telegraph, 543. Im Einzelnen s. u..

3 Serena, Hommes, 279.

4 Basset, a.a.O., 76.

5 Einzelangaben bei Basset, a.a.O., 74, 85.

6 Einzelangaben bei Bellew, a.a.O., 418, 420 f, 427, 429 f, 432; Basset, a.a.O., 131; Serena, Hommes, 201; Houtum-Schindler, Nördl. Persien, 113.

7 Vgl. Bellew, a.a.O., 396.

8 Vgl. Houtum-Schindler, Südl. Persien, 312; Wills, In the Land, 254.

9 Vgl. Stack I, 278.

10 Vgl. John, 98.

11 Markham, 402.

12 Vgl. E. Smith, The Perso-Afghan, 244.

13 Einzelangaben bei Goldsmid, Notes on ... Travels, 194 f; Wills, In the Land, 252.

14 Vgl. Arnold, Through Persia II, 231; Andreas, Nachlass, 5b.

15 Nachlass, 5b; Vgl. auch Arnold, a.a.O., 232; s. dazu Curzon, Persia II, 113.

16 Vgl. Wills, a.a.O., 252, 254 f.

17 Vgl. Wills, a.a.O., 224.

18 Vgl. Basset, a.a.O., 118; s. allgemein auch Le Comte, Tébriz, 167.

19 Vgl. Wills, a.a.O., 255.

fern in Ṭihrān und Umgebung erfährt man seit dem Juni 1872.[1] Außerdem zeigte sich in Persien erstmalig die Diphtherie.[2] Im Sommer 1872 meldete man in der Hauptstadt täglich 200 an Hunger oder Unterleibstyphus Gestorbene.[3]

Goldsmid schätzt den Bevölkerungsverlust der Hauptstadt für die gesamte Katastrophenzeit auf 1/5, was etwa 25.000 Menschen entspricht.[4] Es versteht sich, dass bei einer Katastrophe derartigen Ausmaßes Schätzungen über die *Gesamtverlust* des Landes sehr stark auseinander gehen. Sie reichen von 500.000[5] bis zu fast 2.000.000[6] Menschen. Legt man aber die einigermaßen sicheren Angaben über die Menschenverluste in Ṭihrān zu Grunde und bedenkt, dass das flache Land, zumal bei einer Berücksichtigung der verschonten volkreichen Ackerbaugebiete Persiens, im Durchschnitt weniger gelitten hat, so wird man unter 1/6 des Volkes als Todesopfer anzusetzen haben. Bei der damaligen Gesamtbevölkerung ergäbe das gut 1.000.000 Opfer. Dem entsprechen auch Angaben allgemein gut unterrichteter Beobachter,[7] etwa auch des Gouverneurs von Kirmānšāh, und Verwandten Nāṣiru'd-Dīns, Imām Qulī Mīrzā,[8] und späterer Autoren.[9]

In die Zeit dieser Katastrophe fiel seit 1870 eine Epidemie von Beulenpest in Kurdistan, wo sie am heftigsten den Distrikt von Sā'ūğbulāg getroffen zu haben scheint. Die Verluste waren aber zwischen den einzelnen Dörfern sehr unterschiedlich.[10] In der kleinen Stadt Baneh verlief die Seuche milder.[11]

Während des schneereichen Winters 1873/4[12] waren allein in Ṭihrān, infolge der schweren Schneelasten und der Schmelze nicht gewachsenen vorherrschenden Lehmbauweise,[13] durch einstürzende Dächer „fast 150“ Menschen ums Leben gekommen. Derartige Verluste, im niederschlagsreichen Norden häufiger als im Süden, ereigneten sich ständig.[14] – Dass strenge

---

1 Goldsmid, Notes on ... Travels, 203; s. auch a.a.O., 191.
2 Wills, In the Land, 255.
3 Bellew, From the Indus, 412.
4 Vgl. Goldsmid, Telegraph, 543.
5 John, 89. Dieser Beobachter konnte zwar viele unmittelbare Eindrücke sammeln, er bereiste aber fast nur den ostwärtigen Teil Persiens.
6 Teufenstein, 105 r; Hoogerwoerd, 206.
7 Vgl. Bellew, From the Indus, 337, 364.
8 Vgl. Bellew, a.a.O., 424.
9 Vgl. (Anon.), Wirtschaftliche Lage, OeMO, 125 r Anm. 1.
10 Vgl. Tholozan, Note, 590 lk, 591 lk; Schlimmer, 438.
11 Vgl. IV: Alamol–Molk, 28; s. allgemein Nazare-Āgā (Ardachir Khan),32.
12 Vgl. Bd I, 362 Anm. 6.
13 Vgl. Bd I, 365 Anm. 1.
14 Patenotre, Persans, 166. Sie treten auch heute auf. Nach einer mündl. Mitteilung.

Winter besonders in den Gebirgsgegenden schwere Opfer fordern konnten, zeigt eine Angabe aus der Gegend um Senneh.[1]

1876 hatte in Šūštar eine Pestepidemie ihre Opfer gefordert.[2] Ähnlich wie nahezu 50 Jahre zuvor[3] trat diese Krankheit fast gleichzeitig in Gīlān auf und soll in Rašt und Umgebung 4.000 Tote gefordert haben,[4] die Hälfte davon in Rašt allein,[5] was etwa 10% der Bewohner der Stadt bedeuten würde.[6] Die Seuche soll auf dieses Gebiet begrenzt geblieben sein.[7]

Obwohl zu dieser Zeit in Ṭihrān offenbar keine ausgesprochene Epidemie herrschte, zeigt eine Aufstellung für die Tage vom 18. Februar bis 10. März 1877 eine sehr hohe „Normalsterblichkeit". Sie entsprach einer jährlichen Rate von 41,1 je Tausend; 17% davon waren allerdings Fälle von Diphtherie, ohne welche die Sterblichkeit nur 35,4 je Tausend erreicht hätte.[8] Diese Angaben stützen sich auf Mitteilungen „der vereidigten Totenwäscher". Eine Zuverlässigkeit gerade dieser Quelle wird von dem gewiss zutreffend informierten Browne[9] bezweifelt. So lässt sich schließen, dass diese gewerblich tätige Gilde ihre Angaben aus steuerlichen Gründen zu niedrig hielt. – Eine offenbar „normale" Sterblichkeit in Mašhad wird 1889 für geringer als diejenige von Ṭihrān angegeben.[10]

1878 sollen Fälle von Pest in Āẕarbājǧān und Ḫurāsān aufgetreten sein.[11]

1879 begann die während Nāṣiru'd-Dīns Regierungszeit vierte Hungersnot. Sie umfasste nahezu ganz Fārs;[12] ausgenommen blieb beispielsweise Behbehān.[13] Kāzarūn scheint besonders gelitten zu haben.[14] Auch Teile der Provinzen Iṣfahān[15] und Jazd hatten Verluste. Hier scheinen Taft und Nā'īn[16] sehr stark in Mitleidenschaft gezogen worden zu sein.

---

1 Vgl. Morgan, Mission II, 60.
2 Vgl. G., D., 300 lk; Houtum-Schindler, Südwestl. Persien, 99.
3 Vgl. S. 118 Anm. 9.
4 Serena, Hommes, 303 ff; H. L. Rabino, Provinces, 482; vgl. Basset, Persia the Land, 168.
5 Vgl. IV: Alamol-Molk, 28.
6 Vgl. Serena, Hommes, 308.
7 H. L. Rabino, provinces, 482.
8 Vgl. G., D., 300 r. Die Sterblichkeit in London betrug um diese Zeit durchschnittlich 23,4 je Tausend. Encyclopaedia Brittannica 1945, „London".
9 Browne, A Year, 107.
10 Curzon, Persia I, 153.
11 Vgl. Nazare-Aga (Ardachir Khan), 32.
12 Einzelangaben bei Stack I, 118, 124, 131; Andreas, Nachlass, 5 b.
13 S. Stolze-Andreas, 10 lk. Über den „Rand der Hungerzone" im Südosten der Provinz vgl. auch Stack I, 118 ff.
14 Vgl. Stack I, 37.
15 Einzelangaben bei Stack II, 110, 112.
16 Vgl. Stack I, 278 und II, 13.

1881 kostete ein Kurdeneinfall südlich des Urūmijeh-Sees einigen Tausenden Menschen das Leben,[1] so vor allem in Mījānduāb.[2]

Im selben und im folgenden Jahre soll die Pest in Ḫurāsān aufgetreten sein.[3]

Das Jahr 1885 brachte in verschiedenen Dörfern südlich Qazvīn schwere Verluste durch die Pest;[4] sie soll auch in Ḫurāsān vorgekommen sein.[5]

1889 erschien die Cholera in Muḫammareh am Persischen Golf, wo sie einige Tausende vernichtet haben soll.[6] Außerdem hauste sie in Kirmānšāh, dort mit angeblich 460 Toten, und in der Umgebung.[7]

Nachdem im Januar 1892 in Ṭihrān eine verlustreiche Grippeepidemie gewütet hatte,[8] breitete sich im selben Jahre die Cholera aus.[9] Von Afghanistan vordringend, erreichte sie Anfang Mai Mašhad,[10] wo sie mit 5.000 Toten[11] etwa 1/10 der ständigen Wohn-Bevölkerung[12] hingerafft haben soll. Dem Karawanenweg über Sahrud folgend, erreichte sie Ṭihrān erst am 1. August,[13] wo sie bis in den September hinein mit täglichen Todeszahlen von bis zu 800 Menschen,[14] und in Verbindung mit einem folgenden Unterleibstyphus,[15] schließlich einen beträchtlichen Teil der Bevölkerung vernichtete. Schätzungen bewegen sich zwischen 13.000 und 20.000 Toten,[16] etwa 7 bis 10% der Einwohner.[17] Um Ṭihrān sollen manche Dörfer 1/3 ihrer Menschen verloren haben.[18]

---

1 Einzelangaben bei Houtum-Schindler, Nordwestl. Persien, 339.
2 Vgl. Curzon, Persia I, 553; s. aber auch Houtum-Schindler, a.a.O., 340.
3 Vgl. Nazare-Aga (Ardachir Khan), 32.
4 Vgl. Vaume, 22.
5 Vgl. Nazare-Aga, a.a.O.
6 Vgl. Curzon, Persia II, 338; Curzon, Leaves, 438.
7 Bleibtreu, 15.
8 Feuvrier, 337 f.
9 S. auch Le Comte, Tébriz, 167.
10 Vgl. Feuvrier, 356, 387; s. auch Bell, Pictures, 59.
11 Weeks, From the Black Sea, 94 Anm.; vgl. Wells, Telegraph, 535.
12 Vgl. Curzon, Persia I, 163 - zur im Gegensatz dazu stets fluktuierenden Schar der Pilger.
13 Feuvrier, 404; vgl. Wells, Telegraph, 535.
14 Feuvrier, 410.
15 Vgl. Bell, Pictures, 67.
16 Weeks, a.a.O.; Wells, a.a.O. – lebhafte Schilderungen der Ereignisse bei Bell, a.a.O., 60 ff; s. auch Feuvrier, 404 ff.
17 Nahezu 200.000 Menschen. Curzon, Persia I, 298.
18 Vgl. Bell, a.a.O., 67; so auch Rosen, Memoires, 171.

Die Cholera erreichte auch Tabrīz und tötete dort angeblich 12.000 Menschen,[1] etwa 7% der Bevölkerung.[2] Ferner breitete sie sich über Kirmānšāh aus, griff nach Mesopotamien über, kehrte, dem Lauf des Kārūn und der Dījāleh folgend, über Šūštar nach Kirmānšāh zurück und gelangte von dort nach Kurdistān, Hamadān und Malājir.[3] Ein anderer Infektionsstrom drang von Baku über Rašt[4] nach Gīlān, wo 12.000 Menschen gestorben sein sollen.[5] Er zog von dort nach Astarābād.[6]

Persien soll durch diese Epidemie 150.000 Menschen,[7] also mehr als 1,5% seiner Bewohner, verloren haben.

1893 berichtete Houtum-Schindler[8] aus Kanu (etwa 50 km SW z. W von Kāšān) von örtlichem Typhus, der 6 bis 7% der Bevölkerung des etwa 120 Familien umfassenden Dorfes getötet hatte.

1892 zerstörte ein schweres Erdbeben teilweise Qūčān, welches diejenige Stadt gewesen zu sein scheint, die seit der Mitte des Jahrhunderts am meisten unter diesem Naturereignis zu leiden gehabt hatte. Soll schon das Beben von 1267/1851 2.000 Personen getötet[9] und dasjenige von 1871 auch an Menschenleben „großen Schaden" getan haben,[10] so kostete das dritte Beben vom 17. November 1893 die Stadt Tausende von Menschen. Die niedrigste Schätzung nennt 8.000 Tote.[11] Weitere Beben am 5. Januar 1894[12] und im Januar 1895[13] verursachten nur geringe Verluste, da man inzwischen vorgesorgt hatte; sie führten aber schließlich zur Verlegung der Stadt.[14]

Aus Galk in Balūčistān wird 1895 ein mit starken Opfern verbundenes Auftreten der Grippe gemeldet.[15]

Von einer schwächeren epidemischen Cholera wird 1894 berichtet.[16]

---

1 Weeks, a.a.O., s. auch 43.

2 Bei etwa der gleichen Einwohnerzahl wie Ṭihrān. S. Curzon, Persia I, 521; vgl. Feuvrier, 58.

3 Feuvrier, 179.

4 Feuvrier, 387.

5 H. L. Rabino, Provinces, 484.

6 P. M. Sykes, Ten Thousand Miles, 11.

7 G. Greenfield, Beitrag, 9.

8 Eastern, 107 f.

9 Marāġī, Maṭla' I, 149 Z 9 f. C. E. Yate (Khurasan, 176) gibt als Datum 1852 an.

10 C. E. Yate, Khurasan, 176; s. Goldsmid, Napier's Journey, 170.

11 Wells, Telegraph, 543; Radde (Wiss. Ergebnisse, 171): 7.000 bis 12.000; C. E. Yate (Khurasan, 175): 12.000; Minkevic (Reise, 319 lk): „Zehntausende"; s. auch Immanuel, 228 r (offensichtlich irrtümliche Angabe).

12 Minkevic, Reise, 319 lk.

13 C. E. Yate, Khurasan, 176.

14 C. E. Yate, Khurasan, 176 f.

15 E. C. Sykes, Through Persia, 279.

16 Vgl. Wishard, 219.

Ohne Zweifel sind mit diesen das Land unablässig treffenden Unglücken nur die größeren Fälle von Menschenverlusten aufgeführt. Örtlich aufbrechende Krankheitsherde, wie sie nicht immer offiziell erfasst und veröffentlicht wurden, beeinflussten die Sterblichkeitsziffer ebenfalls.

Allgemein ist zu sagen, dass die Verluste, da sie wohl zu allermeist auf den Meldungen der Totenwäscher beruhten, eher zu niedrig angegeben worden sind.[1] Der hier betrachtete Zeitraum war in der Folge der Epidemien und der aus ihnen erwachsenen Verluste zwar kein Schlussstein, wie noch die Pest von 1899/1900[2] und von 1904/6,[3] die schwere Cholera von 1904[4] und die verlustreichen Pocken von 1907[5] zeigen, doch führte der allmählich steigende Einsatz moderner ärztlicher Kenntnisse und Mittel zu einem allmählichen Nachlassen der Sterbeziffern.

Die Verluste aus Epidemien, Hungerzeiten, Naturkatastrophen und feindlichen Raubzügen verdeckten das Erfassen einer *normalen Sterblichkeit* ständig. Lag diese schon infolge akuter Krankheiten dauernd hoch,[6] so stieg sie noch jährlich gegen das Ende des Fastenmonats.[7] Andererseits aber waren „nach genauen Erkundigungen“ Todesfälle im Wochenbett „äußerst gering“,[8] was sich damit auf die Sterberate wenig ausgewirkt hat.

Eine hohe Sterblichkeit gab es unter Pilgern,[9] so vor allem bei denjenigen, die über weite Entfernungen zogen. Unter den von Gīlān nach Karbalā in Mesopotamien Pilgernden rechnete in den 50er Jahren Polak mit 2/3 an Toten.[10] Die Pilgerströme begünstigten eine Ausbreitung der Infektionskrankheiten, als deren Träger[11] waren ihnen die meist körperlich angestrengten Pilger besonders ausgesetzt. So entfiel auf die Pilger ein hoher Anteil der Sterblichkeit, da ständig bekanntlich große Mengen von ihnen unterwegs waren. Folgendes mag ihre Sterblichkeit beleuchten:

---

1 Vgl. oben.
2 Nazare-Aga (Ardachir Khan), 32.
3 IV. Alamol-Molk, 30 f; H. L. Rabino, provinces, 55.
4 Wishard, 219.
5 Moh. Hassan Khan, Grossesse, 61 f.
6 Vgl. oben, 1877 Ṭihrān.
7 Vgl. Sheil, 175; E. C. Sykes, Through Persia, 279.
8 Polak, Persien I, 220; s. aber auch Häntzsche (Haram, 426) über außergewöhnliche Kindeslagen.
9 Schlagintweit, Handel, 100 lk.
10 Polak, Persien II, 351.
11 Vgl. Wells, Telegraph, 535.

In Ṭihrān lag die Sterblichkeitsziffer 1877 ohne Epidemie von 41,1 je Tausend im Jahre[1] zwar höher als diejenige der ständigen Einwohnerschaft des großen Wallfahrtsorts Mašhad.[2]

Dagegen betrug die Zahl für sämtliche, sich jeweils in Mašhad Aufhaltenden um jährlich 100 je Tausend; es herrschten dort, offenbar vor allem unter den Pilgern, „ansteckende Krankheiten ... ununterbrochen".[3]

Die so veranschaulichte hohe Gesamt-Sterblichkeit erklärt es zusammen mit der niedrigen städtischen Geburtenziffer, dass die Städte einen Zuzug benötigten.[4] Diesen stellte das flache Land, wo darum auch erheblich höhere Geburten- und Nachwuchsraten erreicht worden sein müssen, die, wie sich noch zeigen wird, tatsächlich einen absoluten Geburtenüberschuss ermöglichten.

1.3.2 Außenwanderungen

Hier wollen wir die Staatsgrenzen überschreitende Aus- und Einwanderungen ermitteln und vergleichen.

Es gab eine anscheinend ständige *Auswanderung* infolge obrigkeitlicher Bedrückung, ohne dass die Größe näher zu bestimmen wäre.[5] Verhältnismäßig am stärksten scheint dieser Abgang bei den religiösen Minderheiten gewesen zu sein. Die Armenier von Ǧulfā bei Iṣfahān hatten sich bereits während der ersten Hälfte des 19. Jahrhunderts, vor allem durch Abwanderung ins Ausland, von einer Zahl von 12.383 Personen um 1816[6] rasch auf etwa 1/10 davon 40 Jahre später[7] vermindert.

Ungeachtet der Besserung ihrer Lage unter Nāṣiru'd-Dīn scheinen aus Ǧulfā ständig Männer Arbeit in Indien oder in der Türkei gesucht zu haben.[8] Eine starke Anziehungskraft übte das christliche Russland besonders auf die im Nordwesten Persiens zahlreich lebenden Armenier aus. So sollen etwa zwischen 1893 und 1899 ungefähr 2.500 von ihnen aus Salmās über die

1 Vgl. oben, 1877 Ṭihrān.

2 Wenigstens für 1889: Curzon, Persia I, 153.

3 Minkevic, Reise, 337 lk. Im ungefähr zeitgenössischen London betrug die Sterblichkeit durchschnittlich 23,4 je Tausend. Encyclopaedia Brittannica 1945, „London".

4 Polak, Persien I, 217.

5 Standesamtliche Register, wie sie 1802 in Šīrāz die kathudās der Stadtviertel führten (Waring, 64), sind weder für diese, noch für die spätere Zeit (vgl. auch Brugsch, Reise II, 323) erreichbar.

6 J. Malcolm, 521.

7 Vgl. Hommaire, Voyage II, 362; Sheil, 232; s. auch Binning II, 79.

8 Vgl. Lycklama II, 416.

Nordgrenze ausgewandert sein.[1] – Auch Juden suchten ihrem im schiitischen Persien schlechten Los zu entgehen. Obwohl es ihnen nur heimlich möglich war, scheint ein nicht unerheblicher Teil von ihnen in die Türkei, nach Turkistan, Afghanistan und Indien gelangt zu sein.[2] – Zoroastrier dürften nur aus gewichtigen persönlichen Gründen,[3] oder zeitweise geschäftehalber, zu der Kolonie ihrer wohlhabenden Glaubensbrüder, der Parsen, nach Indien gelangt sein. Diese sorgten durch eine großzügige Unterstützung dafür, dass die Zoroastrier Persiens „das heilige Feuer" in der Heimat wahrten.[4] – Eine nicht unbedeutende Anzahl von Persern hat sich als Bābī in der Türkei aufgehalten. – Während Persien bis 1873 seine Hoheit über das westliche Balūčistān wieder herstellte, scheint dort eine zumindest zeitweise Abwanderung eingesetzt zu haben. So waren von den Einwohnern des kleinen Hafenortes Čāhbār vor der Einnahme durch Persien „fast 1.000 Familien" geflüchtet.[5] – Abgesehen von solchen Abwanderungen von Minderheiten, verließen aus verschiedenen Gründen auch schiitische Perser ihr Land,[6] so vielleicht manchmal selbst Ackerbauern.

Weiterhin scheint es so, als hätten die Hungersnöte Menschen nicht nur zum Verlassen ihrer Wohnsitze, sondern auch zur Auswanderung veranlasst.[7] Eine wohl als Folge der Katastrophen entstandene Arbeitslosigkeit scheint das Gleiche bewirkt zu haben.[8]

Die durch verschiedene Gründe verursachten Auswanderungen richteten sich vornehmlich nach Indien, Russland und der Türkei.[9] Um die Jahrhundertwende sollen sich in der Türkei „mehrere 100.000 Perser ... geschäftlich" aufgehalten haben, es lebten davon 60.000 allein in Konstantinopel.[10]

Ein weiterer Abfluss entstand durch *Menschenraub*. Verhältnismäßig geringe Menschenverluste brachte bis in die 70er Jahre der Raub von Mädchen aus der Gegend von Qā'in durch Balučen. Jene sollen den größten Teil der Sklavinnen in den Häusern von Kandahar gestellt haben.[11] Ebenso dürften die-

1 J. Greenfield, Die Verfassung, 69, Anm. 2; auch Malkom Ḫān (III. Malkom Ḫān, 61 z 3) glossiert die Abwanderung von durch einen Gouverneur bedrückten Armeniern.
2 Vgl. Polak, Persien I, 24.
3 Vgl. z.B. Browne, A Year, 416.
4 Polak, Persien I, 28 f.
5 Houtum-Schindler, Persian Bêluchistan, 153.
6 Vgl. Ibrāhīm Bēg, 20 Z 1, 176 Z 17 f; IV. Djemal, 245; „Ghilan", 613; Browne, Revolution, 27, 71; Hoogerwoerd, 198.
7 Vgl. für 1860-61: Brugsch, Reise I, 183; für 1870-2: J. Greenfield, Die Verfassung, 274.
8 Vgl. Ibrāhīm Bēg, 22 Z 21.
9 Vgl. a.a.O., 58 Z 25 f.
10 J. Greenfield, Die Verfassung, 26.
11 Bellew, From the Indus, 293.

jenigen Balučen, die, wohl im Einvernehmen mit den örtlichen Behörden, aus dem Hinterland von Gask als Sklaven nach ʿUmān verkauft wurden,[1] nie zahlreich gewesen sein. 1904/5 wurden 60 von ihnen in Masqaṭ freigelassen.[2]

Dagegen fügte der gewaltsame Abtransport von Menschen aus Nordost-Persien durch die Turkmenen der dortigen Bevölkerung erhebliche Schäden zu; sie verkauften die menschliche Beute im Allgemeinen in die zentralasiatischen Chanate. Bevorzugt waren Frauen.[3]

Dieser ständige Abgang von Menschen erreichte dort während Nāṣiru'd-Dīns Regierungszeit bestimmte Höhepunkte. Die hohe Zahl des „Angebots“ erweist ein Vergleich mit den etwa 12fach höheren Sklavenpreisen in Persien.[4] Beträge von etwa 60 GM zahlte man 1860 in Buḫārā für geraubte Perser. Dieser Preis sank im selben Jahre nach der Gefangennahme eines persischen Heeres von fast 40.000 Mann um mehr als 6/7.[5] Das lässt Schlüsse auf die Höhe des üblichen laufenden Angebots zu. Dabei ist zu beachten, dass nach Ferrier und Baker, guten Kennern der Verhältnisse, kaum 1/3 der geraubten Menschen Turkistan erreichte, da ihre überwiegende Zahl den ungeheuren Härten des raschen Rückmarschs der Räuber erlag.[6] Zu einem weiteren Höhepunkt führte dieser Menschenraub während der großen Hungersnot 1870 bis 1872. In diesem Jahre soll die Hälfte der Bevölkerung von „Sarzar“[7] geraubt worden sein; ähnlich starke Verluste hatten um diese Zeit auch Šāh Taqī (50 km südwestl. Mašhad)[8] und Kāfir Qalʿeh (55 km SW z W v. Mašhad), das angeblich schon früher mehrmals seiner sämtlichen Bewohner beraubt worden war.[9] Beschreibungen vermitteln auch einen Eindruck von der Leichtigkeit, mit der sich in jener schweren Hungerzeit umherstreifende Menschen einfangen ließen. So sollen allein aus Mašhad, wo selbst Menschen vor die Tore gingen, um den Hunger mit der Gefangenschaft zu vertauschen, und dem umgebenden Distrikt 20.000 Leute zwischen 1869 und 1872 entführt worden sein.[10]

Schätzungen über die Gesamtzahl der jeweils in Zentralasien als Sklaven zurückgehaltenen Perser, wie sie 1872 der Gouverneur von Mašhad, Murād

1 A. T. Wilson, 223 f.
2 A.a.O., 224.
3 Stewart, Country of the Tekke, 536.
4 Vgl. Bd I, 335.
5 Vgl. P. M. Sykes, History, 358 Anm. 3.
6 S. Baker, 219 f; vgl. Stewart, Country of the Tekke, 536.
7 Sargam, 47 km SW z W v. Mašhad. Vgl. E. Smith, The Perso-Afghan, 355.
8 Vgl. Bellew, From the Indus, 356.
9 Bellew, a.a.O., 354.
10 Bellew, a.a.O., 344.

Mīrzā, für Buḫārā und Ḫīva mit 50.000[1] und 1880 der gewiss gut unterrichtete Stewart mit insgesamt mehr als 100.000[2] nannten, können nur einen ganz ungefähren Begriff über das Ausmaß dieses Aderlasses geben. Dabei sei nochmals auf die bedeutend höhere Zahl der ursprünglich Geraubten hingewiesen. Mit dem Vordringen Russlands nach Süden wurde der Menschenraub für die Turkmenen zusehends weniger lohnend, bis er seit 1881 nahezu vollends aufhörte.[3]

Einwanderungen größeren Umfangs gab es nicht. Wohl aber ist hier derjenige Teil der in Zentralasien versklavten Perser zu nennen, der, von den Russen befreit, nach Persien zurückkehrte. So wanderten nach 1870 „Tausende“ aus Buḫārā heim.[4] 1873 wurde in Ḫīva eine größere Anzahl frei, von der aber ein beträchtlicher Teil auf dem Rückweg von den Turkmenen umgebracht wurde.[5] Bei der Übergabe von Merv 1884 sollen 30.000 Perser die Freiheit erhalten haben.[6] Die Anzahl der immer wieder Zurückgekauften (Bd I, 255) oder Geflüchteten[7] wird demgegenüber gering gewesen sein.

Die nach den russischen Siegen über die Turkmenen vollends nach 1884 in Ostpersien hergestellte Sicherheit zog viele Menschen an, darunter auch Afghanen bis in die fruchtbare Provinz Astarābād.[8] Teile des als Schiiten in Afghanistan verfolgten Stammes der Hazāreh fanden zu Beginn der 90er Jahre in Ḫurāsān neue Wohnstätten.[9] – Das nach Auseinandersetzungen um Sīstān menschenarm gewordene Gebiet besiedelte der amīr von Qā'in unter anderem durch 2.000 Familien, die er zur Einwanderung aus den Afghanistan zugesprochenen Distrikten Ḫākansūr und Lās Ǧuvein bewogen hatte.[10] Zweifellos war die Zahl derjenigen Turkmenen gering, die sich im „Atek“, den nach der Turkmenischen Steppe hin abfallenden Strichen von Deregez und Kelāt (nördlich Mašhad), unter den Schutz der dortigen persischen Behörde gestellt hatten.[11]

---

1 Bellew, a.a.O., 365.
2 Stewart, a.a.O., 535.
3 Vgl. Bd I, 23.
4 Vgl. E. Smith, The Perso-Afghan, 371.
5 Vgl. Stewart, Country of the Tekke, 535 f. Die Angabe von 40.000 Befreiten dürfte auf der persischen Vorliebe für die Zahl 4 beruhen.
6 Brugsch, Im Lande, 169; s. auch allgemein: Curzon, Persia II, 596.
7 Vgl. Napier, Extracts, 95.
8 Curzon, Persia II, 596.
9 Vgl. C. E. Yate, Khurasan, 138.
10 E. Smith, The Perso-Afghan, 316 f.
11 Vgl. Stewart, a.a.O., 538 f; Lessar, Bemerkungen, 288 r, Anm 1.

Ohne Zweifel erbrachte die Bilanz der Außenwanderungen zu allen Zeiten der Regierung Nāṣiru'd-Dīns einen Verlust, der aber seit dem Ende der 70er Jahre erheblich zurückgegangen sein muss. Seinen Umfang auch nur annähernd zu bestimmen, ist aber nicht möglich.

1.3.3 Statistischer Überblick

Es sei wieder darauf hingewiesen, dass auch die folgenden Zahlen keine verlässliche Statistik darstellen, vielmehr nur die zahlenmäßigen Entwicklungen in ihren ungefähren Größenverhältnissen spiegeln können. Die meisten Angaben beruhen auf Schätzungen nach dem Augenschein, der Häuserzahl oder des Brotverbrauchs; manche sind auch örtlichen amtlichen Registern entnommen. Einige davon, welche weitgehend genau erscheinen, und sonstige fundierte Erhebungen, sind durch Strichelung eigens gekennzeichnet.

Es soll anfangs die *Entwicklung der Bevölkerung* innerhalb von Provinzen, in den großen und einigen bedeutenderen Städten sowie von einigen ländlichen Distrikten untersucht werden, soweit verwertbare Angaben vorliegen. In den vorderen Kolonnen erscheinen Städte und Orte, danach die übergeordneten Provinzen. Mit einem Stern versehene Zahlen haben wir als genau anzusehen.

Die Erhebungen kommen von langjährig ausgewiesenen Landeskennern, die neben guten Verbindungen auch eine gewisse Möglichkeit der Überprüfung von Angaben besaßen.

Nach Dichte und Zahl bildeten Āẕarbāyǧān und die Kaspischen Provinzen gewichtige Bevölkerungsschwerpunkte.

Jahr	Stadt Urūmijeh	Stadt Tabrīz	Provinz Āẕarbājǧān
1848	etwa 22.000[1]	über 100.000[2]	900.000[3]
1857		160.000[4]	
1863		150.000[5]	

1 Pfeiffer III, 205.
2 Sheil, 91; Pfeiffer (III, 205) und Hommaire (Voyage II, 20) geben beträchtlich mehr an.
3 Hommaire, Voyage II, 20.
4 Blau, Zustände, 1; etwas mehr: Wright, From a letter, 423.
5 Abbot, Extracts, 277; bedeutend weniger: Filippi, 169; Ussher, 657.

Jahr	Stadt Urūmijeh	Stadt Tabrīz	Provinz Āẕarbāǰǧān
um 1866		160.000[1]	
1868	30.000[2]		
1870		150.559[3]	
1877		bis 200.000[4]	
um 1880	40.000[5]		
1881		fast 170.000[6]	
1890		170-200.000[7]	fast 200.000[8]
1892	30-40.000[9]		
um 1900		180.000[10]	200.000[11]
1940		213.542[12]	

1 Häntzsche, Spezialstatistik, 431; etwas weniger: Rochechouart, Souvenir, 208.
2 Thomson, 17.
3 Houtum-Schindler, Nordwestl. Persien, 334.
4 Marāǧī, Mir'āt I, 343 Z 18 f.
5 Encycl. Britt., 9. Ed., 628 lk.
6 Houtum-Schindler, a.a.O., 334. Wahrscheinlich darauf basieren die Angaben für die folgenden Jahre: W., St., 102 r; (Anon.), Bevölkerung, OeMO, 132r; (Anon.), Bevölkerung, Deutsche. Rundschau f. Geogr. u. Stat., 518; Stolze-Andreas, 48.
7 Curzon, Persia I, 521.
8 Curzon, Persia I, 517.
9 Curzon, Persia I, 536.
10 J. Greenfield, Die Verfassung, 253 Anm. 2, nach Lorini, La Persia, 383.
11 J. Greenfield, a.a.O., 47.
12 Kuros, 58; Haas, 191.

Jahr	Stadt Rašt	Provinz Gīlān	3 Provinzen Gīlān Māzandarān Astarābād
Bis 1829		etwa 300.000[1]	
1858	15-20.000[2]		
1860	27.314[3]	etwa 150.000[4]	
1861	23.500[5]		
Um 1866	26-30.000[6]		
Um 1880	20.000[7]		
1884	25.000[8]		
1889	fast 30.000[9]		
1890		150-250.000[10]	
etwa 1907	41.000[11]	339.300[12]	

1 Curzon, Persia I, 364 und Matkham, 400 (1830 Verlust von 20.000 Menschen in Gīlān).
2 Abbot, Notes on Gīlān, 319; vgl. Guilliny, 99; Eastwick I, 330.
3 Melgunov, D. südl. Ufer, 242.
4 Brugsch, Reise II, 474 (nach Angabe des dort seit 4 Jahren befindlichen britischen Konsuls, Mr. Mackenzie).
5 Brugsch, Reise II, 474 (nach Angabe des dort seit 4 Jahren befindlichen britischen Konsuls, Mr. Mackenzie).
6 Häntzsche, Spezialstatistik, 431; Thomson (17) gibt veraltete 18.000.
7 Serena, Hommes, 308; Encycl. Britt. 9. Ed., 628 lk.
8 Stolze-Andreas, 50 lk.
9 Feuvrier, 431; vgl. Curzon, Persia I, 384 f; s. auch Stahl, Reisen,I.
10 Curzon, Persia I, 364.
11 Fevret, 197.
12 "Berechnung, begründet auf äußerst genauen Untersuchungen bei Dorfbewohnern und Landeigentümern". Doch die für 1850 nach Chodzko angegebene Zahl von 289.400 ist wohl zu hoch. H. L. Rabino, Provinces, 59.

Jahr	Stadt Rašt	Provinz Gīlān	3 Provinzen Gīlān Māzandarān Astarābād
etwa 1910	40-50.000[1]		822.000[2]
1940	121.000[3]		

Der Überblick zeigt, dass das gut versorgte Tabrīz möglicherweise während der großen Hungersnot von 1870-72 doch einen gewissen Rückschlag in seiner Bevölkerungsentwicklung erlitt; entsprechendes gilt für Urūmijeh, hier wohl infolge der Kurdenrevolte von 1881. Für Tabrīz nimmt Houtum-Schindler um 1880 einen jährlichen Bevölkerungszuwachs von 0,9% an.[4]

Die Bevölkerung der Provinz Āẕarbājǧān wuchs in dem Zeitraum seit 1848 wahrscheinlich erheblich an. – Die Städte in den Kleinkaspischen Provinzen, deren Bevölkerung nach der Katastrophe von 1830[5] ebenfalls anwuchs, sind hier außer Rašt, das während der Hungersnot von 1860/61 und durch die Pest von 1877[6] Rückschläge erlitt, nicht gesondert untersucht worden. Sie unterlagen starken jahreszeitlichen Schwankungen, auch verlagerte sich die Handelsbedeutung und damit ein Teil der Bewohner von Sārī auf Āmul und vor allem Bārfurūš.[7]

Ein Überblick über die Bevölkerungsentwicklung von Ṭihrān und zwei benachbarten Städten zeigt eine allgemein ähnliche, doch von stärkeren Schwankungen unterbrochene Zunahme.

Jahr	Hauptstadt Ṭihrān	Stadt Qazvīn	Stadt Samnān
1849	80.000[8]		viell. 6-7.000[9]

1 Bérard, 141.
2 Iven, Kulturland (Auszug), 238.
3 Haas, 191.
4 Houtum-Schindler, Nordwestl. Persien, 334.
5 Curzon, Persia I, 364 und Merkham, 400 (1830 Verlust von 200.000 Menschen in Gīlān).
6 Vgl. Serena, Hommes, 308.
7 Vgl. Curzon, Persia I, 379 f.
8 Sheil, 160.
9 Hommaire, Voyages II, 319.

Jahr	Hauptstadt Ṭihrān	Stadt Qazvīn	Stadt Samnān
1851	über 100.000[1]		
1857	um 80.000[2]		
1860	über 100.000[3]	unter 30.000[4]	
um 1865	etwa 80.000[5]	über 20.000[6]	
1868	85.000[7]	25.000[8]	
1870			unter 13.000[9]
1872			viell. 10.000[10]
1874	100.000[11]		
1877		20.000[12]	
um 1880		25.000[13]	
um 1882	gegen 200.000[14]		

1 (Anon.), Teheran, Das Ausland, 475 r.
2 Gobineau, Les religions, 304.
3 S. Brugsch, Reise I, 212, 219 und Eastwick I, 217.
4 Eastwick I, 212.
5 Häntzsche, Spezialstatistik, 431; dagegen Rochechouart (Souvenir, 110) mit 100.000 nach Hungersnot zu hoch.
6 Rochechouart, Souvenir, 5; doch Lycklama (III, 146) erheblich mehr.
7 Thomson, 17; Goldsmid, Notes on ... Travels, 191.
8 Thomson, 17.
9 Goldsmid, Lieut. Vaughan's journey, 591; für 1872 so auch E. Smith, The Perso-Afghan, 384.
10 Goldsmid, Lieut. Vaughan's journey, 591; für 1872 so auch E. Smith, The Perso-Afghan, 384.
11 Goldsmid, Telegraph, 543.
12 Serena, Hommes, 279.
13 Encycl. Britt., 9. Ed., 628 lk; Brugsch, Im Lande, 106.
14 S. G. W. Benjamin, Persia lo. 1887, 56; Encycl. Britt., 9. Ed., 628 lk; vgl. Polak, Expedition, 113.

Jahr	Hauptstadt Ṭihrān	Stadt Qazvīn	Stadt Samnān
um 1885	über 100.000[1]		
1887			etwa 16.000[2]
1889	etwa 130.000[3]	fast 30.000[4]	
1894	200.000[5]		25-30.000[6]
um 1900	230.000[7]	50.000[8]	
um 1908	gegen 250.000[9]		13.000[10]
1912	280.000[11]		
1940	540.087[12]		

Die Schwankungen waren bei Ṭihrān der Cholera von 1856,[13] sowie bei Ṭihrān und Qazvīn der Hungersnot von 1860/61 zuzuschreiben. Die erheblichen Verluste der Hauptstadt durch die Katastrophe von 1870/72[14] können die sich hier stark widersprechenden Angaben nicht zeigen. Wohl aber ist ihre Wirkung zu erschließen aus dem plötzlichen Abbrechen des Aufbaus von Industrien, die seit etwa 1850 unter dem Großwesir Mīrzā Taqī Ḫān begonnen worden waren und die zu etwa der Hälfte der Hauptstadt

1 Vgl. (Anon.), Bevölkerung, OeMO, 132 r; (Anon.), Bevölkerung, Deutsche. Rundschau f. Geogr. u. Stat., 518.
2 Vaughan, A journey, 108.
3 Feuvrier, 196.
4 Curzon, Persia I, 35; Bleibtreu, 174.
5 Bleibtreu, 155; Stahl, Reisen, 5.
6 Stahl, Reisen, 19.
7 J. Greenfield, Die Verfassung, 253 Anm. 2.
8 J. Greenfield, a.a.O., 127.
9 Vgl. Bérard, 141; Fevret, 198.
10 Fevret, 197.
11 K. Baedeker, Russland nebst Teheran ..., 7. Aufl., Leipzig 1912, 481.
12 Kuros, 58; Haas, 191.
13 Vgl. Gobineau, Trois ans, 483. Die Stadt soll 1/3 ihrer Bewohner eingebüßt haben.

14 Vgl. Goldsmid, Telegraph, 543.

zugute gekommen waren. Seit etwa 1860 bis 1869 ruhte der Bau neuer Fabriken, und so auch während der 70er Jahre bis 1879.[1] Die Einwohnerzahl Ṭihrāns dürfte dann auch zu Beginn der 80er Jahre abgenommen haben, da „gewaltsam eine Masse unsauberer Elemente entfernt worden“ war.[2] Auch die Städte Qazvīn[3] und Samnān westlich und ostwärts im Bereich der Hauptstadt, zeigten deutliche Verluste durch die Hungersnot von 1870-72. Solcher Einschnitte ungeachtet, vergrößerten sich diese Städte doch; der spätere Abfall der Ziffern von Samnān könnte von der schweren Cholera 1892 herrühren, wobei die für 1894 angegebenen Zahl, auf einer älteren Schätzung beruhend, in die Zeit vor 1892 zurückzuverlegen wäre.
Die folgenden Angaben stehen für Ḫurāsān zur Verfügung. Im Süden der Provinz bildete der Distrikt Qā'in, mit dem Hauptort Birǧand, zusammen mit Sīstān das Herrschaftsgebiet der amīre von Qā'in.

Jahr	Stadt Birǧand	Distrikt Qā'in	kl. Provinz Sīstān
1858			um 50.000[4]
1869	15.000[5]	150.000[6]	35.000[7]
1872	12.000[8]	75.000[9]	
1875		80.000[10]	
1889	14.000[11]	80.000[12]	

1 W. Floor, Traditional Crafts and Modern Industry in Qajar Iran, ZDMG 141/2, 334 f.

2 Brugsch, Im Lande, 121; W., St. (102 r) gibt für 1884 sogar nur noch 85.000 Einwohner an.
3 Vgl. auch Serena, Hommes, 279.
4 Chanykov, (Mém. partie mérid., 159) gibt 50-75.000 an, allerdings für das ganze damalige Sīstān. 1872 wurde ein kleinerer Teil Afghanistan zugesprochen, daher ist von Chanykovs Angabe ein Abzug zu machen.
5 E. Smith, The Perso-Afghan, 336.
6 Vgl. Bellew, From the Indus, 303.
7 Goldsmid, Journey, 71; danach Markham, 468 f.
8 Encycl. Britt., 9. Ed., 628 lk.
9 Vgl. Bellew, From the Indus, 303.
10 Baumann, 149, nach Mac Gregor, Narrative II, 148.
11 Curzon, Persia I, 200.
12 Curzon, Persia I, 200.

Jahr	Stadt Birǧand	Distrikt Qā'in	kl. Provinz Sīstān
1893	25.000[1]		
1903			91.000[2]

Es folgen nördlicher gelegene Städte in den Herrschaftsgebieten der ḫāne von Qūčān und Buǧnūrd (s. auch Bd I, 65).

Jahr	Stadt Qūčān	Stadt Šīrvān	Stadt Buǧnūrd
1868	10.000[3]		8.000[4]
1874	unter 14.000[5]	5.000[6]	
1884		unter 6.000[7]	unter 10.000[8]
1889	unter 12.000[9]		
1890	10.000[10]		
1893			etwa 10.000[11]

In der Mitte der Provinz gelegene Städte und die Provinz selbst zeigen folgende Größen:

1 C. E. Yate, Khurasan, 69.
2 Tate, 224.
3 Thomson, 17.
4 Thomson, 17.
5 Vgl. Napier, Extracts, 87.
6 Napier, Extracts, 100; Goldsmid, Napier's Journey, 170.
7 Vgl. Marāġī, Maṭla' I, 143 Z 8 u. 14.
8 Marāġī, Maṭla' I, 127 Z 1 f.
9 Curzon, Persia I, 109.
10 C. E. Yate, Khurasan, 175.
11 C. E. Yate, a.a.O., 21.

Jahr	Stadt Nīšāpūr	Stadt Mašhad	Provinz Ḫurāsān
vor 1858	(Abnahme)[1]	unter 60.000[2]	
1862	13.000[3]		(1.500.000)[4]
vor 1870	13.500[5]	70.000[6]	
1872	um 4.000[7]	etwa 50.000[8]	
1875			85.000[9]
1876	10.000[10]		
1884		35-45.000[11]	
1888	10.000[12]		
1889		45.000[13]	unter 600.000[14]
1894			1.230.000[15]

1 Vgl. Chanykov, Meched, 271.
2 Chanykov, Mém. partie mérid., 100.
3 Eastwick II, 187.
4 Schätzung offenbar bedeutend zu hoch. Eastwick, Produktion, 7 lk.
5 Houtum-Schindler, Beschreibung, 224 – für die Zeit vor 1872 nur 8-9.000: Thomson, 17; Bellew, From the Indus, 374; Goldsmid, Notes on ... Travels, 202.
6 Häntzsche, Specialstatistik, 431; Thomson, 17; Encycl. Britt. 9. Ed., 628 lk.
7 Bellew, a.a.O., 364.
8 Nach den Verlusten bis April 1872, vgl. E. Smith, The Perso-Afghan, 361.
9 Baumann, 149, nach Mac Gregor, Narrative II, 148 (durch Pet. Mitt., Erg. Heft 62, 30).
10 Houtum-Schindler, Beschreibung, 224; für die Zeit vor 1872 nur 8-9.000: Thomson, 17; Bellew, From the Indus, 374; Goldsmid, Notes on ... Travels, 202.
11 Marāġī, Maṭlaʿ II, 31 Z 3 f. Die Möglichkeit, dass die zahlreichen Pilger zur Einwohnerschaft gezählt wurden, zeigt die Angabe von W., St. (102 r) mit 70.000 Einwohnern!
12 Curzon, Persia I, 263.
13 Curzon, Persia I, 163.
14 Curzon, Persia I, 179 f; II, 409 f.
15 Hahn, Chorassan, 190 r.

Jahr	Stadt Nīšāpūr	Stadt Mašhad	Provinz Ḫurāsān
1895	12.000[1]		
1897		60.000[2]	
um 1900		80.000[3]	
1940		174.000[4]	

Die große Katastrophe von 1870-72 hatte dem Süden der Provinz schwere Verluste zugefügt, ausgenommen Sīstān. Dazu ließ dieses die wiederhergestellte Sicherheit aufblühen. Der Nordteil der Provinz scheint an solcher Entwicklung am wenigsten teilgenommen zu haben; er zeigt nahezu einen Stillstand. Qūčān war in seinem Bestande durch Erdbeben gefährdet. Im Zentrum der Provinz zeigt Nīšāpūr neben örtlichen störenden Einflüssen, während der Katastrophe von 1870-72 starke Verluste, die offenbar aber durch Rückwanderung zum Teil wieder aufgefüllt wurden. Ebenso wie Nīšāpūr konnte sich Mašhad nach 1872 schwer erholen; doch muss der Stadt das Ende der Turkmenengefahr besonders zugute gekommen sein.

Gleiche Einflüsse zeigt die gesamte Bevölkerungsentwicklung in der Provinz,[5] auch wenn die Zahlen wenig zuverlässig sind.

Als folgende seien Städte im westlichen Mittelpersien aufgeführt:

Jahr	Stadt Hamadān	Stadt Sāveh	Stadt Burūǧird
1849		etwa 5.000[6]	
um 1865	über 30.000[7]		

1 C. E. Yate, Khurasan, 413.
2 C. E. Yate, Khurasan, 330.
3 J. Greenfield, Die Verfassung, 383, Anm. 2; nach Lorini, La Persia, 383.
4 Kuros, 58; Haas, 191.
5 S. auch Hahn, Chorassan, 152 lk.
6 Abbot, Geogr. Notes, 5.
7 Vgl. Brugsch, Reise I, 371; Thomson, 17; Lycklama III, 514.

Jahr	Stadt Hamadān	Stadt Sāveh	Stadt Burūǧird
1868			10.000[1]
1870			wahrs. 15.000[2]
1872	10-15.000[3]		
um 1882	30.000[4]		
1885	über 30.000[5]		
1889			17.000[6]
1890	unter 40.000[7]		
1892			20.000[8]
1893		7.000[9]	
1940	103.874[10]		

Auch hier sind für die Zeit der Regierung Nāṣiru'd-Dīns Bevölkerungszunahmen festzustellen. Hamadān zeigt einen starken Einschnitt durch die Hungersnot von 1870-72. Ebenso wie wir es bereits bei Sīstān sahen, bietet Sāveh das deutliche Beispiel einer durch Beendigung unsicherer Verhältnisse eingetretenen Bevölkerungszunahme.[11]

1 Thomson, 17.

2 Vgl. Houtum-Schindler, Südwestl. Persien, 63.

3 Basset, Persia the Land, 131; Bellew, From the Indus, 429; Serena, Hommes, 201.

4 Encycl. Britt., 9. Ed., 628 lk; (Anon.), Bevölkerung, OeMO, 132 r; (Anon.) Bevölkerung, Deutsche. Rundschau f. Geogr. u. Stat., 518.

5 Rees, A journey to Persia, 417.

6 Curzon, Persia II, 303; Curzon, Karun, 525.

7 Morgan, Mission II, 129. Wahrscheinlich stützt sich Curzon (Persia II, 575) mit seiner Angabe von 15.000 auf veraltete Informationen aus den 70er Jahren.

8 Feuvrier, 382.

9 Houtum-Schindler, Eastern, 129; vgl. Stahl, Reisen, 21.

10 Kuros, 57; Haas, 191.

11 Vgl. Bd I, 31.

Es folgen in Zentralpersien die Städte Qum und Iṣfahān; in beiden zugehörigen Provinzen gibt es glücklicherweise auch für einige Dörfer Vergleichsmöglichkeiten.

Jahr	Stadt Qum	Bezirk Ǧasp etwa 50 km südl. Qum, 7 Dörfer	Stadt Iṣfahān	Stadt Qūpājeh 70 km östl. Iṣfahān
1849	12-20.000[1]			
1860	unter 10.000[2]			
1865		1.723[3]		
1866	unter 20.000[4]		60.000[5]	
1868	25.382[6]			
1869				4.400[7]
1871			60.000[8]	
1874	14.000[9]			
1879				2.500[10]
1882			73.600[11]	

1 Abbot, Geogr. Notes, 9; vgl. Hommaire, Voyage II, 348.
2 Brugsch, Reise II, 272.
3 Houtum-Schindler, Eastern, 86 f.
4 Lycklama II, 368 f.
5 Häntzsche, Spezialstatistik, 431; Thomson, 17; vgl. Lycklama II, 403.
6 Lambton, Landlord, 153 Anm. 3.
7 Houtum-Schindler, Südl. Persien, 312.
8 Goldsmid, Notes on ... Travels, 199.
9 Lambton, Landlord, 153 Anm. 3.
10 Houtum-Schindler, Südl. Persien, 312.
11 Houtum-Schindler, Eastern, 119 Anm.; vgl. auch (Anon.), Bevölkerung, OeMO, 132 r; (Anon.), Bevölkerung, Deutsche. Rundschau f. Geogr. u. Stat., 518.

Jahr	Stadt Qum	Bezirk Ǧasp etwa 50 km südl. Qum, 7 Dörfer	Stadt Iṣfahān	Stadt Qūpājeh 70 km östl. Iṣfahān
1890			etwa 80.000[1]	
1893	20.000[2]			
1894		etwa 3.500[3]		
um 1990			100.000[4]	
1940			204.598[5]	

Obwohl einige der Angaben für Qum durch auch hier ständig in der Stadt befindliche Pilger beeinflusst sein mögen,[6] gibt die Aufstellung doch deutliche Einschnitte nach den Notzeiten von 1860/61 und 1870-72 wieder. Dass auch Dörfer an der Entwicklung steigender Bevölkerungszahlen teilhatten, zeigt der Bezirk Ǧasp; Qūpājeh hatte sich 1879 offenbar noch nicht von den sieben Jahre zurückliegenden Verlusten erholt.

Es folgen die von der Natur zum weitaus größeren Teil wenig begünstigten trockenen Provinzen Jazd und Kirmān.

Jahr	Stadt Jazd	Stadt Nā'īn	Stadt Taft
1865	etwa 40.000[7]		
1867			10.745[8]

1 Vgl. Curzon, Persia II, 43 und Curzon, Karun, 529.
2 Houtum-Schindler, Eastern, 56; Stahl, Reisen, 2.
3 Houtum-Schindler, Eastern, 86 f.
4 J. Greenfield, Die Verfassung, 253, Anm. 2; nach Lorini, La Persia, 383.
5 Kuros, 58; Haas, 191.
6 Vgl. oben Mašhad.
7 Goldsmid, Notes on eastern Persia, 277; Thomson, 17. Goldsmid (Lieut. Vaughan's journey, 585) gibt für 1880 65.000 an!
8 Stack I, 278.

Jahr	Stadt Jazd	Stadt Nā'īn	Stadt Taft
1873		8.000[1]	
1875			3.353[2]
um 1880	etwa 40.000[3]	5.000[4]	
1881			5.000[5]
1888	60-70.000[6]		
1889	70-80.000[7]		
1894		9-10.000[8]	etwa 4.000[9]
1940	60.066[10]		

Nā'īn und Taft zeigen deutliche Rückschläge durch die Hungerzeit von 1879-81; das, wenn überhaupt, nur langsame Aufholen von Taft ist zu verwundern bei seiner begünstigten Höhenlage.[11]

Jahr	Stadt Kirmān	Stadt Habīš	Provinz Kirmān	Provinz Balūčistān
1850		wahrscheinl. 1.700[12]		

1 Stack II, 13.
2 Stack I, 278.
3 Houtum-Schindler, Südl. Persien, 320; Encycl. Britt., 9. Ed., 628 lk. Gasteiger (Von Teheran, 44) nennt 50.000 Einwohner.
4 Houtum-Schindler, Südl. Persien, 314; Stack II, 13.
5 Stack I, 278.
6 Vaughan, A journey, 100.
7 Curzon, Persia II, 240.
8 Stahl, Reisen, 27.
9 Stahl, Reisen, 31.
10 Kuros, 58.
11 Vgl. Vaughan, Journeys, 30.
12 Abbot, Geogr. Notes, 33 f.

Jahr	Stadt Kirmān	Stadt Habiš	Provinz Kirmān	Provinz Balūčistān
1866	30.000[1]			
1868			207.000[2]	
1871	35.000[3]			
1875				250.000[4]
1876	40.327[5]			
1878	41.170[6]			
1879		etwa 4.000[7]		
1884	40.000[8]			
1893		8.000[9]		
1894	49.120[10]			500.000[11]
um 1900				750.000[12]
1940	50.048[13]			

1 Lycklama II, 232; Thomson, 17.
2 Thomson, 17.
3 Markham, 401.
4 Vgl. Houtum-Schindler, Persian Beluchistan, 152 ff. Diese Zahl auch bei P. M. Sykes, Hist. Notes, und Curzon, Persia II, 260.
5 Houtum-Schindler, Südl. Persien, 328; für 1878 zit. bei Curzon, Persia II, 244, Anm. 2.
6 W., St., 102 r.
7 Houtum-Schindler, Südl. Persien, 356.
8 W., St., 102 r.
9 P. M. Sykes, Ten Thousand Miles, 45.
10 P. M. Sykes, Ten Thousand Miles, 195.
11 (Anon.), Handelsbericht, Deutsches Kolonialblatt, 540 lk.
12 P. M. Sykes, Ten Thousand Miles, 45.
13 Kuros, 58.

Die allmähliche, offenbar kaum unterbrochene Zunahme der Bevölkerung der Provinz Kirmān spiegelt sich in den Einwohnerzahlen des Hauptortes wider, welcher aber, ebenso wie Jazd, infolge seiner abseitigen Lage nur wenig an dem späteren stärkeren Bevölkerungsaufschwung im 20. Jahrhundert teilnehmen konnte. Die Bevölkerung der Stadt vermehrte sich 1878/9 um 1% im Jahr.[1] Das starke Ansteigen der Ziffern für die Provinz und das ihr unterstellte Balūčistān dürften sich zum Teil auch durch eine bessere statistische Erfassung der Bevölkerung erklären.[2] Die Entwicklung von Habiš ist vor allem auf die schließlich in dieser Gegend eingekehrte Sicherheit zurückzuführen.[3]

Im Südwesten Persiens sollen die beiden wichtigsten Orte des stark von Wanderhirten bewohnten ʿArabistān untersucht werden.

Jahr	Stadt Šūštar	Stadt Dizfūl
um 1845	etwa 10.000[4]	etwa 15.000[5]
um 1850		15-18.000[6]
1868	25.000[7]	15.000[8]
1877	vielleicht 15.000[9]	25.000[10]
1881	6.000[11]	20.000[12]

1 Vgl. Houtum-Schindler, Südl. Persien, 329.
2 So waren noch 1868 für Balūčistān nur 100.000 Bewohner genannt worden. Vgl. Hughes, 60.
3 Vgl. Bd I, 29.
4 Layard, 29.
5 Layard, 31.
6 Loftus, 311.
7 Thomson, 17.
8 Thomson, 17.
9 Houtum-Schindler, Südwestl. Persien, 99.
10 Houtum-Schindler, a.a.O., 96.
11 Wells, Surveying, 153.
12 Wells, Surveying, 154.

Jahr	Stadt Šūštar	Stadt Dizfūl
um 1890	etwa 10.000[1]	etwa 20.000[2]
1893	über 15.000[3]	etwa 15.000[4]
1907	8.000[5]	25.000[6]

Die Einwohnerzahlen dieser Städte schwanken beträchtlich infolge einer ständigen Unsicherheit in der näheren Umgebung und der dauernden Gefährdung ihrer nach Norden führenden Verbindungswege.[7] Daneben erlitten sie, wie andere Städte auch, Verluste durch Katastrophen, so vor allem Šūštar durch die Pest von 1876.[8] Dieser Hauptort der Provinz wurde im Laufe der Zeit von Dizfūl überflügelt.

Als letzte betrachten wir Fārs, die große und volkreichste Provinz des Südens.

Jahr	Stadt Šīrāz	Stadt Kāzarūn
1850	wahrsch. 30.000[9]	7-10.000[10]
1854	über 20.000[11]	
1858		über 4.000[12]
1860	etwa 30.000[13]	

1 Vgl. Curzon, Persia II, 304, 365; Curzon, Karun, 522; Curzon, Leaves, 702; Morgan, Mission II, 269.
2 Vgl. Curzon, Persia II, 304; Morgan, Mission II, 269.
3 Bleibtreu, 188.
4 Bleibtreu, 188.
5 Fevret, 197.
6 Fevret, 197; vgl. Bérard, 141.
7 Vgl. Bd I, 141.
8 Vgl. Houtum-Schindler, a.a.O., 99.
9 Binning I, 271.
10 Abbot, Notes taken on a journey, 184.
11 Vgl. Petermann, 171 f.
12 Clerk, 63.
13 Brugsch, Reise II, 180.

Jahr	Stadt Šīrāz	Stadt Kāzarūn
1867		unter 5.000[1]
1868	25.000[2]	
1870		10.000[3]
1871	25.000[4]	2.000[5]
um 1880	30.000[6]	
1881		8.000[7]
1890	53.000[8]	2-2.500[9]
1893	gegen 60.000[10]	
1940	129.023[11]	

Jahr	Stadt Behbehān	Stadt Ǧahrum	Stadt Lār
um 1845	fast 4.000[12]		
1850		etwa 15.000[13]	

1 Lycklama III, 25.
2 Thomson, 17.
3 Goldsmid, Notes on ... Travels, 195.
4 Goldsmid, Notes on ... Travels, 197.
5 Goldsmid, Notes on ... Travels, 195.
6 Encycl. Britt., 9. Ed., 628; vgl. Brugsch, Im Lande, 306; so etwa auch (Anon.), Bevölkerung, OeMO, 132 r und (Anon.), Bevölkerung, Deutsche Rundschau f. Geogr. u. Stat., 518.
7 Stack I, 37.
8 Fasā'ī II, 22 Z 35 f; Demorgny, En Perse, 16 f. Es sind wahrscheinlich Stadtteile außerhalb der Mauern einbezogen, die bis dahin nicht berücksichtigt worden waren.

9 Curzon, Persia II, 206.
10 Bleibtreu, 190.
11 Kuros, 58; Haas, 191.
12 Layard, 22.
13 Abbot, Notes taken on a journey, 164.

Jahr	Stadt Behbehān	Stadt Ǧahrum	Stadt Lār
um 1865		10.000[1]	
1881			etwa 6.000[2]
1885	fast 4.000[3]		
1890			6.000[4]
1907	4.500[5]	4.000[6]	8.000[7]

Für die Provinz kann auch die Entwicklung einiger Dörfer verfolgt werden:

Jahr	Qāʿat-i Qāżī 37 km nordostw. Bandar ʿAbbās	Kūškūh 65 km nordostw. Bandar ʿAbbās	Šamīl 72 km nordostw. Bandar ʿAbbās
1879	etwa 250[8]	600[9]	über 1.000[10]
1884	300[11]	800[12]	500[13]

Als letztes folgen die drei wichtigsten Hafenplätze der Küste am Persischen Golf, die ebenfalls zu Fārs gehörten.

1 Rochechouart, Souvenir, 35.
2 Stack I, 144.
3 Babin-Houssay, 100 lk.
4 Vaughan, Journeys, 25.
5 Fevret, 198.
6 Fevret, 198. Die 1893 von Fursat (104 Z 11 f) genannten 40.000 Bewohner zeigen das einheimischen Quellen oft zugrunde liegende Maß an Übertreibung. Die „40" ist eine volkstümliche Glückszahl.
7 Fevret, 198.
8 Houtum-Schindler, Südl. Persien, 343.
9 Houtum-Schindler, Südl. Persien, 343.
10 Houtum-Schindler, a.a.O., 345.
11 Preece, 421 Anm.
12 Preece, 421 Anm.
13 Preece, 421 Anm.

Jahr	Stadt Būšahr	Stadt Lingeh	Stadt Bandar ʿAbbās
1848	15.000[1]		
1850	11.000[2]		
1854	4-5.000[3]		
1856	bis zu 15.000[4]		
1860	etwa 20.000[5]		
1863		8-10.000[6]	8-9.000[7]
1868	18.000[8]		
1879			etwa 8.000[9]
nach 1880	11.000[10]	10.000[11]	
1882	12.000[12]		
um 1885	über 10.000[13]		etwa 8.000[14]
1886	12.000[15]	10.000[16]	

1 Pfeiffer III, 103.
2 Binning I, 144.
3 Petermann, 155.
4 Shepard, 143 f.
5 Brugsch, Reise II, 244.
6 Pelly, A visit (PrRGS), 252, 266.
7 Pelly, A visit (PrRGS), 258, 276.
8 Thomson, 17.
9 Houtum-Schindler, Südl. Persien, 344.
10 Encycl. Britt., 9. Ed., 628 lk.
11 Constable-Stiffe, 228; Stolze-Andreas, 47 r.
12 Stolze-Andreas, 46 lk.
13 S. EI I, 838 (Nach Ross); Constable-Stiffe, 266.
14 Stolze-Andreas, 47 r; Stolze, Handelsverhältnisse, 62 r.
15 Stolze, Handels- u. Verkehrsverhältnisse, 62 r.
16 Stolze, Handels- u. Verkehrsverhältnisse, 62 r.

Jahr	Stadt Būšahr	Stadt Lingeh	Stadt Bandar ʿAbbās
1887	bis zu 15.000[1]		
1890	15.000[2]	über 10.000[3]	5-12.000[4]

Wie die auch im Süden Persiens liegenden Städte Kirmān, Šūštar und Dizfūl war die Entwicklung der Städte Fārs nicht einheitlich und im Ganzen durch eine verhältnismäßig geringe Zunahme gekennzeichnet. Eine Ausnahme bildete Šīrāz; die Stadt erlitt zwar schwere Verluste durch das Erdbeben von 1853, doch scheinen ihr die Jahre 1870-72 und 1879-81 kaum Verluste zugefügt zu haben. Das benachbarte Kāzarūn dagegen zeigt starke Rückgänge nach der Cholera von 1851[5] und nach 1871.[6] Nachdem sie sich danach offenbar erholt hatte, leiteten 1880 neue Verluste, vor allem infolge Abwanderung nach Šīrāz und Būšahr,[7] einen Abstieg ein. Das flache Land und seine städtischen Mittelpunkte, wie Behbehān, Ǧahrum und Lār, scheinen zwar nicht stagniert, sich aber doch nur verhältnismäßig langsam vergrößert zu haben. Das gilt auch für die Hafenplätze mit ihren durch Gebirgsketten außerordentlich behinderten Verbindungen ins Innere. Die Brauchbarkeit ihrer verfügbaren Angaben scheint durch die jahreszeitlichen starken Fluktuationen ihrer arbeitenden Bevölkerung besonders beeinträchtigt zu sein.[8] Būšahr war um 1850 durch örtliche Kämpfe und 1851 durch die Cholera erheblich geschädigt worden. 1880 kam ihm eine Zuwanderung aus Kāzarūn zugute.

Die vorstehenden, für das greifbare Material repräsentativen Aufstellungen lassen überwiegend Bevölkerungszunahmen erkennen, im Norden stärker als im Süden.

Bedauerlicherweise konnten auf diese ins Einzelne gehende Art nur wenige Dörfer erfasst werden. Darum lässt sich die Frage nach der Bevölkerungsentwicklung auf dem Lande auf bündig genaue Weise zunächst nicht

1 Rosen, Ü. s. Reise, 290.
2 Curzon, Persia II, 231; Morgan, Mission II, 300.
3 Curzon, Persia II, 409; Morgan, Mission II, 296.
4 Vgl. Morgan, Mission II, 290 f und Curzon, Persia II, 425.
5 S. auch Binning II, 413.
6 Angeblich 8.000 Menschen gestorben und abgewandert. Goldsmid, Notes on ... Travels, 195.
7 Vgl. Stack I, 37.
8 Vgl. auch Curzon, Persia II, 425.

beantworten; dazu sind die belegten Beispiele zu vereinzelt. Sie deuten aber sämtlich auf Zunahme. Eine Feststellung aus den 80er Jahren, die ländliche Bevölkerung des großen Gebiets zwischen Ṭihrān und Šīrāz vermehrte sich nicht,[1] kann örtlich und auf einige Jahre begrenzt, durchaus zutreffen.

Für die Größe der gesamten Bevölkerung blieben ausschließlich grobe Schätzungen,[2] die äußerst hypothetisch bleiben mussten, weil es niemanden gab, der sich einen persönlichen Augenschein über das gesamte Land mit seinen teilweise völlig entlegenen Gebieten verschaffen konnte.

Die Steuerunterlagen reichten für solche Zwecke keineswegs aus[3] und waren überdies nicht einmal für Regierungsstellen allgemein zugänglich.[4] So leitet sich ein Anwachsen der Bevölkerungsziffern für größere territoriale Einheiten, vor allem aber für das ganze Land, auch zu einem Teil aus der allmählichen breiteren statistischen Erfassung auch unzugänglicher Gebiete her.[5] Man wird daher auch die beiden Angaben für 1881 und 1887 des besten Kenners des damaligen Persien, Houtum-Schindler, der sich von 1886 bis 1911 im Lande aufgehalten und es häufig bereist hatte,[6] vielleicht als um einiges zu niedrig ansehen[7] und wird darum für 1890 mehr der von Curzon mitgeteilten, bereits unter eben diesem Gesichtspunkt berichtigten Zahl zuneigen.

Von diesem Ausgleich statistischer Schätzungen abgesehen, war das Ansteigen der Ziffern auch in einem natürlichen Wachstum der Bevölkerung begründet, auch wenn es immer unterbrochen wurde, wie vor allem 1870-72. Das zeigen, außer den oben genannten Zahlen für die Städte, auch verschiedene Äußerungen zeitgenössischer Beobachter. Schon Malcolm stellte nach der endgültigen Festigung der qāǧārischen Dynastie seit etwa 1795 bis 1815 eine Zunahme der Bevölkerung fest.[8] Während Sheil 1850 meinte, die Bevölkerungszahl verharre auf ihrem Stand,[9] glaubte Binning zur selben Zeit

1 Vgl. Houssay, La structure, 293 f.

2 Eine 1859 vom Schah angeordnete Bevölkerungszählung stieß auf unüberwindliche Schwierigkeiten, vgl. Polak, Persien I, 2; Häntzsche, Talysch, 48 f.

3 Vgl. Bd I, 223 f.

4 Vgl. auch Bd I, 109.

5 Auch die erste ordentliche Bevölkerungszählung 1871/2 durch die Engländer in Bengalen hatte ein erheblich höheres Ergebnis erbracht, als es die bis dahin angestellten Schätzungen vermuten ließen. Vgl. Markham, 522, Anm. 1; Stolze-Andreas, 8 r, Anm. 3.

6 S. I.; Browne, The Persian Manuscripts, 657 f.

7 Vgl. Curzon, Persia II, 494; s. auch Rees, A journey to Persia, 417.

8 J. Malcolm, 520.

9 Sheil, 149.

ein, wenn auch sehr geringes, Wachstum zu bemerken.[1] Schwer wiegt die Meinung Polaks, der als Arzt unter dem Eindruck vor allem der einander rasch folgenden Seuchen eine Verminderung der Bevölkerung annimmt.[2] Doch hatte er, da meist am Hofe, vor allem hauptstädtische Verhältnisse vor Augen. Curzon, dem vor allem durch Houtum-Schindler eine bis dahin nicht erreichte Menge von Unterlagen, unterstützt durch eigene Eindrücke, zu Gebote stand, rechnet um 1890 mit einer allgemeinen jährlichen Zunahme von 0,75%.[3]

Unsicher ist diese zahlenmäßige Aufgliederung in Bewohner von Städten, von Dörfern und in Wanderhirten; außerdem entspricht die scharfe Trennung dieser Begriffe nicht immer den tatsächlichen Verhältnissen. Hingegen waren die religiösen Minderheiten recht gut erfasst: Christen (Armenier), Zoroastrier, Juden und wenige Sabäer. Wir verfügen über folgende ausgewogene Angaben:

Jahr	Städte	Dörfer	Wanderhirten
1815			
1860			
1861			
1868	1.000.000		1.700.000[4]
1881	1.963.800	3.780.000	1.909.800[5]
1890			
1897	zusammen 7.090.200		1.909.800[6]

1 Binning II, 401.

2 S. bei Curzon, Persia II, 492 Anm. 2; Wenig Gewicht hat die Bemerkung von Ibrāhīm Bēg (176, Z 17 ff), der in den 80er Jahren Auswanderung für eine angebliche Abnahme der Bevölkerung verantwortlich macht.

3 Curzon, Persia II, 493.

4 Thomson, 17; die letzte Ziffer nach Sheil (etwa 1850).

5 Nach Houtum-Schindler: Curzon, Persia II, 493 (gibt die Zahlen für 1884 an); s. auch Stolze-Andreas, 8 r, Anm. 3; Rausch v. Tr., 31; Encycl. Britt., 9. Ed., 628 lk; Bleibtreu, 50; Fontpertuis, 667 lk; (Anon.), Bevölkerung OeMO, 132 r; (Anon.), Bevölkerung, Deutsche. Rundschau f. Geogr. u. Stat., 518; Baumann, 129; Grolman, 212, Anm. 4.

6 Nach Houtum-Schindler, zit. bei. J. Greenfield, Die Verfassung, 32.

Jahr	Städte	Dörfer	Wanderhirten
1899			
1933			

Jahr	Schiiten	Sunniten	Christen, Juden Zoroastrier u. a.
1815			
1860			
1861			
1868			
1881	6.860.600	700.000	93.000[1]
1890			
1897	8.000.000	890.000	100.000[2]
1899			
1933			

Jahr	gesamte Bevölkerung
1815	6.000.000[3]

1 Nach Houtum-Schindler: Curzon, Persia II, 493 (gibt die Zahlen für 1884 an); s. auch Stolze-Andreas, 8 r, Anm. 3; Rausch v. Tr., 31; Encycl. Britt., 9. Ed., 628 lk; Bleibtreu, 50; Fontpertuis, 667 lk; (Anon.), Bevölkerung OeMO, 132 r; (Anon.), Bevölkerung, Deutsche. Rundschau f. Geogr. u. Stat., 518; Baumann, 129; Grolman, 212, Anm. 4.

2 Nach Houtum-Schindler, zit. bei. J. Greenfield, Die Verfassung, 32.

3 J. Malcolm, 519; zit. auch bei Curzon, Persia II, 429.

Jahr	gesamte Bevölkerung
1860	9-10.000.000[1]
1861	10.000.000[2]
1868	
1881	7.653.000[3]
1890	mindestens 9.000.000[4]
1897	9.000.000[5]
1899	9.332.000[6]
1933	15.000.000[7]

Die natürliche biologische Zunahme der Bevölkerung unter Nāṣiru'd-Dīn überwog die hohen Verluste durch Katastrophen und Auswanderung.

Offen bleibt, ob die städtische und die etwa 50% des gesamten Volkes ausmachende dörfliche Bevölkerung[1] in gleichem Verhältnis zunahmen,

1 Polak, Persien I, 3. Die Angabe scheint, wenn auch etwas zu hoch, für diese Zeit der Wirklichkeit am nächsten zu kommen. Noch höher liegen die Angaben 1850 von Rawlinson (zit. bei Curzon, Persia II, 492), 1857 von Blau (Zustände, 1), 1858 von Gobineau (Trois ans, 390), weit darunter die 1861 von Mackenzie (brit. Konsul in Rašt, zit. bei Brugsch, Reise II, 474), 1868 von Häntzsche (Spezialstatistik, 431), 1868 aus einer russ. Quelle (zit. bei Rausch v. Tr., 45), 1869 von dem Sekretär der brit. Gesandtschaft in Ṭihrān (zit. bei Fontpertuis, 667 lk), 1873 von Rawlinson (zit. bei Curzon, a.a.O., 492) und Du Temple (65.).

2 Grolman, 209.

3 Nach Houtum-Schindler: Curzon, Persia II, 493 (gibt die Zahlen für 1884 an); s. auch Stolze-Andreas, 8 r, Anm. 3; Rausch v. Tr., 31; Encycl. Britt., 9. Ed., 628 lk; Bleibtreu, 50; Fontpertuis, 667 lk; (Anon.), Bevölkerung OeMO, 132 r; (Anon.), Bevölkerung, Deutsche. Rundschau f. Geogr. u. Stat., 518; Baumann, 129; Grolman, 212, Anm..

4 Curzon, Persia II, 494; höher: Gasteiger (T. Gasteiger, General Gasteiger), Khan, Ein Tiroler in Persien, in: Lern-Schriften, Nr. 66, Innsbruck, 1949, 28, Anm. 1; niedriger: Zolotareff (zit. bei Curzon, Persia II, 493 f).

5 Nach Houtum-Schindler, zit. bei J. Greenfield, Die Verfassung, 32.

6 Nach Lorini (La Persia, 378), zit. bei J. Greenfield. a.a.O., 32, Anm. 1, 253, Anm. 1.

7 Kuros, 57 (zit. nach Pet. Mitt. 1934, 24).

und wie sich die Wanderhirten entwickelten. Diesen war die Politik des Schah nicht günstig, sodass mit einer wesentlichen Zunahme nicht zu rechnen ist.

Im Falle einer Verminderung des Anteils der dörflichen Bevölkerung wären aber, da Persien im allgemeinen nur unwesentliche Nahrungsmittelüberschüsse hervorbrachte, chronische Ernährungsschwierigkeiten aufgetreten. Da das nicht der Fall war, ist anzunehmen, dass dieser Teil der ländlichen Bevölkerung in etwa gleichem Maße wie diejenige der Städte zunahm.

1 Vgl. J. Greenfield, a.a.O., 148.

2 Sonderformen

Hochentwickelte Gemeinschaften bildeten eigene, aus der anerkannten Sozialregierung herausgewachsene und betont sich absondernde Formen. Hiervon besaß Persien im 19. Jahrhundert fünf Gruppierungen. Sie waren ihrer Entstehung nach, und auch in ihren Funktionen, deutlich voneinander geschieden.

Eine Untersuchung kann sie gesellschaftlich so einordnen:

sejjids	– religiös-genealogisch
Derwische	– religiös-korporativ
Siedlungsgemeinschaften	– korporativ-konfessionell
Bindungen	– individuell
lūṭīs	– korporativ

Ihre Wertschätzung durch den Herrscher, seitens der Verwaltung und der verschiedenen Teile ihres Volkes, waren unterschiedlich.

Diese Sonderformen übergriffen sämtliche Bevölkerungsteile, befanden sich in ihren Sippen und waren aus ihren Familien hervorgegangen. Es ist aber notwendig und auch reizvoll, sie nach den biologischen Elementen zu untersuchen.

2.1 Die Sejjids

Der weitaus bedeutendste unter diesen Sonderformen war derjenige Teil der Bevölkerung, der sich als Abkömmlinge von Fatima, der Tochter des Propheten, und von seinem Vetter und Schwiegersohn ʿAlī betrachtete.

Sie schieden sich in zwei Gruppen: Nachkommen im Mannesstamme, in Persien als sejjid bezeichnet, und die von der Mutterseite her, mit der Bezeichnung šarīf.[1]

---

1 Binning I, 285. Im letzteren Falle auch oft „mīr" oder „mīrzā" genannt, so ein Zweig der ḫāne von Barazgān, dessen Stammmutter eine Nachkommin des Propheten war. Andreas, Nachlass, 5 b. Zu den Benennungen vgl. auch J. Greenfield, Die Verfassung, 122.

Die letzteren entsprachen zwar vollständig der islamischen Tradition, da ja die gesamte Nachkommenschaft des Propheten dessen Tochter zur Stammmutter hat, aber das männliche Erbprinzip war doch soweit durchgedrungen, dass als Träger der auszeichnenden Deszendenz vor allem die sejjids galten.[1]

Aus der Sorge um die Sicherung der Überlieferung und daraus erhobener Ansprüche hatten sich *Institutionen* entwickelt; dies war im Mittelalter der naqīb („Adelsmarschall"),[2] während seit den Ṣafavīden die sejjids dem ṣadr (oberster Staatsgeistlicher) unterstellt wurden.[3] Da diese Funktion und das Amt des ṣadr unter Nādir Šāh verfallen war, scheinen die sejjids bis in die Regierungszeit Nāṣiru'd-Dīns hinein ihre Belange nur noch durch die Ältesten bestimmter Siedlungsgemeinschaften (s. dort) oder durch ihre Familien- und Sippenhäupter vertreten zu haben. Ein solches Haupt war Ḥāğğī Sejjid Ḥasan Šīrāzī, trotz ständigen Aufenthalts in Ṭihrān Oberhaupt (ra'īs) einer Linie Šīrāzer sejjids;[4] oder auch Ḥāğğī Mīrzā Hibatu'llāh Burūğirdī vom Burūğirder Zweig der sejjids Ṭabāṭabṭ'ī, der dessen „Führung sicher handhabte".[5]

Nāṣiru'd-Dīn, vor allem auf Sicherung der staatlichen Ordnung vor weitgreifenden Ansprüchen der sejjids bedacht, richtete das Amt des naqīb wieder ein, wobei er seiner zentralisierenden Neigung gemäß einen obersten naqīb für das ganze Land vorsah. Diese Würde bekleidete 1887 Āqā Sejjid Muḥsin Mūsavī, Naqību's-Sādāt; der Modus seiner Nominierung bleibt im Einzelnen unklar, doch scheint er durch maßgebende sejjids erwählt[6] und vom Schah bestätigt worden zu sein. Dem naqīb scheint eine korporative

---

1 Die manchmal unklare Scheidung beider Gruppen (vgl. Binning I, 285) dürfte vor allem daher rühren, dass im Mittelalter allgemein und in verschiedenen islamischen Gebieten auch heute die gesamte Nachkommenschaft Muḥammad Šarīf genannt wird (vgl. HdI, 678 r f).

2 HdI, 680 lk f; vgl. Marāğī, Al-ma'āṣir, 116 r Z 25 f; s. den naqību'n-nuqabā, den (wohl obersten) Adelsmarschall z.Z. der Ğala'iriden (1356-1410) vgl. M. Mīrāftāb, Dastūr Al-Kātib fī Ta'yīn Al-Marātib – Edition und Darstell. Diss. Göttingen 1956, 61 f. Die naqību's-sādāt bis ins 12 Jh. s. bei B. Spuler, Iran in frühislamischer Zeit, Wiesbaden 1952, 436. Über einzelne Aufgaben des obersten naqīb (n. al-nuqabā) im ost-persischen, bereits schiitisch beeinflussten Bereich vor und um 1.500 s. H. R. Roemer, Staatsschreiben der Timuridenzeit, Wiesbaden 1952, 149.

3 TM, 42.

4 Marāğī, Al-ma'āṣir, 214 r Z 19 f; zur Bezeichnung „ra'īs" für diese „Notabeln" vgl. J. Greenfield, Die Verfassung, 120.

5 „... va rijāsat-i išān bar vai gereft qarār." Marāğī, Al-ma'āṣir, 214 r Z 11 f.

6 „berā-ji in mansab muntaḫab ufthāde ..." Marāğī, a.a.O., 117 r Z 11 f; vgl. a.a.O., 241 r Z 15.

Gerichtshoheit zugestanden zu haben,[1] weil sie staatlicherseits ungern gegenüber sejjids ausgeübt wurde.[2] Der angestrebte Einbau dieses Amtes in das Justizministerium[3] zeigt aber auch ein Bestreben nach staatlicher Kontrolle dieser Institution und der durch sie vertretenen Gemeinschaft.

Die ehemaligen Würden der naqīb in den größeren Städten scheinen ebenfalls wieder eingerichtet worden zu sein.[4] 1893 finden wir als einen solchen in Šīrāz, Āqā Sejjid Ḥusein.[5] Das lässt die Vermutung zu, dass diese wiedererweckte Institution auch in dem älteren Sinn einer gemeinschaftlichen Interessenvertretung wirksam wurde.[6] Eine entsprechende Oberbehörde scheint Nāṣiru'd-Dīn auch für die šarīfe beabsichtigt zu haben; dass sie 1887 einen sejjid, Sejjid Muḥammad Naqību'l-Ašraf wahrnahm,[7] lässt Zweifel an einer eigenständigen Kraft dieses Teils der Prophetenabkömmlinge zu. Die genealogische Pflege der *Familienüberlieferung* – sonst im Volke selten[8] – bildete für die sejjids die Voraussetzung zu ihrer besonderen Stellung. Dabei berührte die weitgehend willkürliche Konstruktion und fraghafte geistliche Beurkundung solcher Genealogien auch zur Zeit Nāṣiru'd-Dīns[9] – Vambery mag mit nur zu „kaum" 10% der als echt geschätzten Stammbäume[10] einen der ihm vergönnten tieferen Einblicke wieder gegeben haben – die Geltung derartiger sejjids offenbar nicht.

Die Pflege von Genealogien scheint bei den šarīfen wenig Anreiz geboten zu haben. Auch waren sie ungewöhnlich, da durch die mütterliche Seite bestimmt.

---

1 J. Greenfield, Die Verfassung, 120.

2 Vgl. Browne, Narrative II, 402.

3 Vgl. S. G. W. Benjamin, Persia, London 1887, 355; Āqā S. Muhsin wird von Marāġī unter den früheren Beamten des Justizministeriums allerdings nicht aufgeführt (vgl. Marāġī, Mir'āt I, Anh., 27 Z 23 f; Ta'riḫ-i Muntazam III, Anh., 24 r Z 16 f; Al-ma'āṣir, Anh., 46 Z 6 f. Er scheint der von Feuvrier (377) erwähnte Ḥāǧǧī Āqā Muḥsin, Besitzer mehrerer Dörfer südwestl. Sulṭānābād und Gastgeber des Schah gewesen zu sein.

4 Vgl. J. Greenfield, a.a.O.

5 Fursat; 531 Z 19.

6 Nach einer mündl. Mitteilung bestehen diese Einrichtungen nicht mehr.

7 Marāġī, Al-ma'āṣir; 241 r Z 14. Dieselbe Bezeichnung in der osmanischen Türkei mit anderer Bedeutung s. bei J. P. Brown, London 1927,194 f.

8 Lycklama II, 329.

9 Vor allem in Sāmarrā im arab. 'Irāq. J. Greenfield, Die Verfassung, 212; vgl. auch Polak, Persien I, 38.

10 Vambery, Reformbewegung, 4262 lk.

Heiraten von sejjids untereinander mögen verhältnismäßig häufig gewesen sein; Stack fand in einigen von ihnen bewohnten Dörfern zwischen Kirmān und Jazd eine allgemeine „wechselseitige Verwandtschaft" vor.[1]

Es ist schwierig ihre *Verbreitung im sozialen Feld* festzustellen. Sejjids waren in sämtlichen Rängen der Gesellschaft vertreten. Der Namenstitel wurde nicht immer geführt. In den regierenden Ständen waren die sejjids wenig vertreten, wie die in diesen Ständen stets ausführlichen Namensangaben belegen. Das umso weniger, als Prophetenabkömmlinge unter den genealogisch fest bestimmten Gruppen der Prinzen und Qāǧāren überhaupt nicht vertreten waren. Damit fanden sich sejjids innerhalb der regierenden Stände nur unter ḫānen und mīrzās. Hier seien aber als einzelne hervorragende Personen der Außenminister bis 1291/1874 Mīrzā Sa'īd Ḫān Anṣārī, Mu'taminu'l-Mulk[2] und der Finanzminister Mīrzā Jūsuf Āštījānī[3] genannt. Unter den Provinz-, und zunehmend wohl auch den Gouverneuren untergeordneter Territorien, befanden sich angesichts der hier zusammen mit den Qāǧāren insgesamt überwiegenden Prinzen (s. Bd I, 63 f) verhältnismäßig wenige sejjids, so etwa die erblichen Gouverneure von Damāvand[4] und 1879 in Qunqurī der anstelle des erblichen ḫāns (Bd I, 68) eingesetzte „żābiṭ" Mīrzā Sejjid Bāqir.[5] In der meist durch Notabeln repräsentierten städtischen Selbstverwaltung dürfen wir einen höheren Anteil erwarten. So wurden 1292/1875 von den fünf „rīš safīdān" von Bārfurūš zwei als sejjids bezeichnet.[6]

Hierher gehörten auch 1885 der sejjid und „katḫudā-bāšī" Mīrzā Jūsuf, der die sechs der Ni'matīs in Šīrāz verwaltete, welches Amt sich seit 1232/1816 in seiner Familie vererbt hatte.[7] Ferner sehen wir den katḫudā des dortigen Viertels Sar-i Dīzak, Āqā 'Alī Muḥammad, aus einer bekannten Familie dortiger sejjids;[8] und 1311/1893 Mīrzā Sejjid Aḥmad Ḫān, katḫudā der Ṭihrāner Maḥalle-ji Bazar.[9] In Šūštar war der Großteil der führenden Familien sejjids,[10] wie die 5 Unterbezirke (maḥalle-ji kuček) von insgesamt 16

1 Stack II, 261.
2 Eastwick I, 261; S. G. W. Benjamin, Persia, London 1887, 227; vgl. Marāġī, Al-ma'āṣir, 19 r Z 20 f. Nach Gobineau nannte ihn das diplomatische Korps in Umkehrung der französischen Amtsbezeichnung „ministre étranger aux affaires".
3 Eastwick II, 116.
4 Vgl. Gobineau, Lettres, 74; s. auch Marāġī, Maṭla' I, 18 Z 5 f.
5 Andreas, Nachlass, 5 b.
6 Vgl. Marāġī, Mir'āt I, 159 Z 4 f.
7 Fasā'ī II, 98 Z 2 f.
8 A.a.O., 80 Z 7 f.
9 Marāġī, Al-tadvīn, Anh., 23 lk Z 19.
10 Layard, 29.

bestätigten.[1] Šūštar bildete hierin allerdings eine Ausnahme – wenn auch infolge der offensichtlich vielfach mangelhaften Namenseingaben die folgenden Gegenüberstellungen keine verbindlichen Vergleichszahlen für verschiedene Berufssparten ergeben können, sondern nur als ungefähre Relation unterschiedlicher Häufigkeiten anzusehen sind. Daraus scheint sich doch ein gewisser hoher Anteil von Prophetennachkommen bei den mustaufīs zu ergeben. Von den mustaufīs des Finanzministeriums (Bd I, 82 f) wurden 1294/1877 etwa 1/12,[2] 1301/1883 genau 1/10[3] und 1311/1893-4 etwa 1/11[4] als sejjids angegeben. Dass diese Anteile durchaus höher gelegen haben können, lassen verschiedene mustaufī-Familien in Fārs vermuten, welche sejjids waren, ohne dass ihre Mitglieder die Bezeichnung ausdrücklich zu ihrem Namen führten. Als solche Familien sind zu nennen die Mustaufī Mūsavī,[5] die Mamāzāvī[6] und die Sejjid Ḥuseinī;[7] die Familie des Mušīru'l-Mulk[8] dürfte ebenfalls dazu gehören. Niedriger lagen jedenfalls die Anteile der Prophetenabkömmlinge bei den übrigen mīrzās, denn unter den hohen Beamten (arbāb-i qalam) des Kriegsministeriums in Ṭihrān waren 1877 etwa 1/23,[9] 1893-4 jedoch etwa 1/12[10] als sejjids angegeben.

Die Anteile bei den gleichrangigen, den Provinzialverwaltungen beigegebenen Beamten, lagen höher: 1877 waren es etwa 1/12,[11] 1893-4 1/7.[12] Solch niedriger, doch im Laufe der Zeit wohl wachsender Anteil zeigt sich beispielsweise auch bei den Provinzialbeauftragten (kārguzār) des Außenministeriums, wo 1877 nur 1/39,[13] 1893-4 jedoch etwa 1/25[14] der Beamten als sejjids bezeichnet waren. Bedeutend weniger scheint ihr Anteil unter den Offizieren gewesen zu sein. Die Namen der Generalobersten und Marschälle (amīrī tūmān, sardār) weisen keine sejjids auf. 1877 gab es unter 116 höheren Offizieren (Generäle und Obersten „sartīp" und „sarhang") nur zwei Obersten die den Titel als „sejjid" führten[15] und 1893-4 waren es von 117

1 Vgl. Marāġī, Mir'āt I, 434 Z 8 f.
2 Vgl. Marāġī, a.a.O., Anh., 16 r Z 16 f.
3 Vgl. Marāġī, Ta'riḫ-i muntaẓam III, Anh., 23 r Z 4 f.
4 Vgl. Marāġī, Al-tadvīn, Anh., 25 r Z 6 f.
5 Fasā'ī II, 107 Z 13 f.
6 Fasā'ī II, 73 Z 1 f.
7 A.a.O., 102 Z 3 f.
8 Vgl. a.a.O., 99 Z 31 f.
9 Vgl. Marāġī, Mir'āt I, Anh., 6 lk Z 9 f.
10 Vgl. ders., Al-tadvīn, Anh., 5 r Z 17 f.
11 Vgl. ders., Mir'āt I, Anh., 7 r Z 1 f.
12 Vgl. ders., Al-tadvīn, Anh., 7 r Z 1 f.
13 Vgl. ders., Mir'āt I, Anh., 20 r Z 15 f.
14 Vgl. ders., Al-tadvīn, Anh., 38 lk Z 9 f.
15 Vgl. ders., Mir'āt I, Anh., 7 lk Z 25 f.

immerhin schon 6 höhere Offiziere.[1] 1883 befand sich unter 65 Stabsoffizieren (jāvar) nur einer mit dem Namen als „sejjid".[2] Alle diese Prophetenabkömmlinge hatten kein Truppenkommando, sondern Ministeriums-Stellungen in der Hauptstadt.

Sejjids als große Grundbesitzer älterer Provenienz (ḫāne) scheinen sehr selten den Titel geführt zu haben. Hier ist nur möglich, auf die früher genannten erblichen Gouverneure von Damāvand mit ihrem Besitzt Ābsard[3] und anderen Dörfern zu verweisen.

Alle diese Überlegungen lassen den Schluss zu, dass die sejjids sich bei den regierenden Ständen weniger unter den ḫānen als vielmehr, in allerdings sehr unterschiedlicher, wenn auch zunehmender Stärke, unter den mīrzās befanden. Der in den Provinzen höhere Anteil lässt vermuten, dass das auf Begünstigung durch Geistliche zurückgeht. Das mit der Geistlichkeit zusammenarbeitende Element der sejjids war zur Zeit des Muẓaffaru'd-Dīn, dem ältesten Sohn des Schah, in Āẕarbājǧān deutlich begünstigt worden. Als Gouverneur hatte er in der anwachsenden Provinzialverwaltung (der Zentralregierung nachgebildet)[4] die Geistlichkeit begünstigt (s. Bd I, 156).

Von allen gesellschaftlichen Gruppierungen war unter der hohen *Geistlichkeit* (ʿulamā) das Element der sejjids am stärksten vertreten.[5] Das erhellt auch aus den zahlreichen Namensangaben (vgl. Bd I), wobei zu berücksichtigen ist, dass „Āqā" bei den Geistlichen stets einen „sejjid" bezeichnete.[6] Zur Verdeutlichung sei noch Folgendes angeführt: etwa 1893 waren in Šīrāz von 14 vāʿiẓ und „ahl-i minbar" zwei,[7] in Ṭihrān zu gleicher Zeit unter den 17 höchsten ʿulamā vier sejjids.[8] In Bārfurūš befanden sich 1292/1875 unter 10 ʿulamā zwei sejjids.[9] Solch durchschnittlicher Anteil von 15 bis 25% wird aus einer Zusammenstellung der schiitisch-geistigen und geistlichen Größen Persiens (und des arabischen ʿIrāq), die im Laufe der Regierungszeit Nāṣiru'd-Dīns lebten, bestätigt.

---

1 Vgl. ders., Al-tadvīn, Anh., 9 r Z 1 f.

2 Vgl. ders., Maṭlaʿ I, Anh., 19 r Z 17 f und Z 1 r Z 9 f.

3 Ders., Maṭlaʿ I, 18 Z 5 f.

4 Vgl. Marāǧī, Al-ma'āṣir, Anh., 52 r Z 1, 55 r Z 24; s. auch ders. Al-tadvīn, Anh., 29 r Z 2 f.

5 So schien Polak die Notwendigkeit zu bestehen, die muǧtahids, šeiḫu'l-islam und imām-e ǧumʿe müssten „aus dem Stamm des Propheten ... hervorgehen" (Persien I, 325). Ein solcher Zwang bestand nicht.

6 Vgl. J. Greenfield, Die Verfassung, 119.

7 Vgl. Fursat, 531 Z 1 f.

8 Vgl. Marāǧī, Al-tadvīn, Anh., 23 r Z 1 f.

9 Vgl. Marāǧī, Mir'āt I, 158 Z 25 f.

Von den dort genannten 427 berühmtesten ʿulamā waren 85 sejjids, also etwa 19,9%. Bemerkenswert ist, dass von den unter diesen befindlichen 124 muǧtahids 23, somit also 18,5% sejjids waren.[1]

Inwieweit die weitere Entwicklung diesem Verhältnis entsprach, wissen wir vorerst nicht. 1878 soll jedenfalls eine größere Zahl der sich in der madrase von Rašt auf einen höheren geistlichen Ruf Vorbereitenden sejjid gewesen sein.[2] Da Künstler und Gelehrte, vor allem Ärzte, zum Stande der Geistlichen, oder doch zur gleichen sozialen Schicht zu zählen sind (vgl. Bd I), fanden sich hier ebenfalls viele sejjids. Es waren von den 170 zu Nāṣiru'd-Dīns Zeit angesehensten Künstlern und Gelehrten 17 sejjids;[3] etwa 1893 gab es in Šīrāz unter den 14 bekanntesten Ärzten (ṭabīb) gar 5 sejjids![4]

Das verhielt sich anders bei den zur Geistlichkeit zählenden mullās, denn wenn in Iṣfahān von etwa um 1877 lebenden oder nicht lange verstorbenen 14 ʿulamā 8 den Titel „Sejjid" führten, so war unter den im selben Zusammenhang angeführten 6 mullās kein einziger genannt.[5] Dasselbe galt für die sechs mullās, die 1269/1852-3 Häuser in der Ṭihrāner Maḥalle-ji Ark besaßen.[6]

Bei den *Kaufleuten* können wir bei gebotener Vorsicht einen überdurchschnittlichen Anteil an sejjids annehmen; darauf deutet eine, wenn auch übertriebene Äußerung Rochechouarts[7] und auch vielleicht die (s. Bd I) genannten Namen. Wenn es auch hier wieder nicht sicher scheint, ob die Namensangaben auch sämtliche sejjids angeben, sei doch erwähnt, dass etwa 1893 von 26 Šīrāzer Kaufleuten 7 als sejjids genannt waren, allerdings gehörten 5 davon derselben Familie an.[8]

Für die Zahl der sejjids unter den *Gewerbetreibenden* mag es bezeichnend sein, dass 1269/1852 in der Ṭihrāner Maḥalle-ji Ark von 56 hausbesitzenden Gewerbetreibenden 5 als sejjid genannt waren.[9] Es konnte aber örtlich auch

1 Marāǧī, Al-ma'āṣir, 135 lk bis 226.
2 Serena, Hommes, 310.
3 Vgl. a.a.O., Marāǧī.
4 Vgl. Fursat, 532 Z 4 f.
5 Vgl. Marāǧī, Mir'āt I, 65 Z 17 f; Vambery (Meine Wanderungen, 163) schildert 1862 das „Gefolge" des imām-e ǧumʿe von Iṣfahān als sejjids.
6 Vgl. II (Anon.), ʿAdad, 9 f. Das Empfinden, unter den mullās nur wenige sejjids zu finden, hatte auch Polak (Persien I, 325).
7 „ … pour la plupart ils descendent de la famille de Mahomet". Rochechouart, Souvenir, 168.
8 Vgl. Fursat, 549 Z 2 f.
9 Vgl. II (Anon.), ʿAdad, 9 f.

anders sein; anscheinend waren 1886 in Nīšābūr die ansässigen Handwerker sejjids.[1]

Der Anteil bei den *Ackerbauern* wird schwerlich annähernd zu bestimmen sein. Jedenfalls gab es zahlreiche Dörfer, die ganz oder teilweise von sejjids bewohnt waren.[2]

Kaum möglich ist die Bestimmung unter den *Bediensteten*, obwohl es sie selbstverständlich auch gab.[3]

Unter den einfachen *Soldaten* wird man, da deren Aushebung eine eindeutige Benachteiligung bedeutete, kaum sejjids vermuten dürfen.[4]

Unter den *Wanderstämmen* bildeten die Tīmūrīs, die sich sämtlich als sejjids oder šarīfe betrachteten, einen Sonderfall. Sie sollen 1884 in Ḫurāsān 9.100 Familien mit angeblich 45.500 Personen gezählt haben.[5]

Neben die ungleichmäßigen Anteile im Volke Persiens trat eine ungleichmäßige regionale *Verteilung*.

Es gab drei ausgesprochene Zentren von sejjids: die beiden Wallfahrtsorte und Gräber heiliger Personen aus der Familie der imāme, Mašhad und Qum mit ihren Umgebungen; und die etwa 50 km voneinander entfernten Städte Šūštar und Dizfūl.

Das seiner Ausdehnung nach größte Gebiet befand sich um Mašhad. Lebten in dieser Stadt mit einer Zahl von in den 80er Jahren mehr als 40.000 ständigen Einwohnern[6] besonders viele sejjids[7] – beispielsweise waren es unter den 8 führenden Geistlichen allein 6[8] – so galt das im Falle Mašhad auch für die weitere Umgebung. Außer dem 70 km entfernten Nīšābūr mit in den 80er Jahren etwa 10.000 Einwohnern[9] darunter „vielen" sejjids,[10] waren zahlreiche Dörfer ganz oder teilweise von ihnen bewohnt; so auch Bār (westl. Nīšābūrs), wo sie den größten Teil der 500 Bewohner ausmachten,[11]

1 Marāġī, Maṭla' III, 63 Z 19.
2 Vgl. unten.
3 Vgl. Arnold, Through Persia, 185; E. C. Sykes, Through Persia, 97.
4 Vgl. Bd I, 312 f.
5 Finn, Teimouris, 827 und 875.
6 Vgl. Marāġī, Maṭla' II, 31 Z 5 und Curzon, Persia I, 163.
7 Vgl. auch Vambery, Meine Wanderungen, 316; C. E. Yate, Khurasan, 333.
8 Vgl. Marāġī, Maṭla' II, 396 Z 11 f, 401 Z 13, 404 Z 14 f, 408 Z 4 f, 408 Z 11 f, 409 Z 1 f, 419 Z 12 f, 420 Z 7 f.
9 Vgl. Curzon, Persia I, 263.
10 Marāġī, Maṭla' III, 63 Z 16 f.
11 Marāġī, a.a.O., 51 Z 1 f.

oder der kleine Wallfahrtsort Qadamgāh (ostw. Nīšābūrs) mit einer aus den Besuchern zehrenden Einwohnerschaft von sejjids.[1]

Ähnliches scheint für eine Gruppe sejjids, kleineren Landschaftseigentümern („dehqān"), um das Mausoleum von Sulṭān ʿAbbās (südl. Buǧnūrd),[2] gegolten zu haben. 1.326 Familien von sejjids wohnten in einigen Dörfern der Umgebung von Qūčān („Ḫabūšān") als kleinere Grundbesitzer (malik).[3]

Ein noch höherer Anteil von Prophetenabkömmlingen schien in Qum gewohnt zu haben.[4] Nach Houtum-Schindler bestand der vierte Teil der 20.000 Bewohner aus „Geistlichen, sejjids und ihren Familien".[5] In diesem ranghohen Heiligtum scheint die Gruppe der sejjids mit dem Stand der Geistlichen weithin deckungsreich gewesen zu sein. Dass sie auch in den umgebenden Dörfern saßen, zeigt Ḫarargān (etwa 50 km südl. Qum), dessen 50 Familien meist sejjids waren.[6]

Unter den sonstigen größeren Städten scheinen Šūštar und Dizfūl die absolut höchsten Anteile besessen zu haben. Für Dizfūl schwanken die Angaben um etwa 1850 von 1/3[7] der Bewohnerschaft von über 15.000 Menschen,[8] bis zu der sehr bestimmten Angabe Morgans von 2/3[9] der wahrscheinlich nur wenig größeren Einwohnerschaft von 1891.[10] Denselben Anteil setzte er auch für Šūštar mit seinen gut 8.000 Einwohnern[11] an. Wenn auch Morgans Angabe hoch erscheint, darf man angesichts der besonders dort in jener Weise bevorzugten Situation der sejjids (vgl. Bd I) mit einer bedeutenden Zunahme innerhalb jener 40 Jahre rechnen. Die Zunahmen bestätigen auch Angaben Houtum-Schindlers 1877[12] und Curzons 1890[13] für Šūštar. Betrachtet man die anderen Gebiete Persiens, so lassen sich starke Anteile von

1 Curzon, Persia I, 259 f.
2 Marāǧī, Maṭlaʿ I, 132 Z 5 f.
3 A.a.O., 159 Z 3 f.
4 Nach Lycklama (II, 372) sogar die Stadt mit den meisten sejjids; s. aber unten Dizfūl u. Šūštar; vgl. für Qum auch: Vambery, Meine Wanderungen, 140; Bleibtreu, 171; Curzon, Persia I, 11.
5 Houtum-Schindler, Eastern, 56.
6 A.a.O., 86.
7 Loftus, 312.
8 Vgl. Loftus, 311; Layard, 31.
9 Morgan, Mission II, 275.
10 Vgl. Curzon, Persia II, 304 und Morgan, a.a.O., 274 f.
11 Vgl. Curzon, Persia II, 304, 365; Curzon, Leaves, 702; Curzon, Karun, 522 und Morgan, Mission II, 269.
12 Houtum-Schindler, Südwestl. Persien, 99.
13 Curzon, Persia II, 368.

sejjids in Birğand[1] und Qā'in mit Umgebung,[2] in der Provinz Astarābād,[3] sowie in dem unter anderen mit den teilweise durch sejjids bewohnten Dörfern Čašmeh (40 km südostw. von Firūzkūh),[4] Āstāneh (westl. Samnān),[5] Sa'īdābād (50 km ostw. Ṭihrān)[6] und A'inijeh-Varzan (ostw. Damāvand)[7] besetzten Gebietsstreifen nach Ṭihrān hin, wie Ausbreitungslinien des Zentrums von Mašhad ansehen. Vielleicht darf ähnliches bezüglich Qum für die von sejjids bewohnten Dörfer zwischen Kirmān und Jazd, so beispielsweise Tuġraǧāh (etwa 120 km nordwestl. Kirmān)[8] und 'Aqdā, gelten. In 'Aqdā gab es 1870 unter den 1.200 Einwohnern 1/3 sejjids, ebenso auch 1879.[9] Eine gewisse hohe Anzahl sejjids scheint auch Fārs enthalten zu haben, wie vielleicht auch schon die mustaufīs und die Kaufleute aus Šīrāz (s. o.) vermuten lassen.

Es seien hier die vollständig von sejjids bewohnten Dörfer Sejjidābād (nördl. Šīrāz),[10] Baṣīdān (etwa 80 km nordostw.),[11] „Baden" (12 km ostw.) und „Ġoyum" (20 km nordwestl.) erwähnt.[12] Aus dem vorliegenden Material ergibt sich der Eindruck es seien im Nordwesten Persiens, vor allem in Āẕarbājǧān, die sejjids zumindest auf dem Lande, viel weniger zahlreich gewesen.[13] In dem großen Dorf Ḫurramderreh (etwa 70 km südostw. Zanǧān) waren von vielleicht 5.000 Einwohnern[14] 1/10 sejjids.[15]

Nach alledem scheint Polaks Schätzung eines *Gesamtanteils* von mindestens 2% der Bevölkerung[16] selbst bei Einbeziehung der Wanderstämme, zu niedrig zu liegen.[17] Andererseits ist der von J. Greenfield angegebenen Anteil von 17 bis 20%, selbst für die Städte, erheblich überzogen. Wenn von 104 Haus-

---

1 Bellew, From the Indus, 320.
2 Bellew, a.a.O., 319; C. E. Yate, 63; vgl. E. Smith, The Perso-Afghan, 340 f.
3 Melgunov, Das südliche Ufer, 108.
4 Lovett, It. Notes, 70.
5 Marāġī, Maṭla' I, 40 Z 2.
6 Napier, Extracts, 64.
7 Marāġī, Maṭla' I, 19 Z 14.
8 Stack II, 260, vgl. 261.
9 Vgl. E. Smith, The Perso-Baluch, 170 und Houtum-Schindler, Südl. Persien, 316.
10 Petermann II, 186.
11 Fursat, 226. Im bulūk Hafrak (a.a.O.; ḥāšije 1, hier „Basīdān").
12 Wells, Surveying, 138, 162 f.
13 Vgl. Feuvrier, 118.
14 Vgl. Basset, Persia the Land, 85.
15 Vgl. Houtum-Schindler, Nordwestl. Persien, 331.
16 Vgl. Polak, Persien I, 38. Dieser Eindruck mag sich ihm durch die hauptsächlich zu seiner Umgebung zählenden Vertreter der regierenden Stände mit ihren am Hofe besonders zahlreichen Prinzen und Qāǧāren ergeben haben.
17 Vgl. J. Greenfield, Die Verfassung, 121.

besitzern[1] der Ṭihrāner Maḥalle-ji Ark 1269/1852-3 fast 8% als sejjids bezeichnet wurden,[2] so kann man das wohl – angesichts einerseits unzureichender Nennung der Namen, andererseits eines wohl geringeren Anteils an den die Masse der Bevölkerung bildenden Ackerbauern – als einen ungefähren Anhalt für die Zahl der sejjids unter der sesshaften Bevölkerung werten. Jedenfalls dürfen wir im Vergleich zur Gesamtbevölkerung eine stärkere Zunahme[3] der sejjids vermuten. Ihre steuerliche Bevorzugung (s. u.) ermöglichte vielen eine wirtschaftliche Stärke, welche sie lokalen Wirren und die mit teilweise ungeheuren Menschenopfern verbundenen Hungersnöte besser als die meisten anderen Perser überstehen ließ. Deutliche Beispiele dafür fanden sich bis 1872 in Sīstān[4] und 1870-2 in und um Qā'in.[5]

Für die Verwirklichung ihrer nach Gesetz und Brauch vorgesehenen besonderen *Stellung in der Gesellschaft* waren vor allem die staatlichen und die geistlichen Kräfte praktisch wichtig.

Es versteht sich, dass die Behandlung einer bedeutenden Gemeinschaft, wie die der sejjids, durch den Staat politischen Rücksichten folgte. So hatte etwa Muḥammad Šāh, nachdem er seine Herrschaft endgültig durchgesetzt hatte (1830), 100.000 tūmān (etwa 1.020.000 Goldmark) als jährliche Apanagen (mustamarrī) für „sejjids, 'ulamā und solche, die es verdienten" ausgesetzt.[6]

Nāṣiru'd-Dīn scheint im Laufe seiner Regierungszeit große Summen eigens für die sejjids ausgeworfen zu haben, offensichtlich aber nicht als Apanagen, sondern als einmalige Zahlungen. Es ist nicht klar, ob diese Summen unter dem Titel des den sejjids kanonisch zustehenden ḫums (s.u.) geleistet wurden. Daneben gab es aber auch Apanagen für sejjids, wie sie (vaẓā'if va mustamarrī) diejenigen von Nīšāpūr bezogen.[7]

1 Vgl. a.a.O., (Angabe nach Šermiazan).

2 Vgl. II (Anon.) 'Aqdā, 9 f (nicht mitgezählt wurden 33 höhere turkmenische Geiseln).

3 So auch Feuvrier, 118.

4 Vgl. Tate, 228.

5 Ḫarvāǧ (59 km nördl. Bīrǧand): Bellew, From the Indus, 319; E. Smith, The Perso-Afghan, 340; Qā'in: E. Smith, a.a.O., f; Bellew, a.a.O., 320.

6 Marāǧī, Mir'āt I, 570 Z 26 „ ... dar īn čehel va du sāl-i salṭanat kurūrhā dar rāh-i maḥabbat-i ahl-i bait-i nubuvvat ... ḫarǧ karde ... and" (Marāǧī, Al-ma'āṣir, 8 r Z 15 f); und nicht: „haben ... die Geistlichen jährlich ca. 500.000 Tūmān ... bezogen ...", wie J. Greenfield (Die Verfassung, 348) falsch liest. In dem von Curzon (II, 479) mitgeteilten Staatsbudget von 1888-9 waren diese Ausgaben nicht enthalten; wohl aber bezogen sejjids in anderer Eigenschaft von den dort auch aufgeführten Pensionen.

7 Marāǧī, Maṭla' III, 63 Z 16 f.

Binning wirft die Apanagen wahrscheinlich mit solchen für Geistliche, unter denen sich ja viele sejjids befanden, und den oben genannten „einmaligen" Zahlungen an sejjids zusammen, wenn er 1850 1/10 des Steueraufkommens zu Pensionen für sejjids verwendet sieht.[1]

Der größere Teil der sejjids war von Steuern befreit, was in mehreren Fällen auf Sonderprivilegien aus früherer Zeit zurückgegangen war. Der Ṣafavīde ʿAbbās I., selber sejjid, hatte Prophetennachkommen von Qūčān von Abgaben befreit, welches Privileg ihnen seitdem verblieben war.[2] Steuerfrei waren beispielsweise auch die sejjids in Dörfern wie Tuġrāġāh, Sejjidābād und Ḫurramderreh (s. o.), ebenso an der Ausbeute der Türkisminen nordwestlich Nīšābūr beteiligte sejjids[3] und die zahlreich in Šūštar lebenden Nachkommen des Propheten.[4]

Unter Nāṣiru'd-Dīn wurden solche Bedingungen kaum verändert. Andere sejjids wieder hatte man nur durch Steuernachlässe (taḫfīf) begünstigt, so die Handwerker und Prophetenabkömmlinge von Nīšābūr (s. o.). Browne traf aber einen offensichtlich steuerpflichtigen sejjid aus einem Ort in der Gegend von Damāvand (ostw. Ṭihrān).[5]

Im Staatsdienste selbst scheint man ihnen keine Privilegien zugestanden zu haben.[6] In Staatsämtern war den sejjids das Tragen ihres äußeren Kennzeichens, des grünen Turbans, und darüber hinaus in der Armee auch das des grünen Leibgürtels untersagt.[7] Ihre Beziehungen zum Staat wurden vor allem durch fiskalische Vergünstigungen bestimmt, die Nāṣiru'd-Dīn aber nicht erweiterte, sondern höchstens konservierte.

Von wesentlich anderer, festerer Art waren die Beziehungen der sejjids zu der mit ihnen stark verflochtenen *Geistlichkeit.*

Neben der weitgehenden persönlichen Identität spielten finanzielle Gesichtspunkte eine Rolle. Es war nämlich für die persischen Schiiten neben die kanonische Verpflichtung zur Armensteuer (ẕakāt)[8] und neben die freiwilligen Almosen (sadaqa)[9] die Verpflichtung zur Zahlung des „ḫums" getreten. Dies war eine Steuer auf Reingewinne aus sämtlichen gewerblichen, händlerischen und landwirtschaftlichen Tätigkeiten, auf Mineralien, wert-

1 Binning, I, 397.
2 Vgl. Marāġī, Maṭlaʿ I, 159 Z 3 f.
3 Houtum-Schindler, Beschreibung, 226.
4 Ders., Südwestl. Persien, 99.
5 Browne, A Year, 610.
6 Vgl. Brugsch, Im Lande, 234.
7 Gasteiger, Von Teheran, 19.
8 Vgl. Querry I, 133 f.
9 S. Bd I.

volle Funde und Beute[1] in Höhe von 1/5 des Nettowertes. Von sechs Teilen dieser Steuer sollten unter verschiedenen Titeln fünf an die sejjids fließen.[2] Die šarīfe waren anscheinend von dieser Regelung ausgeschlossen. Die Steuer wurde durch Geistliche eingezogen. Da sie von den Pflichtigen auch gegen Quittung unmittelbar an einer der Empfangsberechtigten abgeleistet werden konnte, wurde sie „von dem größeren Teil der persischen Muslime"[3] auf verschiedenen Weise umgangen.[4] Immerhin sollen Geistliche 1860-1 220.000 tūmān (2.070.000 Goldmark) an ḫums eingehoben haben.[5] Gleichwohl bestanden zwischen Geistlichen und einem geringeren, doch einflussreichen Teil der sejjids Spannungen. Das ganze Jahr hindurch, vor allem aber zur schiitischen Passionszeit vom ersten bis zehnten muḥarram, traten in Privathäusern und an öffentlichen Orten durch die Bevölkerung geschätzte Rezitatoren (rouże ḫʷān) mit Lesungen aus der Leidensgeschichte der frühen Imāme auf. Diese Rezitatoren waren zu einem sehr großen Teil sejjids, sie bildeten eine eigene Gilde.[6] Die orthodoxe Art hoher Geistlicher war diesen auf das Gemüt der Menschen wirkenden Rednern nicht gewachsen. So fanden diese Rezitatoren ihre Gegner vor allem unter den ʿulamā (hohe Geistlichkeit).[7] Das Miteinander aber war eng. Es gehörte weitgehend zur Straflosigkeit der Prophetennachkommen vor Gerichtshöfen Geistlicher[8] und zum oft erfolgreichen Eintreten hoher Geistlicher für sejjids vor staatlichen Behörden.[9] Schließlich erkennt man in gleichen Zusammenhängen ihre weitgehende Solidarität, auch daran, dass sie beide nicht als Flagellanten bei den Demonstrationen weitester Teile des Volkes am Todestag des Imām Ḥusein teilnahmen.[10] Auch die in Bd I genannte rouże ḫʷān pflegten „ständige und enge Beziehungen" zu den *Schauspielern*,[11] die die Leidensgeschichte der Imāme darstellten (s. Bd I).

Für sejjids war das *allgemeine Verhältnis zur Gesellschaft* durch die schii-

1 S. Bd I.
2 S. Bd I.
3 Brugsch, Im Lande, 235.
4 Vgl. auch J. Greenfield, Die Verfassung, 136.
5 Vgl. Grolman, 213. Das war keine hohe Summe im Vergleich zu dem gesamten „Budget" der Geistlichkeit. Vgl. Bd I, 141 Anm. 7.
6 Serena, Hommes, 181 Anm.; vgl. Gobineau, Les religions, 374 f. Führende sejjids, wie Ḥāǧǧī Sejjid Ḥasan Šīrāzī (312 f), der naqīb Āqā Sejjid Ḥusein (313) und Āqā Sejjid Abū Ṭālib (Marāǧī, Al-ma'āṯir, 214 lk Z 5 f) waren berühmte rouże ḫʷāns. Selbstverständlich gab es auch bekannte Rezitatoren die keine sejjids waren (vgl. Marāǧī, a.a.O., 214 r Z 24, Z 27).
7 Vgl. Gobineau, Les religions, 374.
8 Polak, Persien I, 38.
9 Vgl. Curzon, Persia II, 599; Vambery, Meine Wanderungen, 45.
10 Morgan, Mission I, 332.
11 Gobineau, a.a.O., 374.

tisch-religiöse Grundstimmung des Volkes bestimmt, die wie die Geistlichen als irdische Vertreter der Imāme, auch den sejjids als deren Nachkommen zugute kam.

Weithin hoben sie bereits ihre grünen oder blauen Turbane und ihre gleichfarbiger Gürtel heraus.[1] In Sīstān trugen sie schwarze Kleidung und Turbane.[2] Die Bedeutung dieser besonderen Kleidungsstücke als Privilegien und Ehrenzeichen können wir daraus ersehen, dass einem sejjid, der den Großwesir Mīrzā ʿAlī Aṣġar Ḫān geschmäht hatte, der Turban genommen worden war.[3] Das Verbot des Tragens der auszeichnenden Kleidungsstücke im Staatsdienst (s. o.) trug zum Gegensatz der sejjids aber auch der Geistlichkeit, gegen die weltliche Staatshoheit bei.

Das Ansehen der sejjids richtete sich im Einzelnen auch nach ihrer besonderen Abstammung, also nach demjenigen Imām, auf den sie ihre Ahnenreihe zurückführten. Man stufte sie in jenem Jahrhundert wie folgt ein: ḥuseinī, riżāvī, ḥasanī und mūsavī.[4] Ein besonderes Ansehen, zumindest um Mašhad, das Grabheiligtum ihres Ahnherrn ʿAlī ar-Riżā, besaßen die riżāvī.[5] Sämtliche sejjids besaßen Anspruch auf eine besondere Anrede, ǧanāb–i ʿālī (Hohe Excellenz)[6] oder auch einfach āqā (Herr),[7] es richtete sich vermutlich nach ihrer beruflich-sozialen Stellung. Die ihnen allgemein entgegengebrachte Ehrerbietung konnte sich verschieden äußern. So wenn der Statthalter von Urūmijeh 1849 den gefangenen sejjid ʿAlī Muḥammad „Bāb" trotz dessen Häresie zuvorkommend behandelte[8] oder wenn die sejjids von Nīšābūr ihre in Form von Steueranweisungen (barāt) gezahlten Apanagen „in vollendeter Bequemlichkeit"[9] bei den Zahlungspflichtigen einlösen konnten, eine sonst meist mühevolle und verlustreiche Angelegenheit. Sejjids wurden nur mit einem gewissen Widerstreben getötet; etwa wie es im Falle zweier aufständischer Bābīs dem Sohn des Schah, Ẓillu's-Sulṭān, die Staatsräson der aufgebrachten Iṣfahāner Geistlichkeit gebot sie zu töten;[10] oder wenn raubende Wanderhirten den Tod eines reisenden sejjid durch eine

1 Vgl. Polak, Persien I, 38; Curzon, Persia I, 507; Wills, In the Land, 320; Feuvrier, 118; E. C. Yate, Khurasan, 333.
2 Tate, 236.
3 Browne, Revolution, 87.
4 So soll sich auch ihre zahlenmäßige Stärke dieser Reihenfolge angepasst haben. Nach einer mündl. Mitteilung.
5 E. C. Yate, Khurasan, 333 f.
6 Brugsch, Im Lande, 235.
7 J. Greenfield, Die Verfassung, 119.
8 Wright, Bab, 385.
9 Marāġī, Maṭlaʿ III, 63 Z 18.
10 Vgl. Browne, Narrative II, 402.

solide Steinpackung herbeiführten, um nicht sein Blut vergießen zu müssen.[1]

So pflegten auch die jenseits der Grenze in Turkistan sitzenden Jāmūt-Turkmenen von den auf persischem Hoheitsgebiet siedelnden Goklān-Turkmenen keine sejjids zu rauben.[2] Das so bezeigte Gefühl der Achtung soll aber nach Gasteiger in den großen Städten bereits um 1880 verschwunden gewesen sein.[3]

Die Beobachtung von Brugsch, der sich in den 60er Jahren hauptsächlich in den größeren Städten aufhielt und der keine die sejjids auszeichnende Behandlung bemerkte,[4] steht damit im Zusammenhang. Auch die Stämme der Bāḫtijārī, deren Verwurzelung im Islam nie so tief wie die der städtischen Bevölkerung gewesen war, sollen sejjids wenig respektiert haben.[5]

Eine allgemeine Achtung hob jedenfalls die Gruppe der sejjids, zusammen mit ihren Privilegien, innerhalb ihres jeweiligen *sozialen Standes*.

Es erklärt sich so die große Zahl nichtstuender oder nur gelegentlich verdienender sejjids, vor allem unter den durch das große Heiligtum von Mašhad besonders privilegierten riżāvī.[6] Bettelnde sejjids wurden besonders bedacht.[7] Traf man die Wahl für eine rouże ḫʷān, so nahm man möglichst einen sejjid.[8] Für an der Pilgerfahrt Verhinderte war es besonders verdienstlich, einen sejjid als Vertreter zu schicken.[9] Solche Bevorzugungen, deren Aufzählung sich beliebig vermehren ließe, wurden anscheinend kaum durch den grob gewinnsüchtigen Eindruck behindert, welchen sejjids oft hinterließen.

Gemessen an einer Erwartung, zu der ihre Überlieferung und gewiss oft wirkliche Abstammung berechtigten, soll es unter ihnen wenige Menschen verfeinerter Lebensart gegeben haben.[10]

Die Achtung des Volkes kam ihrem Geltungsbedürfnis entgegen. Dort wo sejjids in genügender Anzahl wohnten, besaßen sie einen ihre Zahl weit übersteigenden Einfluss.

So stellten sie 1870 in ʿAqdā mit 1/3 der Einwohnerschaft vier von den fünf maßgebenden Leuten des Ortes.[1]

---

1 Vgl. Wills, In the Land, 265.
2 C. E. Yate, Khurasan, 228 f.
3 Vgl Gasteiger, Von Teheran, 20.
4 Brugsch, Reise II, 304.
5 Curzon, Persia II, 299.
6 C. E. Yate, Khurasan, 333 f; vgl. Ibrāhīm Bēg, 28 Z 5; Vambery, Meine Wanderungen, 316.
7 Vgl. Riżā Qulī, Sifārat-nāme, 19 Z 2 f; Brugsch, Reise II, 305.
8 Nach einer mündl. Mitteilung.
9 Wishard, 59.
10 Vgl. Binning I, 284; Gasteiger, Von Teheran, 20; s. auch Brugsch, Reise II, 305.

Andreas konnte bei Kāzarūn vor einer drohenden Menge nur durch das Eingreifen „angesehener sejjids aus Kāzarūn" gerettet werden.[2] Nur die Gegenwart eines streng orthodoxen sejjid hielt 1851 während einer Reise allzu gesellige Neigungen eines der zahlreichen Mitglieder des königlichen Hauses gegenüber einem ungläubigen Europäer im Zaum.[3] Der sicher nicht immer übertreibende Ibrāhīm Bēg fürchtete gar, die sejjids könnten ein Recht zur Einmischung in staatliche Angelegenheiten erreichen.[4] Es fällt auf, dass während des überwiegenden unter religiösen Motiven geleisteten Widerstands des Volkes gegen die Tabakkonzession (zur Geschichte vgl. Bd I) sejjids dann die Menge anführten, wenn es sich um tätigen Aufruhr handelte. Ähnliches geschah am 30. Oktober 1891 in Kalārdašt (nordwestl. Ṭihrān) durch den sejjid „ʿAlmaġīr"[5] und im selben Jahre mit sejjid ʿAlī Akbar in Šīrāz[6] und durch einen weiteren sejjid am 3. Januar 1892 in Ṭihrān.[7] Gerade sejjids konnten bei gegebenem Anlass auf Gefolgschaft rechnen, etwa auch bei Umtrieben unter der Dienerschaft des britischen Konsulats in Kirmān 1895.[8] Ohne Zweifel wäre auch die Anhängerschaft des schließlich aufständischen „Bāb" ohne seine Eigenschaft als sejjid nicht derart umfangreich geworden.[9]

Ihr meist überbetontes Verhalten dem Volk gegenüber war bestimmt durch menschliche Triebe, die in einer derartigen Sonderstellung verstärkt hervortreten mussten, die wenig kontrolliert einem gläubig verehrenden Volk gegenüberstand.

Es wurde ein übersteigerte Selbstwertgefühl ihren Landsleuten gegenüber beobachtet.[10] Stets wird dieser Zug unterstrichen bei den sejjids von Šūštar und Dizfūl.[11] Gestützt auf die Vorrechte, konnte solche Haltung auch in Kriminalität übergehen. Wenn man den Gültigkeitsbereich für solche Feststellungen andersgläubiger Beobachter[12] infolge möglicher Voreingenommenheit glaubt einschränken zu sollen, und auch dem keinen Missstand unerwähnt lassenden Ibrāhīm Bēg mit seiner Schilderung eines durch sejjids

---

1 Vgl. E. Smith, The Perso-Baluch, 170.
2 Andreas, Nachlass, 5c; vgl. Binning II, 309 f.
3 Vgl. Binning II, 309 f.
4 Vgl. Ibrāhīm Bēg, 81 Z 20 f.
5 Feuvrier, 316; Browne, Revolution, 52.
6 Wells, Telegraph, 538; vgl. Curzon, Persia I, 507, Anm. 1.
7 Browne, Revolution, 53.
8 Vgl. E. C. Sykes, Through Persia, 97.
9 Vgl. s. Bd I.
10 Vgl. Curzon, Persia I, 507; s. auch Wells, Surveying, 138.
11 Vgl. Curzon, Persia II, 368; Morgan, Mission II, 275.
12 Vgl. Binning I, 284; Polak, Persia I, 38; Vambery, Meine Wanderungen, 45.

verübten Straßenraubes unmittelbar nördlich Tabrīz[1] ungern Glauben schenken will, dann dürfen solche Zweifel durch als offiziös anzusehende, vorsichtige Äußerungen Marāġīs weitgehend beseitigt werden.

Begleitet von solchen Umständen waren die von den „Armen unter den sejjids" ausgeübte Bettelei – wir sahen, in welchem Umfange es Nichtstuende unter ihnen gab – „und andere Dinge, die ihrem Rang und Adel nicht würdig" waren,[2] unmittelbare Anlässe zur Wiedererrichtung der Ämter der naqīb. Diese „anderen Dinge" werden es gewesen sein, welche den Schah mit der größeren Sorge erfüllt haben. Die zur Genüge bekannten Einwohner von Šūštar neigten „von Natur aus zu Unruhen, Tumult und Unheil und steckten zu solchem Tun meist unter einer Decke mit dem tūšmāl von Luristān".[3]

Die sejjids waren eine soziale Gruppierung ganz *besonderer Prägung*. Sie war vermutlich während der Wirren des 18. Jahrhunderts durch genealogische Fälschungen stark angewachsen.

Sie fand sich im 19. Jahrhundert in einem Zustand zunehmender moralischer und materieller Nivellierung. Das ihnen von der Dynastie, im Gegensatz zu den Ṣafavīden, lediglich zurückhaltend bezeigte Interesse und die „laizistische" Staatsordnung der Qāǧāren hielten diese Entwicklung nicht auf. Ungeachtet innerer Aushöhlung, bewahrte die sejjids der unerschütterte schiitische Glaube der Masse des Volkes vor einem endgültigen Verlust ihres Ansehens und damit letztendlich auch ihrer Privilegien.

Sie stellen nicht nur die bedeutendste und zahlreichste der Sonderformen dar, sondern waren als einzige durch sämtliche Stände und Berufe hindurch vertreten.

Ihre institutionelle Bevorrechtigung hob sie überall heraus. Gelassene Geringschätzung gegenüber institutioneller Neuerung aber zeigten die sejjids, als sie 1906 in das erste persische Parlament nur einen Vertreter entsandten.[4] Zeitgenossen aber vermuten noch in den 30er Jahren des 20. Jahrhunderts einen im Vergleich zu anderen islamischen starken gesellschaftlichen Einfluss der sejjids im Iran.[5]

---

1 Ibrāhīm Bēg, 161 Z 26 ff.

2 „ ... su'āl va sā'ir-i unmūrī keh šājiste-ji šā'n va šaraf-i īšān nist irtikab namūdand ...". Marāġī, Al-ma'āṣir, 117 r Z 7 f.

3 „ ... bi'l-fiṭre bi-fasād va taftīn va šarārat meil dārand va ġāliban bā tušmālhā-ji Luristān dar īn 'amalhā hamdast and". Marāġī, Mir'āt I, 435 Z 4 f; „tūšmāl" Stammeseigenname? Zu den Stämmen in Luristān vgl. Bd I.

4 Von insgesamt 57 Abgeordneten. Vgl. (Anon.), Les députés, RMM, 413 f.

5 R. Levy, An Introduction to the Sociology of Islam I, London 1931, 98.

2.2 Die Derwische

Seit dem 12. Jahrhundert hatten sich im Islam mystische Bruderschaften fest herausgeformt.[1] Sie wurden in Persien als darvīš oder auch mit dem arabischen Wort faqīr bezeichnet.

Sie befanden sich in einem anderen sozialen Bereich als etwa die sejjids und anders als diese, hatten sie sich ihren sozialen Ort erst zu schaffen gehabt.

Der überwiegende Teil der Derwische gehörte verschiedenen *Orden* (ṭarīqa) an.

Soweit es die Bedeutung für unser Thema notwendig macht, seien ihre unterschiedlichen Orden hier untersucht. Sheil[2] nennt 1852 allein in Ṭihrān 7 Orden, nämlich die ʻAǧam,[3] die Ḫāksār,[4] die Niʻmatullāhī,[5] die Ẕahābī,[6] die Ǧallālī,[7] die Qanbarī[8] und die Dahrī.[9] Die Niʻmatullāhī sollen damals die zahlreichsten gewesen sein.[10] Ohne Zweifel waren die genannten Orden nur ein kleiner Teil der etwa 1886 in Persien vorkommenden „48 Orden der

1 HdI, lk; über früher entstandene Zusammenschlüsse s. aber auch I. P. Brown, London 1927, 267 f (nach D'Ohsson) und T. P. Hughes, A Dictionary of Islam, London 1885, 117.

2 „fraternities" Sheil, 194.

3 Eigentlich Ḥabību'l-ʻAǧamī. vgl. I. P. Brown, London 1927, 50 (mit biogr. Notiz über den Gründer), 156 f; Malcolm, 394, Anm. 2. Dieser Orden dürfte nicht mit der Ḥabībīja (HdI, 732 lk) zusammengehören.

4 Die Angaben von Aubin (239) lassen keineswegs erkennen, dass es sich bei diesem Orden um eine „Handwerkerzunft" (vgl. HdI, 732 lk unter „Ḥaidarīya") handelte. Eine Auskunft darüber gäbe wohl Maʻṣum ʻAlī Šāh, Ṭarā'iqu'l-Ḥaqā'iq, Ṭihrān 1319, II, 136 ff (s. HdI, 731 lk).

5 Gründer Šāh Niʻmatu'llāh Kuhbinānī, seine Lebensbeschreibung bei I. P. Brown, London 1927, 458; vgl. auch HdI, 733 lk.

6 Vgl. HdI, 731 r.

7 Ihr Begründer war Ǧalāl Buḫārī, ein dem Begründer der schiitischen Bektāšī (s. u) nahe stehender muršid. I. P. Brown, London 1927, 169 f; vgl. HdI, 731 r.

8 So wohl nach dem mythischen Diener Qanbar des ersten Imām ʻAlī genannt (I. P. Brown, London 1927, 187, Anm. 2), der in besonderer Beziehung zu den Riten der schiitischen (HdI, 79 r; I. P. Brown, London 1927, 129 f, 223, 286) in Kleinasien beheimateten Bektāšī stand (vgl. auch qanbarīja = Leibstrick der Bektāšī, I. P. Brown, London 1927, 178, 187).

9 Zusammenhang ihrer Anschauungen mit der „materialistischen" Dahrīja (HdI; 87 r f), oder falsche Schreibung für „Djahrī" (HdI, 731 r); vgl. auch Malcolm, 391.

10 Die Angabe scheint nicht völlig sicher, da Mrs. Sheil in ihrem teilweise oberflächlichen Erlebnisbericht möglicherweise nicht den Orden und die populären Niʻmatī auseinander gehalten hat.

Derwische",[1] auch dann wenn in dieser Zahl Untergruppen islamischer Orden, oder auch einige philosophische Schulen, mit enthalten gewesen sein sollten. Weil anders als im Bereich der etablierten Religion, keine unbedingten organisatorischen Schranken sunnitische und schiitische Anschauungen voneinander trennten, fand sich ein großer Teil der genannten Orden auch außerhalb Persiens.[2] Und so waren Orden, deren Hauptsitze sich in sunnitischen Ländern befanden, auch im schiitischen Persien vertreten.[3]

Der *innere Aufbau* der Orden war hierarchisch gegliedert; dafür liegt uns ein anschaulicher Bericht über die ʿağam aus dem Jahre 1907 vor.[4] An der Spitze befand sich als „naqīb"[5] in Ṭihrān Mīrzā Ġulām Ḥusein Ḫān, ihm nachgeordnet waren in Ṭihrān und Mašhad als „sāḥib-ʿālam" Ḥāǧǧī Sejjid Qāsim Vāʿiẓ und Karbalā'i Ḥasan; unter diesem wiederum standen fünf „pīr-i duʿā" in Ṭihrān Qazvīn, Ardabīl, Mašhad und Iṣfahān, sie waren „unter den sejjids des Ordens" auserwählt. Alle diese Männer, als geistige Führer als „maulavī"[6] und „muršid" bezeichnet, hatten als einzige ihres Ordens ein Recht zum Tragen des Turbans. Hier kann nicht festgestellt werden, ob sämtlichen Orden eine derart ausgeprägte Führungsorganisation eigen war; doch mag ein Hinweis auf eine auch bei anderen Derwischorden zu findende mehrstufige hierarchische Gliederung genügen.[7] Jedenfalls besaßen sämtliche persische Orden oft gleichfalls „pīr" genannte[8] anerkannte Oberste, die ergebener Gefolgschaft der Mitglieder sicher waren.[9]

Diese Oberhäupter waren gleichzeitig spirituelle Initiatoren und Leiter (muršid) eines Teils der Derwische ihrer Orden; andere muršids standen ihnen darin zur Seite.[10] In dieser Eigenschaft als muršid besaßen sie einen

1 Häntzsche, Specialstatistik, 442.

2 Vgl. HdI, 731 f.

3 H. Jansen, Verbreitung des Islam mit Angabe der verschiedenen Riten, Sekten und religiösen Bruderschaften ... 1890-1897, Friedrichshagen bei Berlin 1879, 18 nennt mit Quellenangaben die Ḫalvatīja, Qādirīja, Maulavīja, Naqšbandīja, Šāḏilīja und Suhravardīja, s. EI IV, 548 r.

4 Aubin, 238, 242.

5 Zu dieser hauptsächlich von Außenstehenden und Behörden für die Oberhäupter angewendeten Bezeichnung s. auch J. Greenfield, Die Verfassung, 120.

6 Hier natürlich im Sinne von „gelehrter Herr" (vgl. F. P. Hughes, A Dictionary of Islam, London 1885, 346), und nicht in irgendeiner unmittelbaren Beziehung zu dem Derwischorden gleichen Namens in Anatolien verwendet.

7 Vgl. I. P. Brown, London 1927, 203, Anm. 1.

8 Brugsch, Im Lande, 169.

9 Vgl. Gasteiger, Von Teheran, 51 f, zit. bei Bleibtreu, 54 und plagiiert (vgl. Supan, in: P. M. 1892, 163) von Ceyp, Beiträge, 81 lk; Serena, Hommes, 155; Brugsch, Briefe, 150.

10 Vgl. Aubin, 241.

unmittelbaren und damit wohl stärksten Einfluss auf die einzelnen Ordensmitglieder.[1] Es bestand ein Gehorsamsgelübde,[2] das wahrscheinlich auf den Ordensgründer[3] und in seiner Stellvertretung auf den Ordensobersten geleistet wurde.

Eine möglicherweise zwischen den Orden unterschiedliche Regelung wäre nicht wesentlich, da beide Personen in der geistigen Ahnenreihe (silsila) ihres Ordens standen, der sich der Derwisch in jedem Falle innerlich verpflichtet fühlte.[4] – Der Ordensoberste, vielleicht auch die muršids, bestimmten allgemein, welche Derwische sich in den Neujahrstagen vor den Türen verschiedener Wohlhabender hausierend „ansiedeln“ durften.[5] Die von ihren muršids auf Wanderung geschickten[6] Derwische sollen bei ihrer Rückkehr die mitgebrachten Almosen nach einem Abzug für den notwendigsten eigenen Bedarf „gewissenhaft“ abgeliefert haben.[7] Die muršids haben den wohl größeren Teil dann an das Oberhaupt abgeliefert.[8]

Einer der bekannteren muršids war Muḥammad ʿAlī al- Ḫabūšāni, der bei Qūčān (früher: Ḫabūšān) in einer kleinen klösterlichen Anlage (zāvīje) lehrte.[9] Für das Erreichen solcher Ränge scheint die entsprechende Stellung leiblicher Väter nicht ohne Bedeutung gewesen zu sein. So trug der Sohn von Āqā Muḥammad Raḥīm Afšār, Nā'ibu's-Ṣadr (gest.1285/1869), Stellvertreter und Helfer des großen muršid Mīrzā Naṣru'llāh „Ṣadr“ Ardabīlī (gest.1272/1855-6, s. Bd I), Ḥāǧǧī Mīrzā ʿAlī, gleichfalls den Titel Nā'ibu's-Ṣadr;[10] auch er scheint, wenn auch weniger bedeutsam, als spiritueller Führer gewirkt zu haben.[11]

Höchstwahrscheinlich nahm die Zahl bedeutender Geister dieser Art ab; es soll 1893 nur noch „wenige große muršids“ gegeben haben.[12] Andererseits ist auch eine Abwertung des Begriffs muršid zu erkennen, daran dass offensichtlich nur „Alter und äußerer Erfolg“ Ḥāǧǧī Aḥmad, einen Derwisch mit

1 Vgl. Wills, In the Land, 42; s. auch I. P. Brown, London 1927, 109 ff, 208, 289, 328, 330.
2 Vgl. Wills, a.a.O., 46.
3 Vgl. I. P. Brown, London 1927, 330, 357.
4 Vgl. HdI, 94.
5 Polak, Persien I, 372; Wills, a.a.O., 46; Brugsch, Im Lande, 133; vgl. Brugsch, Reise II, 343; Wills, Persia, 94.
6 Sheil, 192; Aubin, 241.
7 Gasteiger, Von Teheran, 51 f, danach zit. bei Bleibtreu, 54; vgl. Sheil, 195.
8 Gasteiger, a.a.O., 52; Serena, Hommes, 155.
9 Marāġī, Al-ma'āṣir, 224 r Z 18 f.
10 Vgl. Marāġī, a.a.O., 222 lk Z 4 f.
11 „... az sālikīn-i ʿasr ast ...“. A.a.O., Z 12 f.
12 P. M. Sykes, Ten Thousand Miles, 30.

vagantischer Vergangenheit, schließlich Berühmtheit als Erzähler bei hohen Würdenträgern, zum muršid gemacht hatten.[1]
Die Einführung der *Novizen*[2] (murīd, šāgird) ging ohne Zweifel auch in den persischen Orden stufenweise[3] vor sich und geschah wahrscheinlich meist auf Empfehlung.[4] Bei den ʿAǧam soll die Lehrzeit für diejenigen, die zu wandern, und diejenigen, die zu bleiben wünschten, verschieden lang gewesen sein; diese benötigten drei Jahre.[5] Nach Beendigung der Lehrzeit, die ein Diplom abschloss,[6] für welches dem muršid ein Entgelt zu entrichten war,[7] kennzeichneten den persischen Derwisch auch bestimmte äußere Zeichen und Rechte.[8]

Es gab eine Senioritätsfolge, die sich etwa auch bei der Ergiebigkeit der zu Neujahr zum Hausieren zugeteilten Häuser ausdrückte.[9]

Die Orden besaßen umherziehende Mitglieder und solche mit festem Wohnsitz.[10] Gewöhnlich hatten die ersteren ein Gelübde der Enthaltsamkeit und Ehelosigkeit abgelegt;[11] Verpflichtung zur Armut scheint allgemein gewesen zu sein.[12] Austritte kamen vor,[13] waren aber wohl selten. Die Qalandarī – ohne darauf eingehen zu wollen, ob es sich bei diesen Derwischen um einen wirklichen Orden handelte[14] – hatten sich ausschließlich zum Umhergehen verpflichtet[15] blieben im Allgemeinen unverheiratet.[16] Gerade in

---

1 Aubin, 246 f.
2 Aubin, 242.
3 Vgl. I. P. Brown, London 1927, 329 f; HdI, 729 lk.
4 Vgl. I. P. Brown, London 1927, 206.
5 Aubin, 243 f, 247.
6 Sheil, 195.
7 Aubin, 243.
8 Vgl. I. P. Brown, London 1927, 209 f.
9 Wills, In the Land, 46.
10 Rochechouart, Souvenir, 104; Serena, Hommes, 156; Aubin, 239, 242 f; vgl. I. P. Brown, London 1927, 371; HdI, 94 r.
11 Vgl. Serena, Hommes, 156; Rochechouart, a.a.O.; s. auch I. P. Brown, London 1927, 206.
12 Wills, In the Land, 42.
13 Vgl. Ussher, 573; s. auch I. P. Brown, London 1927, 298.
14 D. B. Mcdonald (in HdI, 94 r), T. P. Hughes (A Dictionary of Islam, London 1885, 119 lk) und L. Massignon (in HdI, 732 f) halten sie für einen Orden; dagegen nicht I. P. Brown (London 1927, 95, 171, 299 f), und anscheinen auch F. Babinger (in HdI, 265 r f) und Browne (A Year, 475). Ein allmählicher Bedeutungswandel des Begriffs „Qalandarī" nach „Freigeist ohne religiöse Bindung", zumindest in Persien, ist wahrscheinlich. vgl. Browne, A Year, 520 f; s. auch I. P. Brown, London 1927, 299 f.
15 HdI, 94 r, 265 r; I. P. Brown, London 1927, 299, 365; vgl. Hughes, a.a.O..
16 I. P. Brown, London 1927, 171 Anm.

Persien sollen sie zahlreich gewesen sein,[1] und dürfen einen hohen Anteil des umherziehenden Elements unter den Derwischen gestellt haben.

Das Leben der Derwische führte keineswegs zu fest geschlossenen *Wohngemeinschaften*, wie das der abendländischen Mönchsorden. Immerhin gab es, auch wenn sie „selten in Gemeinschaften" lebten,[2] mehrere kleine, zeitweise oder ständige Aufenthaltsorte von Derwischen.

An Gräbern verehrter Personen, an welchen sich vielfach eine zāvīje befand, hielt sich ständig eine Anzahl von ihnen auf. Das galt vor allem vom Grabe des populären Ordensgründers Šāh Niʿmatullāh Kuhbīnānī in Māhūn, wo 1880 „noch 40 bis 50 Derwische", offensichtlich ohne Familien, lebten.[3] Am Grabe Avicennas in Hamadān fand Brugsch 1860 einige Derwische.[4] Um das Grab des Imām-Nachfahren (imāmzāde) Qāsim b. ʿAlī b. Ḥasan b. Zeinu'l-Abidin hatte sich sogar das 1877 von neun Derwischen mit Familien bewohnte Dorf Darvīšān (etwa 120 km südostw. Šūštar, am Tundāb) gebildet.[5]

Aus ähnlicher Ursache bestand die Einwohnerschaft des Dorfes ʿAlī'ābād (westl. Sārī) 1861 aus Derwischen.[6] Lycklama fand 1867 ein von zwei wohltätigen sejjids erbautes Haus in Saḥne (65 km ostw. Kirmānšāh), in welchem etwa 15 Derwische hausten.[7] Schließlich hat es auch bestimmte vorübergehende Treffpunkte und Versammlungsorte gegeben, die vor allem in wenig besiedelten Gegenden wandernden Derwischen als Stützpunkte und Orte für Nachrichtenaustausch dienten. Abbot stellte 1850 einen davon in Dū Sārī (etwa 120 km südwestl. Bam) fest.[8] – Es gab auch einzelne, vielleicht nur zeitweise als *Eremiten* lebende Derwische, so 1850 bei Šīrāz[9] und 1862 in Kūhsang (nordostw. Mašhad).[10]

Unter den Derwischen bestand ein starkes *Gemeinschaftsbewusstsein*; es beschränkte sich wesentlich aber auf den eigenen Orden.[11] Unter den Orden herrschte schon von jeher eine starke Rivalität,[12] die sich in mancher Weise

1 HdI, 266 lk; vgl. Browne, A Year, 475.
2 Wills, In the Land, 43.
3 Gasteiger, Von Teheran, 66; vgl. auch 1893: P. M. Sykes, Ten Thousand Miles, 149.
4 Brugsch, Reise I, 371 f.
5 Houtum-Schindler, Südwestl. Persien, 43.
6 Eastwick II, 84; vgl. Gasteiger, Rundreise, 346.
7 Lycklama III, 488 f.
8 Abbot, Geogr. Notes, 48.
9 Binning I, 299.
10 Eastwick II, 204.
11 Vgl. I. P. Brown, London 1927, 209.
12 I. P. Brown, London. 1927, 51.

bis zu den Mitgliedern hin auswirkte. Es besagt keine allgemeine Solidarität zwischen Derwischen verschiedener Orden, wenn im Zusammenhang allgemeiner Beschreibungen berichtet wird, dass ein Derwisch „nur mit seinesgleichen" ginge,[1] oder dass man ihm ungern ein Almosen verweigere, da man „den Fluch und die Rache seiner sämtlichen Genossen" fürchtete.[2] Die ʿAǧam waren, wenn sie sich auf ihren Wanderungen trafen, einander in jeder Weise behilflich.[3]

Ohne Zweifel befanden sich die Organisationen der Derwische in einer *Rückentwicklung*, denn in Ṭihrān werden von den oben genannten sieben Orden gut 50 Jahre später nur noch die ʿAǧam und die Ḫāksār genannt.[4] Einer der Gründe dafür kann staatliche Einflussnahme gewesen sein, die sich in der Hauptstadt besonders bemerkbar machte. Die hier offenbar verschwundenen Niʿmatullāhī bestanden an ihrem Hauptsitz in Mahān noch 1894.[5] Andere Anzeichen, die auf einen Verfall hinweisen, werden folgend behandelt.

Geistesgeschichtliche Entwicklungen hatten schon früh ihre *Stellung in der Gesellschaft* bestimmt. Die Derwischorden stellten die organisierte Form der islamischen Mystik (taṣavvuf) dar. Aber von dieser im Wesentlichen in Gang gesetzt, haben wir in Persien eine Strömung des Freigeistes.[6] Zu der behandelten Zeit nannte man die ihr Zugehörigen „ṣūfī". Dies hatte in der Vergangenheit eigentlich den Derwisch gemeint, das Wort abgeleitet von ṣūf (Wollgewand). Als ṣūfī bezeichnete man im 19. Jahrhundert in den Städten einen großen Teil[7] der geistig Interessierten[8] unter den regierenden Ständen, Kaufleuten und Kunsthandwerkern.[9] Man unterschied die ṣūfīs in solche, die sich nach dem islamischen Gesetzt zu leben bemühten (ṣūfī-ji mutaṣarrī), und andere, die allenfalls Muḥammad als Propheten anerkannten (ṣūfī-ji muṭlaq).[10] Darin glichen die ṣūfīs den Derwischorden, welche in Per-

1 Gasteiger, Von Teheran, 52; danach bei Bleibtreu, 54.
2 Polak, Persien I, 373.
3 Vgl. Aubin, 242.
4 Aubin, 238.
5 Vgl. P. M. Sykes, Ten Thousand Miles, 149.
6 Vgl. I. P. Brown, London 1927, 367 f.
7 S. auch Malcolm, 414.
8 Vgl. Malcolm, 398; noch Ende des 18. Jahrhunderts verwendet Malcolm (388 ff) den Ausdruck „ṣūfī" auch für die Derwischorden.
9 Gobineau, Trois ans, 323; vgl. auch Brugsch, Briefe, 151; für 1894: Lemm, 137. Noch in den 50er Jahren des 20. Jahrhunderts gibt es z.B. in Ṭihrān besondere Klubs solcher „ṣūfīs" mit wöchentlichen Zusammenkünften. Nach einer mündlichen Mitteilung.
10 Binning I, 400; vgl. II, 323.

sien in das islamische Gesetz Befolgende (bā šarʿ) und es Ablehnende (bī šarʿ) getrennt wurden.[1] Die letzteren waren besonders zahlreich.[2] Entsprechend übten ṣūfīs wie Derwische, „eine Sekte ausgenommen",[3] weitgehende religiöse Toleranz.[4] Wie weit ein wohl nur geringer Teil der ṣūfīs Laienmitglieder in Derwischorden, etwa nach Art der Tertiarier,[5] darstellten, ist nicht zu erkennen. Wahrscheinlich stand beispielsweise Āqā Maḥmūd in Ṭihrān in einer solchen Laienverbindung.[6] Zu suchen sind derartige Verbindungen auch unter den Ṭihrāner Kaufleuten, auf die 1893 der große muršid Ḥāǧǧī Mullā Sulṭān ʿAlī „ungeheuren Einfluss" ausübte.[7] Jedenfalls befassten sich die ṣūfīs mit spirituellen Dingen in sehr unterschiedlicher Weise. So sehen wir den, an den Derwischen und ihren Lehrer nur literarisch interessierten Ḥāǧǧī Mīrzā Ḥasan Iṣfahānī Ṣafī ʿAlīšāh;[8] man erkennt aber auch den quietistisch gestimmten, seinem eigenen mystischen „Pfad" folgenden Ḥāǧǧī Mīrzā Ṣafā (gest. 1291/1874).[9] Andererseits waren der schon genannte Āqā Maḥmūd und Ḥāǧǧī Mīrzā ʿAbdu'l-Ġaffār Iṣfahānī Naǧmu'l-Mulk, Mathematiker am Dāru'l-Funūn,[10] kräftige Förderer der Derwische. Die genannten Männer, alle in irgendeiner Weise geistig bedeutsam, dürften zu einer Elite unter den ṣūfīs gehört haben. Gleich ihnen sympathisierten die ṣūfīs mit den wenigen[11] überragenden Männern unter den Derwischen, die ebenfalls von umfassender geistiger Bildung[12] und damit etwa gleichen sozialen Ranges[13] waren.

Von unterschiedlicher Art, aber von umso größerem Einfluss auf die niederen Schichten des Volkes war die Masse der Derwische. Sie traten zu einem

---

1 Vgl. HdI, 94 lk; s. auch T. P. Hughes, A Dictionary of Islam, London 1885, 116 lk; Polak, Persien I, 40. Die Qalandarī waren z.B. bī šarʿ. Hughes, a.a.O., 119 lk.

2 Vgl. I. P. Brown, London 1927, 375 und Hughes, a.a.O., 119 lk.

3 Brugsch, Reise II, 345.

4 Vgl. Abbot, Geogr. Notes, 49; Browne, A Year, 312, 520 f.

5 HdI, 94 r.

6 „bi-taṣavvuf vaʿalam-ī darvīšān va saudā va sirri īšān iqbālī ʿaẓīm dāšt." Marāġī, Al-ma'āṯir, 152 lk Z 2 f.

7 Von seiner „madrase" in Bardaḫt (etwa 110 km südwestw. Turbat-i Ḥaidarī) aus P. M. Sykes, Ten Thousand Miles, 30. Seine angesehenen Nachkommen gelten weiter als ṣūfīs. Nach einer mündl. Mitteilung.

8 Vgl. Marāġī, Al-ma'āṯir, 217 lk Z 19 f.

9 Marāġī, a.a.O., 217 lk Z 9 f.

10 A.a.O., 191 lk Z 22 f. Als Verfasser von Berichten an die Regierung über Zustände in den Provinzen ist er aufgeführt bei Lambton, Landlord, 411.

11 Vgl. Gobineau, Trois ans, 416.

12 Vgl. a.a.O., 417; Browne, A Year, 312.

13 S. auch Basset, Persia the Land, 309.

überwiegenden Teil bettelnd auf[1] und waren dadurch zu einer „wahren Landplage“[2] geworden. Das soll gelegentlich kriminelle Formen angenommen haben.[3] Das Bettelwesen führte dazu, dass etwa bei den Ḫāksār einzelne Derwische sich in einem bestimmten, nur von ihnen auszubeutenden städtischen Bezirk niederließen.[4] Andere Derwische verbanden mit ihrem Dasein fahrende Berufe,[5] wie Schlangenbeschwörer,[6] oder sie verkauften zweifelhafte Heilmittel.[7] Feuvrier scheint 1889 nur noch Derwische solcher Art beobachtet zu haben.[8]

Von der dürftigen Kleidung der Derwische unterschied sich nur die der „ahl-i āzād“, eines Teils der Derwische „bī šar‘“,[9] die „eine gewisse Eleganz“ zur Schau trugen.[10] Für einen Teil der Derwische mag als bezeichnend der Lebenslauf des Ḥāǧǧī Aḥmad zu gelten haben. Dieser war zunächst von seinen beiden Oheimen, der eine Derwisch und Schlangenbeschwörer, der andere Taschenspieler, wandernd in diesen Künsten ausgebildet worden, hatte sich dann einer Lehrzeit bei den ‘Aǧam unterzogen und schließlich die große Wallfahrt nach Mekka unternommen. Er galt als berühmter Erzähler und war 1907 „seit mehreren Jahren“ bestallter Empfänger des zu Neujahr von der französischen Gesandtschaft entrichteten Almosens von jährlich 10 tūmān (etwa 30 Goldmark).[11]

Es nimmt nicht wunder, dass sich unter diesen Umständen zahlreiche *Fremdelemente*, reine Vaganten und Bettler, unter die Derwische mischten,[12] um dadurch in der Öffentlichkeit höhere Verdienste zu machen. Wills kannte in den 70er Jahren als einen solchen falschen Derwisch in Šīrāz den Erzähler Āqā Naṣru’llāh.[13] Andererseits war gewiss auch ein Teil der genannten verbrecherischen Elemente Leute, die sich nach Verstößen in der Der-

1 Vgl. Gasteiger, Von Teheran, 51, danach zitiert bei Bleibtreu, 54; E. C. Sykes, Through Persia, 56.
2 Brugsch, Briefe, 150; vgl. Vambery, Meine Wanderungen, 130; O’Donovan I, 411.
3 Vgl. E. C. Sykes, Through Persia, 56; so im 19. Jahrhundert auch in anderen islamischen Gebieten. I. P. Brown, London 1927, 365.
4 Aubin, 239.
5 Vgl. Polak, Persien I, 39.
6 Aubin, 242, 247.
7 Wills, In the Land, 43.
8 Vgl. Feuvrier, 119.
9 Vgl. T. P. Hughes, A Dictionary of Islam, London 1885, 116 lk.
10 Polak, Persien I, 40.
11 Aubin, 245 ff.
12 Gasteiger, Von Teheran, 52; vgl. Gobineau, Trois ans, 416; Bellew, From the Indus, 390; s. auch I. P. Brown, London 1927, 243.
13 Wills, In the Land, 44.

wischkleidung und unter dem Schutze ihrer Orden gegenüber der hier duldsamen Öffentlichkeit sicher fühlten.[1]

Dass Derwische dies zuließen, erklärte sich daher, dass die Masse der Derwische keinerlei höheres Wissen besaß.[2] Sehr viele hatten als Opium-Esser (tarjākī) Geist und Gesundheit zerrüttet.[3] Immerhin leisteten die Bänkelsänger und Erzähler unter den Derwischen durch, zumindest noch in den 50er Jahren, guten sprachlichen Vortrag, viel für die Erhaltung und Verbreitung der literarischen Überlieferung in den unteren Schichten des Volkes.[4]

Wir sehen Zeugnisse eines wahrscheinlich schon länger dauernden[5] inneren Verfalls von Derwischorden. Jedenfalls hatte sich außerhalb Persiens schon zu Beginn des 19. Jahrhunderts das Bewusstsein geistiger Eigenheit stark gemindert.[6] 1907 hielt der alte Derwisch Ḥāǧǧī Aḥmad (s. o.) das Derwischtum für überlebt.[7] Die gleiche Meinung bestand unter gebildeten Persern zu Anfang der 80er Jahre des 19. Jahrhunderts.[8]

Wurde von den ṣūfīs die Masse der Derwische vielleicht noch nachsichtig als „unreife ṣūfīs" betrachtet,[9] so verabscheute man sie ganz allgemein bei den übrigen *Gebildeten* und duldete ihr aufdringliches Auftreten nur mit Rücksicht auf die gegenteilige Einstellung der *breiten Masse.*[10]

Selbst der Schah nahm den Lärm eines in den 50er Jahren lange Zeit auch nachts, Ṭihrān und die Hälfte des Palastes durchziehenden Derwisches hin.[11] Der zeitgenössische Dichter Šā'iq hütete sich in seinen Spottversen auf die Bettelei, die Derwische anzugreifen.[12] Bei der Masse der Bevölkerung,

---

1 Vgl. Wills, Persia, 96; s. auch I. P. Brown, London 1927, 365.

2 Polak, Persien I, 39; Brugsch, Reise II, 345.

3 Polak, Persien I, 40; II, 252; ders., Opium, 124 lk; vgl. Lycklama III, 489. Ähnliches etwa zur gleichen Zeit in Anatolien, I. P. Brown, London 1927, 340.

4 Polak, Persien I, 40.

5 Am Ende des 18. Jahrhunderts scheinen die Orden in Persien noch spirituellen Idealen näher gestanden zu haben. Möglicherweise hatten ihre militanten, durch Nachkommen von Karīm Ḫān Zand begünstigte Ausschreitungen, und folgende Vergeltungsakte seitens Āqā Muḥammad Šāh und der Geistlichkeit, den Ruf und die Kraft der Orden geschädigt. Vgl. Malcolm, 389, 418 f, 422. Zu ihrem Verfall s. auch I. P. Brown, London 1927, 340.

6 Vgl. I. P. Brown, London 1927, 365.

7 Aubin, 249.

8 Brugsch, Briefe, 15.

9 Brugsch, Briefe, 151.

10 Vgl. Polak, Persien I, 373; Wills, In the Land, 43; Wills, Persia, 96; Ussher, 573.

11 Polak, Persien I, 40.

12 Kégl, Schajek, 341, vgl. 340, 343.

wo die Derwische ein Gegenstand der Volksfrömmigkeit waren,[1] wurden sie moralisch gestützt und erhielten vor allem ihre Einnahmen.[2] Selbst während der verheerenden Hungersnot von 1870-2 erhielten Derwische Gaben von einfachen Menschen.[3] Dabei verbargen sie tunlichst ihre freien religiösen Auffassungen;[4] so traten beispielsweise die ʿAǧam vielfach als rouże ḫ^{w}āns (Gebetsrufer) auf dem Lande auf.[5] Am bereitwilligsten in ihrer Verehrung für die Derwische waren Frauen auf den Dörfern.[6]

Der Untersuchung des *Verhältnisses zu einzelnen Ständen* ist vorauszuschicken, dass man, sie mit Scheu oder Ehrfurcht betrachtend, ihnen allgemein ungern zu nahe trat.[7] Während den Derwischen weitgehend Bewegungsfreiheit anscheinend in Privathäusern und Grundstücken eingeräumt wurde,[8] suchten sie doch Gemeinschaft mit Menschen anderer Stände und Berufe selten.[9] Gewisse Beziehungen sind aber zu Angehörigen verschiedener Stände zu erkennen. So gab es ohne Zweifel mit dem fahrenden Volk nicht nur berufliche, sondern wohl auch Gemeinsamkeiten der Ausbildung und daraus sich ergebende Beziehungen. Das zeigen obige Ausführungen und die Tatsache, dass sich anscheinend auch beim fahrenden Volk besondere Schulen mit „muršids" fanden.[10]

Außer zahlreichen verwandtschaftlichen Beziehungen zu Handwerkern (s. u.), scheinen diesen die Ḫāksār in einer Weise besonders nahe gestanden zu haben. Vielleicht war der Orden auch aus einer Gilde hervorgegangen.[11]

Da die Derwische dem Empfinden des einfachen Volkes entsprachen, aber doch von zweifelhafter Rechtgläubigkeit waren, nimmt die feindliche Einstellung der Geistlichkeit ihnen gegenüber[12] nicht wunder. Trotzdem mögen einige, insbesondere höhere Geistliche, von der inneren Freiheit echten Derwischtums nicht unbeeindruckt geblieben sein, wie Āqā Muḥammad

1 Vgl. Brugsch, Briefe, 150 (nach Aussage eines gebildeten Persers); Polak, Persien I, 40. Die gleiche unterschiedliche Einstellung der hohen und der niederen Schichten gegenüber den Derwischen gab es im 19. Jahrhundert auch in Anatolien. Vgl. I. P. Brown, London 1927, 362.

2 Vgl. Ussher, 573; Gasteiger, Von Teheran, 52, danach zit. bei Bleibtreu, 54.

3 Vgl. Bellew, From the Indus, 390.

4 Brugsch, Briefe, 151.

5 Aubin, 241.

6 Vgl. Wills, Persia, 96; Wills, In the Land, 45.

7 Vgl. auch Brugsch, Im Lande, 134; Arnold, Through Persia I, 190.

8 Vgl. Browne, A Year, 486.

9 Abbot, Geogr. Notes, 49.

10 S. Bd I.

11 Vgl. HdI, 732 lk unter „Ḥaidarīya"; s. auch Aubin, 239 f.

12 O'Donovan I, 411 f; Serena, Hommes, 155; so auch im 19. Jahrhundert im Osmanischen Reich. vgl. I. P. Brown, London 1927 366.

ʿAlī etwa zu Beginn des 19. Jahrhunderts, der aber schließlich seine Verbindung zu höheren Derwischkreisen gewaltsam löste.[1] Als nicht ganz seltene Fälle – jedenfalls nicht bei den ʿAǧam, die noch 1907 „mollahs" und „prédicateurs"[2] zu Mitgliedern hatten – dürfen wir die des für seine Stellung noch recht jungen Derwisches Maḥmūd Šīrāzī als vāʿiẓ[3] und des bereits genannten vāʿiẓ Sejjid Q̱āsim ansehen. Es erscheint als gegeben, wenn die Stellung als vāʿiẓ aus einer ursprünglichen Tätigkeit als rouże ḫʷān erreicht wurde.[4]

Kaufleute mögen häufiger auf eine Art geistiger Beeinflussung Beziehungen zu hervorragenden Derwischen unterhalten haben, wie das schon in Bd I nachgewiesen worden ist.

Gleiches dürfte auch für hohe Regierungsbeamte gegolten haben. Hierher gehört der Finanzminister und spätere Großwesir Mīrzā Jūsuf Āštījānī, der mit dem vor ihm verstorbenen Q̱alandaršāh, einem berühmten Derwisch, in Verbindung gestanden hatte.[5] Auch der Großwesir Mīrzā Ḥusein Ḫān Q̱azvīnī hat Beziehungen zu einer solchen spirituellen Größe, Ḥāǧǧī Mīrzā Ṣafā, unterhalten. Er ließ ihm bei Češme ʿAlī, südlich des Berges Tabarādirī (etwa 5 km südl. Ṭihrān), ein mit Stiftungen dotiertes Mausoleum errichten.[6] Dieser Großwesir hatte sich der Geistlichkeit ohnehin durch „ṣūfīsche" Neigungen verhasst gemacht.[7] Es unterstreicht den Rang, den man in hohen Regierungskreisen großen Derwischen zuerkannte, dass zu dem Gremium, welches nach dem Tode Muḥammad Šāhs 1848 bis zur Ankunft Nāṣiru'd-Dīns unter dem Vorsitz der Schahmutter in Ṭihrān die Regierungsgeschäfte wahrnahm, der große muršid Mīrzā Naṣru'llāh Ardabīlī hinzugezogen worden war.[8] Dass die ʿAǧam 1907 „selbst einige hohe Persönlichkeiten"[9] in ihren Reihen zählten, kann heißen, dass diese Laienmitglieder waren.[10] Einzelne Derwische gaben ihre Freizügigkeit auf, um bei hohen Personen Erzähler zu werden, so die ʿAǧamī Mīrzā Ġulām Ḥusein Ḫān

---

1 „... keh daude-ji ṣūfījan bar andāḫt va baʿżī dar āb ġarqe sāḫt...". Marāġī, Al-ma'āṣir, 152 lk Z 4 f. Der weitere Zusammenhang lässt erkennen, dass mit „ṣūfījān" hier Derwische, wahrscheinlich solche höherer Art, gemeint sind.

2 Aubin, 242. Mit den letzteren sind wohl die vāʿiẓ gemeint.

3 Fursat, 531 Z 18.

4 Über den häufigen Zusammenhang zwischen rouże ḫʷāns: Bd I, 172, Anm. 2.

5 Marāġī, Al-ma'āṣir, 224 lk Z 2 f; s. in dem Zusammenhang auch den Bruder von Mīrzā Jūsuf Āštījānī, Bd I.

6 Marāġī, Al-ma'āṣir, 217 lk Z 9 f.

7 Piggot, 122; vgl. Bd I.

8 Vgl. Kazem Beg, Notes, 456 Anm.; zu Mīrzā Naṣru'llāh s. Bd I, 153.

9 Aubin, 242.

10 Vgl. HdI, 94 r.

beim Schah[1] und Ḥāǧǧī Aḥmad, der sich bis 1892 beim Gouverneur von Fārs befand.[2]

Nāṣiru'd-Dīns Bestrebungen, die *Staatsverwaltung* zu vervollkommnen, erfassten auch die Derwische. Der zentralistischen Neigung des Schah entsprach, dass es, so Brugsch, spätestens seit 1885 für ganz Ṭihrān ein „Oberhaupt der Derwische" gab, das als naqīb bezeichnet wurde.[3]

Diese Zusammenfassung kann aber älter gewesen sein, denn 1862 sollen die Derwische in Ṭihrān „eine eigene Zunft mit einem Oberderwisch" gebildet haben.[4]

Auch Polak nennt für die 50er Jahre „Derwisch-Baschis" für die Städte, doch können damit ebenso gut Obere ihrer Orden gemeint sein.[5] Man erfährt durch Aubin, dass dem Chef der 'Aǧam, Mīrzā Ġulām Ḥusein Ḫān (s. Bd I), mit dem Titel Naqību'l-Mamālik, Lieblingserzähler Nāṣiru'd-Dīns, die Verwaltung und steuerliche Ausbeute „aller Derwische Persiens" übertragen gewesen war.[6] Wahrscheinlich wurde also diese Zusammenfassung für das ganze Land erst nach 1885 versucht. 1907 aber waren dem Naqību'l-Mamālik nur noch die beiden in Ṭihrān verbliebenen Orden, die 'Aǧam und die ḫāksār, unter geordnet.[7] Möglicherweise war dieses Amt aus der Stellung einer Art „Hofderwisch" bei Nāṣiru'd-Dīn,[8] welcher vielleicht mit dem von Brugsch bezeichneten „Oberhaupt der Derwische" und dem Naqību'l-Mamālik identisch war,[9] entstanden. Auch die oben beschriebene innere Organisation der 'Aǧam zeigt deutlich eine Konzentration in Ṭihrān.

Die wenigen Angaben erlauben keine sicheren Aussagen über die *soziale Herkunft* der Derwische. Es ist sehr wahrscheinlich, dass die Orden in ihrem Verfall und ihrer Missachtung durch den Großteil der Gebildeten zunehmend weniger Nachwuchs von dieser Seite her enthielten.[10] Immerhin gab es

1 Aubin, 238.
2 Aubin, 247.
3 Brugsch, Im Lande, 133.
4 Brugsch, Reise II, 343.
5 Vgl. Polak, Persien I, 372.
6 Neben „17 anderen Gilden, unter ihnen die Wasserpfeifenverkäufer und Totenwäscher"; Aubin, 238. Auch für das Amt des Naqību'l-Mamālik hatte Nāṣiru'd-Dīn möglicherweise das entsprechende des Ḫalīfatu'l-Ḫulafā aus der Ṣafavīdenzeit (s. T. M., 55) als Vorbild gedient. Eine gleiche Zusammenfassung in Ägypten, s. HdI, 95 lk.
7 Aubin, 238.
8 Vgl. Wills, In the Land, 43.
9 Die Titelliste bei Marāġī (vgl. Al-ma'āṣir, 241 r Z 13) enthält wohl den Titel, ohne jedoch einen Träger zu nennen.
10 Vgl. auch HdI, 94 r.

einzelne, die, vielleicht auch, weil sie sich so am besten zu schützen meinten,[1] den Weg in die Orden suchten.

Polak fand in den 50er Jahren unter den Derwischen noch „Söhne angesehener Familien, einige sogar Prinzen", und einen Bruder des damaligen Finanzministers Mīrzā Jūsuf Āštījānī.[2] 1851 berichtet Sheil von dem Sohne eines Kaufmanns (tāǧir), der als Derwisch durch den Ṭihrāner Bazar zog.[3] Der wahrscheinlich keinem Orden zugehörende Mystiker Ḥāǧǧī Mīrzā Ṣafa, Nachkomme von ḫānen in Savādkūh, soll als Student von der Theologie enttäuscht worden sein.[4] Aber es nimmt wunder, dass sich noch 1907 unter den ʿAǧam einige sozial höher Stehende befunden haben sollen;[5] es waren möglicherweise Laienmitglieder. Lange zuvor wird aber berichtet, dass die ʿAǧam ihren Nachwuchs „hauptsächlich unter den Handwerkern" fänden.[6] Der Vater des schon mehrfach genannten Ḥāǧǧī Aḥmad war Maultierführer gewesen.[7] Brugsch erzählt von einem Bauernjungen aus Taǧrīš bei Ṭihrān, den das leichte Geldverdienen und die umherziehende Lebensweise dazu verlockt hatten, sich einem Orden anzuschließen; wie er überhaupt den vielen Knaben, die 1862 als Derwische oder als Novizen Ṭihrān durchzogen, gleiche Beweggründe unterstellt.[8] Einen solchen Mangel an eigentlichem innerem Bedürfnis zum Derwischtum fand auch der alte Ḥāǧǧī Aḥmad bei seinem Sohne, der kein starkes inneres Verhältnis mehr zu seinem muršid besessen haben soll.[9] Immerhin gehörten zu den ʿaǧam 1907 noch in Persien außer 5.000 bis 6.000 Derwischen auch etwa 4.000 Novizen.[10]

Es steht außer jedem Zweifel, dass die *Lebenshaltung* des größten Teils der Derwische für zeitgenössische persische Verhältnisse dürftig war; vor allem galt das für die umherziehenden Derwische.[11] Doch scheint nicht immer die Abgabepflicht an die Oberen genau genommen worden zu sein. So war es einigen möglich, im Alter Vermögen zu bilden, wenn sie dem Orden nicht wegen mystischer Bedürfnisse angehörten.[12] Auch scheinen manche aus ihren Orden ausgetreten zu sein, nachdem sie ihr materielles Ziel erreicht hatten. Der „Hofderwisch" Nāṣiru'd-Dīns war selbstverständlich „ein Mann

---

1 Vgl. Abbot, Geogr. Notes, 36.
2 Polak, Persien I, 39.
3 Sheil, 192.
4 Vgl. Marāǧī, Al-ma'āṯir, 127 Z 21 f; über ihn s. auch Bd I.
5 Vgl. Aubin, 242.
6 Aubin, 242.
7 Aubin, 246.
8 Brugsch, Reise II, 344.
9 Aubin, 249.
10 Aubin, 241.
11 Vgl. Serena, Hommes, 156.
12 Vgl. Abbot, Geogr. Notes, 36.

von einigem Vermögen".[1] Der Derwisch Muḥammad ʿAlī besaß in Qūčān 1884 einen Garten, Ackerland, eine Mühle und Kaufläden zu „weltlichen Verwendungszwecken". Garten und Ackerland sollen ihm jährlich eine Pachtsumme von 100 tūmān (670 Goldmark) erbracht haben. Er hatte dieses Vermögen durch Erbschaft erhalten, er nahm keine Almosen an.[2] Dieses Beispiel kann nicht verallgemeinert werden.

Die Derwische nahmen infolge ihrer ursprünglich ausschließlich immateriellen Ziele eigentlich einen Platz abseits der Gesellschaft ein. Das scheint sich mit dem im Laufe des 19. Jahrhunderts rasch fortschreitenden Verfall der Orden insofern geändert zu haben, als bei gleichzeitiger sozialer und moralischer Nivellierung ihre Mitglieder in allen Schichten engeren Anschluss an die weltliche Gesellschaft fanden. Die so gewonnene breitere Berührung, vor allem mit dem einfachen Volke, mag den zahlenmäßigen Verfall manches Ordens zwar verlangsamt haben, doch konnten angesichts der sich in mancher Beziehung wandelnden geistigen Umwelt daraus keine neuen Kraftquellen mehr erwachsen.

2.3 Lūṭīs

Wir erkennen einen gewichtigen Faktor des städtischen Lebens im 19. Jahrhundert, dessen genaue Erfassung allerdings einige Schwierigkeiten bereitet. Das fast kryptisch anmutende Dasein der lūṭīs (sing. lūṭī, pl. alvāṭ) erklärt den Mangel einheimischer Quellen mit ihren wertvollen Einzelangaben, daher müssen wir uns völlig auf die meistens allgemeineren Äußerungen europäischer Beobachter stützen. Zur Erklärung des nicht ohne weiteres verständlichen Auftretens der lūṭīs sind einige Bemerkungen über ihre Vorgeschichte am Platze, für die wir uns zunächst auf zwei zeitlich auseinander liegende Autoren verlassen müssen. Zu Beginn des 19. Jahrhunderts waren es eine Art Hofnarren, Gaukler und Akrobaten, die die ursprünglich „Sodomiten" bedeutende arabische Bezeichnung lūṭī trugen; so wenigstens nach einem Augenzeugen 1802 am Hofe des Gouverneurs von Šīrāz.[3] Diese lūṭīs sollen schon damals ihre bevorzugte Stellung zu kleinen Erpressungen genutzt haben. Nach Kazem Beg nahmen sie unter Muḥammad Šāh in einem bedrohlichen Maße zu,[4] das sie um die Mitte des Jahrhunderts in voller

1 Vgl. Wills, In the Land, 43.
2 Vgl. Marāġī, Maṭlaʿ I, 152 Z 14 f.
3 Vgl. Waring, 55.
4 Vgl. Kazem Beg, Bab VII, 351 Anm. 1.

Blüte zeigt. Nahezu alle Züge ihrer weiteren Entwicklung finden sich in diesem früheren Stadium.

Die lūṭīs bildeten *Zusammenschlüsse*, deren Formen einer gewissen Geheimhaltung wegen im Einzelnen hier nur unvollkommen geklärt werden können.[1] Doch ist, im Vergleich zu beschriebenen Organisationen von Ständen und Sondergruppen, hier eine größere Straffheit anzunehmen. Starke Druckmittel haben nicht gefehlt. Ihre Oberhäupter (lūṭī bāšī) scheinen meist den Vorsitz über sämtliche lūṭīs am jeweiligen Ort geführt zu haben.[2] In Ṭihrān der 50er Jahre hat der lūṭī bāšī noch „die Rolle eines Narren bei Hofe vertreten" und einen Staatssold erhalten.[3] Nach Kazem Beg führte er 10 bis 15 Untergruppen. Schon verschiedenartige, organisiert durchgeführte Verbrechen (s. Bd I) legen ein Bestehen solcher Gruppierungen nahe, zumindest in größeren Städten. Zu Beginn des 20. Jahrhunderts finden wir den Ṭihrāner lūṭī bāšī Ḥasan Ḫān,[4] entsprechend den von Nāṣiru'd-Dīn ständig angestrebten beruflichen Zusammenschlüssen, bereits als durch den Schah ernannt und als Oberhaupt mehrerer Gruppen vagantischer Metiers der Hauptstadt.[5] Von solch fester Organisationsform wichen, soweit bekannt, nur die lūṭīs von Šīrāz ab. Sie hatten sich bis zur Mitte des 19. Jahrhunderts mit den dort in besonders lebhaftem Gegensatz stehenden Ḥaidarī und Ni'matī so gleichgesetzt, dass sie sich auch als lūṭīs in zwei Gruppen gespalten hatten.[6] Das bestätigt der Bericht von Brugsch, der dort von „zwei großen Parteien" unter besonderen lūṭī bāšī berichtet.[7]

Diese Parteiung verstärkte ein persönlicher Gegensatz zwischen den beiden führenden Männern von Fārs in den 60er und 70er Jahren, des Mīrzā 'Alī Muḥammad Ḫān Qavāmu'l-Mulk[8] und des Ḥāǧǧī Mīrzā Ḥasan Mušīru'l-Mulk,[9] welche die Dienste der lūṭīs benutzten.[10]

Die lūṭīs waren wahrscheinlich in sämtlichen sozialen Schichten vertreten.[11] Untersucht man ihren *Anteil an der Gesellschaft*, dann fällt zunächst ein

1 „A kind of freemason" Binning I, 273.

2 Vgl. Polak, Communikationsmittel, 61 Anm.; Brugsch, Im Lande, 211.

3 Vgl. Polak, a.a.O..

4 Kazem Beg, Bab VII, 351, Anm. 1.

5 Vgl. Aubin, 233. Über die Parallele zum Vagantentum s. unten.

6 Vgl. Binning I, 274.

7 Brugsch, Reise II, 182. Als weitere Stütze mag man dafür eine Analogie der Bezeichnungen sehen: Lūṭī ḫāne (Aubin, 233) und Ḥaidarī ḫāne (Fasā'ī II, 47 Z 25), bzw. Ni'matī ḫāne (a.a.O., 98 Z 3) in Šīrāz.

8 Vgl. Bd I, 123 f.

9 Vgl. Bd I, 95, 123 f.

10 Vgl. Preece, 431.

11 Vgl. Polak, Persien I, 39; ders., Communikationsmittel, 61 Anm.

starker Anteil an Leuten des fahrenden Volkes auf. Auch nach der Zunahme der lūṭīs unter Muḥammad Šāh war dieser Anteil noch immer derart hoch,[1] dass Europäer jenen Stand irrtümlich mit ihnen gleichsetzten.[2] Man findet sogar „lūṭī" gleichzeitig für diese Gemeinschaft und für den Stand noch die ganze Regierungszeit Nāṣiru'd-Dīns hindurch verwendet.[3] Vielleicht spielten auch die Leute des fahrenden Volkes, oft gezwungen, bis etwa in die 80er Jahre hinein eine nachgeordnete Rolle innerhalb der Zusammenschlüsse von lūṭīs.[4] Etwa 1870 hatte ein Schlangenbeschwörer an den lūṭī bāšī 10% des mageren Gewinns abzuführen.[5]

Unter den überall anzuwerbenden Bediensteten gab es lūṭīs.[6] Ferner gehörten zu ihnen eine „beträchtliche Anzahl" Gewerbetreibender, zumindest in Šīrāz, daneben auch einzelne Angehörige höherer Schichten,[7] dies allerdings wohl mehr als Protektoren und Nutznießer, wie wir oben gesehen haben. Das in sicherlich starkem Maß vertretene Berufsverbrechertum (s. Bd I), schien sich aber bei den lūṭīs vornehmlich in seinen anspruchsvolleren Teilen darzustellen.[8] Es ist überhaupt sehr wahrscheinlich, dass die lūṭīs nicht schlechthin die kriminellen Elemente der Städte, sondern aus diesen und aus erlebnishungrigen jüngeren Leuten eine gewisse Auswahl darstellten. Es wird zum Beispiel bei einer bestimmten Gelegenheit 1848 in Jazd zwischen lūṭīs und „sonstigem Gesindel" recht deutlich unterschieden.[9]

Die lūṭīs konzentrierten sich in den größeren Städten, vor allem in Tabrīz, Iṣfahān und Šīrāz;[10] sie waren in Ṭihrān,[11] aber auch in Städten wie Urūmīje,[12] Jazd[13] und Kāšān[14] vertreten. Aber nach örtlichen Gegebenheiten konnten auch kleinere Orte wie Ǧahrum mit überschlägig etwa 5.000 Einwoh-

1 Vgl. Polak, Persien I, 39; Vambery, Meine Wanderungen, 150; Brugsch, Im Lande, 134.
2 Vgl. Flandin, Souvenirs, 1132; Duhousset, Les Chasses, 123.
3 Vgl. Binning I, 273; Häntzsche, Specialstatistik, 441; Basset, Persia the Land, 75; Wills, In the Land, 306; Wills, Persia, 220; P. M. Sykes, Ten Thousand Miles, 32.
4 Vgl. Bd I.
5 Aubin, 247.
6 Vgl. S. G. W. Benjamin, Persia, London 1887, 159.
7 Binning I, 273.
8 „Swell-mob of the towns" a.a.O..
9 Vgl. Buhse, Aufzählung, LIX.
10 Vgl. Polak, Communikationsmittel, 61 Anm.; Kazem Beg, Bab VII, 351 Anm. 1; Binning I, 273.
11 Binning II, 217; Brugsch, Im Lande, 134.
12 Sandreczki III, 159.
13 Browne, A Year, 405.
14 Vambery, Meine Wanderungen, 150.

nern,[1] Trupps von lūṭīs beherbergen.[2] Ihre Gesamtzahl zu ermitteln scheint nicht möglich.[3]

Die lūṭīs kennzeichneten ihre nichtachtende und aufbegehrende *Einstellung zur Gesellschaft* bereits durch Eigenheiten ihrer Kleidung. Den Überrock (kamarčīn), dessen Länge in ungefährem Verhältnis zur sozialen Stellung ihres Trägers stand, trugen sie in kokettem Trotz am kürzesten.[4] Dazu gehörte ein halblanger Dolch (qame).[5] Ihre Herausforderung galt besonders der staatlichen Gewalt, deren Ordnungsorgane sie, jedenfalls während der frühen Regierungszeit Nāṣiru'd-Dīns gelegentlich anfielen und sich dabei vernichteten.[6] Öfter forderten sie einander unter Alkoholeinfluss zu öffentlichen Zweikämpfen heraus, die, mit dem qame ausgefochten, wohl bestimmte Regeln kannten.[7] Bis gegen Mitte des Jahrhunderts hatten sich die beiden Gruppen der Šīrāzer lūṭīs jeden Freitag vor der Stadt Kämpfe geliefert, die mit Steinen ausgetragen wurden. Doch verhielten sie sich stets solidarisch Dritten gegenüber.[8] Im Übrigen begingen lūṭīs Verbrechen, [9] vor allem des Nachts,[10] insbesondere in den frühen Regierungsjahren des Schah. Auch in ruhigen Zeiten stellten sie sowohl Diebe als auch Straßenräuber.[11] Es scheint somit, als hätten bei den lūṭīs heroische, vielleicht auch idealistische[12] Züge und Naturen in enger Gemeinschaft mit überwiegenden grob eigennützigen und verbrecherischen Elementen gestanden.[1]

1 Rochechouart (Souvenir, 35) gibt für die 60er Jahre 10.000 Einw. an; Abbot (Notes taken on a journey, 164) 1850, etwa entsprechend, 3.000 Familien. Die Hungerjahre 1870-72 und 1879-81 dürften aber mehr als den natürlichen Zuwachs aufgezehrt haben. 1907 wird der Ort mit nur 4.000 Einwohnern angegeben (Fevret, 197).

2 Stack I, 131.

3 Die Zahl von 20.000 lūṭīs (Polak, Communikationsmittel, 61) 1849 für Tabrīz ist ganz unwahrscheinlich; sie würde etwa 20% der damaligen Einwohnerschaft bedeuten, und kann in dieser Höhe allenfalls für lūṭīs und ihren Anhang, den gewöhnlichen Mob der Stadt, mitsamt Familien gelten.

4 Vgl. Wills, In the Land, 318.

5 Polak, Communikationsmittel, 61 Anm.; vgl. Gobineau, Trois ans, 405.

6 Gobineau, a.a.O.. Gobineau schildert im weiteren einen solchen Fall aus Ṭihrān. Vgl. im Übrigen auch Brugsch, Reise I, 224.

7 Gobineau, a.a.O..

8 Binning I, 274 f.

9 Binning I, 273.

10 So 1861 besonders für Šīrāz. Brugsch, Reise II, 182; vgl. allgemein: Polak, Persien I, 39.

11 Vgl. Brugsch, Reise I, 224; Ussher, 511.

12 Es erscheint möglich, hier Bestrebungen zu einer gewaltsam ausgleichenden Gerechtigkeit zu sehen, wie sie bei den besonders in schiitischen Kreisen des islamischen Mittelalters heimischen fitjān anzutreffen waren. Vgl. F. Taeschner, Das Futuwwa-

Die lūṭīs befanden sich auf unterschiedliche Weise in *Verbindung mit* anderen Gliedern *der Gesellschaft.* Gewiss gab es eine Zahl auch einflussreicher Leute, die ihnen erpresste Dienste zu leisten hatten; vielleicht gehörten dazu auch die in den 60er Jahren für Šīrāzer lūṭīs arbeitenden Ärzte.[2] Wesentlicher für die Verbände von lūṭīs war es aber, dass zahlreiche hohe Personen sie duldeten oder auch förderten. So kennen wir bereits (vgl. Bd I, 166) große, aus lūṭīs bestehende Gefolgschaften des šeiḫu'l-islām von Tabrīz 1849, des bis 1874 amtierenden imām-i ǧum'e von Iṣfahān; und wahrscheinlich die mehrerer 'ulamā in Šīrāz. Auch Vertreter der Obrigkeit standen nicht selten mit lūṭīs in wechselseitig fruchtbarer Verbindung. Einen deutlichen Einblick vermittelt der Fall des im Februar 1861, seiner verantwortlichen Rolle an den zu gefährlichen Hungerdemonstrationen führenden Preissteigerungen wegen, hingerichteten kalāntar (Bürgermeister) von Ṭihrān, Maḥmūd Ḫān Nūrī.[3]

Seine Zusammenarbeit mit den lūṭīs[4] hatte sich so gestaltet, dass sie von Waren in die Stadt transportierenden Landleuten die Esel zu entwenden pflegten, um sie gegen „Finderlohn" zurückzugeben. Er bezog dabei jährlich Abgaben von 400 tūmān (etwa 3.800 Goldmark).[5] Dieses Stadtoberhaupt soll eine ähnliche Abgabe erwogen haben von solchen lūṭīs, die das gleiche Geschäft mit entwendeten Kindern betrieben.[6] Die Zeugnisse über den Einfluss des Ḥāǧǧī Mīrzā 'Alī Akbar Qavāmu'l-Mulk auf Šīrāzer lūṭīs und über deren Durchführen vieler Gewaltmaßnahmen sind zahlreich.[7] Ihre Organisationsformen soll er maßgebend beeinflusst haben.[8] Auch in dieser Rolle des Patron Šīrāzer lūṭīs folgte ihm, wie wir sahen, sein Sohn Mīrzā 'Alī Muḥammad Ḫān, Qavāmu'l-Mulk. Der vazīr von Iṣfahān hatte bis 1849 die

---

Rittertum, in: Beiträge zur Arabistik, Semitistik und Islamwissenschaft, Leipzig 1944, 350 f, 372 f.

1 Möglicherweise ist hier eine von den Verbrecherkorporationen des Mittelalters (vgl. B. Lewis, The Islamic Guilds, in: Economic History Review, 1937-38, 35) herrührende Entwicklung eingemündet.

2 Vgl. Brugsch, Reisen II, 182.

3 Vgl. Bd I, 48 Anm. 1.

4 Vgl. Brugsch, Reise I, 224.

5 S. Polak, Communikationsmittel, 59 und Rochechouart, Souvenir, 84. Da der damalige Preis eines Esels durchschnittlich 12 tūmān (etwa 114 Goldmark) betrug (vgl. Rochechouart, a.a.O., 165; Radde, Wiss. Ergebnisse, 171) wäre bei vorsichtiger Schätzung eines „Finderlohns" von 2-3 tūmān und eines aus der Abgabe von 400 tūmān überschlägig geschätzten „Jahresumsatzes" von 1.200 tūmān, jährlich mit ungefähr 500 solcher Fälle in Ṭihrān zu rechnen gewesen!

6 Rochechouart, Souvenir, 84.

7 Brugsch, Reise II, 196; Rochechouart, a.a.O., 27; vgl. Binning I, 275; Brugsch, Reise II, 182; vgl. Bd I, 122 f.

8 Vgl. Gobineau, Trois ans, 177.

lūṭīs seiner Stadt gefördert und sie schließlich zum Aufstand geführt, der ihn allerdings das Leben kostete.[1] Man mag sich in diesem Falle fragen, ob nicht der Patron eher Werkzeug als Meister gewesen war. Schließlich ist in diesem Zusammenhang nicht uninteressant, dass eine der Frauen des Schah, die Mutter des Ẓillu's-Sulṭān (Bd I, 57) 'Iffatu's-Salṭane,[2] unter ihrer etwa hundertköpfigen Dienerschaft „viele" lūṭīs gehabt haben soll.[3] Die Zusammenschlüsse der lūṭīs scheinen oft dort gediehen zu sein, wo sich Hofhaltungen einzelner Mächtiger fanden. Es fällt auf, dass dort, wo diese hinter großen religiösen Institutionen, wie in Mašhad und Qum, zurücktraten, lūṭīs kaum vorkamen.

Das Hervortreten von Protektoren verband sich meist mit besonderer *Kraftentfaltung* der lūṭīs. Nach der Thronbesteigung Nāṣiru'd-Dīns waren sie Träger von zum Teil schweren Unruhen gewesen. In Šīrāz brachen 1848 bei solcher Gelegenheit die lūṭīs in Häuser Wohlhabender ein und erpressten hohe Summen.[4] Sie scheinen später, vielleicht im Zusammenhang mit der Übernahme des Postens als mutavallī bāšī in Mašhad durch ihren Patron, den Qavāmu'l-Mulk,[5] etwa 1862 an Macht in Šīrāz verloren zu haben.[6]

In Iṣfahān war 1849 ein vom vazīr mit Hilfe der lūṭīs geführter Aufstand ausgebrochen. Er war besonders gefährlich durch die dortige starke, der Dynastie außerordentlich feindliche und mit den lūṭīs dort verbundene Geistlichkeit (vgl. Bd I, 40). Die Niederschlagung scheint die dortigen lūṭīs erheblich geschwächt zu haben.[7] Immerhin deutet das ihnen noch 1889 von Curzon ausgestellte Zeugnis, sie würden „gerechterweise als die größten Schufte in Persien angesehen",[8] weiterhin eine gewisse Kraft an. In die Reihe von Aufständen in der frühen Regierungszeit des Schah gehört auch 1849 der misslungene Marsch des šeiḫu'l-islām von Tabrīz mit einer großen Schar lūṭīs auf die Hauptstadt.[9]

1858 beschreibt Gobineau den Ruf dieser lūṭīs als in ganz Persien wegen ihrer „gewalttätigen und wilden Sitten" bekannt.[10] Ereignisse besonderer Art hatten sich 1848 und 1849 in Jazd wiederholt. Offenbar ohne höhere Protektion hielt der dortige Führer der lūṭīs, Muḥammad 'Abdullāh, während

1 Binning II, 119.
2 Marāġī, Al a'āṣir, 15 r Z 1 f.
3 S. G. W. Benjamin, Persia, London 1887, 159.
4 Binning I, 273 f.; Brugsch, Reise II, 182.
5 So Rochechouart, Souvenir, 37. Zum diesem Amt vgl. Bd I.
6 Vgl. Ussher, 511.
7 Vgl. Binning II, 119, 344; s. auch Kazem Beg, Bab VII, 368.
8 Curzon, Persien II, 43.
9 Polak, Persien I, 327; ders., Communikationsmittel, 61.
10 Gobineau, Trois ans, 509.

des Regierungswechsels die Ordnung mit Hilfe seiner straff gezügelten Leute so lange aufrecht, bis der neue Gouverneur sein Amt angetreten hatte. Da dessen Stellung nach kurzer Zeit infolge ungewöhnlicher Übergriffe unhaltbar geworden war, und er daraufhin seinen Posten unter nicht näher erklärten Umständen verlassen hatte, übernahm ʿAbdullāh wieder das Amt als Wächter der Ordnung. Für seine Wirksamkeit in diesem Sinne ist auch ein Zeichen, dass achtbare und an Ruhe interessierte Personen, wie Kaufleute, während jener Zeit zu seiner Umgebung zählten.[1] In der Hauptstadt hatten die lūṭīs weniger als anderswo die Möglichkeit, ihren Neigungen zu frönen, am wenigsten zur Amtszeit des Großwesirs Mīrzā Taqi.[2] Später gewannen sie dort an Spielraum. Sie unterstrichen ihr Vorhandensein auch in ruhigen Zeiten durch organisierte Diebereien (s. o.), griffen aber bei der Hungersnot 1860-61 in der Hauptstadt der näheren Umgebung darüber hinaus.[3] Es fällt auf, dass in den genannten Städten und allgemein, während der außergewöhnlichen Hungersnot von 1870-2 und derjenigen im Süden des Landes von 1879-81 keine nennenswerten, durch lūṭīs verursachten Übergriffe vorkamen. Lūṭīs hungerten eben auch. Es liegt auch nahe, eine Schwächung ihrer Organisation durch diese Katastrophen anzunehmen, die unter späteren, veränderten Umständen, so vor allem besserer polizeilicher Überwachung, nicht mehr aufgeholt werden konnte. Ein Aufflackern bedeutet die Ermordung des Gouverneurs von Ǧahrum 1881, als Racheakt für eine einem lūṭī erteilte Strafe.[4] Die in früheren Jahren jederzeit als gefährlich geschilderten lūṭīs scheinen später die Kraft zu größeren Aktionen eingebüßt zu haben. Ein solches Nachlassen wird 1893, unmittelbar nach der Hungersnot in Südpersien, aus Šīrāz berichtet.[5] Während noch etwa 1885 in Ṭihrān die Polizei mit ihnen „vollauf zu tun" gehabt haben soll,[6] scheinen sie sich 1907 dort nur noch mit vagantischen Tätigkeiten befasst zu haben.[7]

Über das *Ansehen* der lūṭīs bleibt nur so viel zu sagen, dass sie möglicherweise in niedrigen Schichten des Volkes einigen Ruf als Faktoren ausgleichender Gerechtigkeit genossen. Da aber ein Eigentumsausgleich gewaltsamer Art islamischer Auffassung gänzlich zuwiderläuft, stand ihnen der größte Teil der persischen Gesellschaft mit Schrecken und Ablehnung gegenüber.[8]

Die Gemeinschaft der lūṭīs ist schwer erfassbar. Wenige idealistische,

---

1 Vgl. Buhse, Aufzählung, LVIII f.
2 Vgl. Binning II, 149.
3 Vgl. Brugsch, Reise II, 297.
4 Stack I, 131.
5 Preece, 431.
6 Brugsch, Im Lande, 211; s. auch Bd I.
7 Vgl. Aubin, 233.
8 Vgl. auch S. G. W. Benjamin, Persia London 1887, 380.

vielleicht durch das öffentliche Leben enttäuschte, zahlreiche kriminelle, und vielfach berufslose Elemente fanden sich hier unmittelbar vor und während Nāṣiru'd-Dīns Regierungszeit zusammen.

Teilweise den Stand des „fahrenden Volkes" umfassend, scheinen sie in späterer Zeit, ihre Neigung zu öffentlicher Unruhe weitgehend ablegend, mit diesem nahezu identisch geworden zu sein.

Damit wird die einer in die Neuzeit eintretende Gesellschaft nicht mehr entsprechende soziale Form ihrer organisatorischen Auflösung kaum entgangen sein.[1]

2.4 Bindungen

Ein noch zu Zeiten Nāṣiru'd-Dīns nicht ungewöhnlicher Brauch waren Freundschaftsbünde.

Männer pflegten sie am 18. ẕū'l-ḥiǧǧe, dem schiitischen Fest der Nachfolge ʿAlīs als Kalif (ʿeid-i ġadīr) zu schließen und verbanden sich damit einander auf Lebenszeit als „Brüder" (birādarhā). Diese, anscheinend auf jeweils zwei Personen beschränkten Bruderschaften waren durch die Geistlichkeit anerkannt; die Zeremonie der Verbindung wurde durch einen mullā vorgenommen.[2] Arnold erwähnt 1876 einen solchen Bund seines eigenen mit einem anderen Diener.[3]

Gleichartige Bünde gab es unter *Frauen*. Diese „besondere Zeremonie" (ḫʷāhar, ḫʷāndagī) soll „in gewissen Moscheen am letzten Mittwoch vor dem Neujahrstage"[4] statt gefunden haben, also ebenfalls unter Leitung und Anerkennung von Geistlichen. Bisweilen sollen diese Verbindungen lesbischen Charakter getragen haben.[5]

Eine besondere Verbindung besaßen derartige Formen unter den ʿAlī ilāhī oder Āhl-ī ḥaqq in Westpersien.[6] Sie dienten hier ethnischen und religiösen

---

1 Die heutigen, anscheinend nicht mehr organisierten und wenig zahlreichen Nachfahren jener lūṭīs nennt man „mašdī", oder „māštī" (von „mašhadī"). In den 50er Jahren des 20. Jahrhunderts bedeutet das Wort „lūṭī" etwa „Schlingel". Nach einer mündl. Mitteilung.

2 Vgl. Brugsch, Reise I, 260.

3 Arnold, Through Persia II, 54.

4 Polak, Prostitution, 629.

5 Vgl. a.a.O.; Häntzsche, Haram, 424.

6 Vgl. HdI, 19 f. Sie neigten in Persien z. T. zu den Nuṣairī (vgl. HdI, 594f), daher von Gobineau (s. u.) vielfach auch so bezeichnet.

Zielen, was es erklären kann, dass die „Brüder“ und „Schwestern“, die sich auch unterschiedlichen Geschlechts miteinander verbinden konnten, weitgehende pädagogische Befugnisse gegenüber dem Partner und selbst dessen Familie besaßen.[1]

Hier erkennen wir ein ganz persönliches Element, die Entscheidung zu einem dauerhaften, religiös gesegneten Freundschaftsbund. Es ist ein Ausdruck individuell gestalteter Ethik, der wir sonst nicht so eindeutig begegnen.

2.5 Siedlungsgemeinschaften

In Dörfern und in Städten bestand ein besonderer Hang zu Gemeinschaften, die aus verschiedenen sozialen und historischen Ursachen herrührten. Äußerlich kennzeichnete sie schon ein gewisses engeres gemeinschaftliches Wohnen.[2] Derartige weitgehend selbstbezogen existierende Gruppen waren seit langer Zeit eine Eigentümlichkeit der islamischen Stadt gewesen.

Eine in den Einzelheiten ihrer Entstehung noch nicht geklärte und ihrem Umfang nach außergewöhnliche Erscheinung war eine die sesshafte Bevölkerung weitgehend durchziehende Aufspaltung in zwei gegnerische Lager, die ihren Ursprung in den Auseinandersetzung der Schüler zweier schiitischer Theologen des Mittelalters, Šāh Valī Niʿmatu'llā Kuhbinānī[3] und Sejjid Ḥaidar Tūnī[4], hatte. Diese Parteiungen sollen bereits im 15. Jahrhundert weit verbreitet gewesen, und durch die Ṣafavīden aus innenpolitischen Gründen begünstigt worden sein.[5] Sie hatten das unruhige 18. Jahrhundert überdauert und befanden sich Beginn des 19. Jahrhunderts unter den Namen der Niʿmatī und Ḥaidarī in voller Entfaltung.[6]

Die Spaltung erfasste in vielen Städten deren gesamte Einwohnerschaft; beispielsweise waren in Šīrāz 1304/1886-7 von den 11 Stadtvierteln[7] 5 Ḥaidarī[8], mehrere andere, wahrscheinlich aber der Rest, Niʿmatī.[9] In Ardakān (70 km nordwestl. Šīrāz) bezeichneten sich von den 5 Stadtvierteln 2 als

1 Vgl. Gobineau, Trois ans, 361; HdI, 20.
2 Vgl. auch Adams, 200; J. Greenfield, die Verfassung, 254 f.
3 Vgl. G. E. von Grunebaum, Die islamische Stadt, Saeculum 155, 145f, 152.
4 Vgl. EI III, 996; I. P. Brown, London 1927, 458.
5 P. M. Sykes, (Ten Thousand Miles, 29) nennt ihn Kutbu'd-Dīn Ḥaidar.
6 Vgl. Marāġī, Al-ma'āṣir, 125 lk Z 2 f, Z 10 f.
7 Vgl. J. Malcolm, 593.
8 Fasā'ī II, 22 Z 35.
9 Fasā'ī II, 47 Z 25.

Ḥaidarī und 3 als Niʿmatī.[1] Wie weit sich dieser Gegensatz auf dem Lande fortsetzte, ist schwer zu sagen, doch mag es, wenigstens für Fārs, bezeichnend sein, wenn Andreas bei großen Dörfern wie Sīvand (89 km nördl. Šīrāz) und Qalʿat (bei Ardakān) mit je 4 Vierteln ausdrücklich erwähnt, sie seien nicht nach Ḥaidarī und Niʿmatī unterteilt.[2] Kleine Orte im Bannkreis von Städten dürften häufig in ihrer Gesamtheit zu einer der Parteien gehalten haben; so waren 1876 auf der Halbinsel Būšahr 9 Orte Ḥaidarī, darunter Rīšahr, und 4 Orte Niʿmatī.[3]

1301/1884 wird in Abarsīǧ (nördl. Šāhrūd) unter 12 Gemeinschaften eine „ṭa'ife-ji" genannt.[4]

Parteiungen auf den Dörfern scheinen sich auch häufig nach denjenigen ihrer Besitzer gerichtet zu haben, so jedenfalls 1835 in einigen Dörfern bei Tabrīz.[5] Die Führung dieser Parteien deckte sich weitgehend mit den Organen der Selbstverwaltung in den Städten. So war 1835 der Führer der Ḥaidarī von Tabrīz, Naǧaf Qulī Ḫān, „Chief magistrate of the town",[6] also der kalāntar. In Šīrāz standen die den Parteien zugehörigen Viertel jeweils unter besonderer Führung zweier vorgeordneter „katḫudā bāšī": die Viertel der Ḥaidarī führte bis zu seinem Tode 1255/1839-40 ein Vetter von Ḥāǧǧī Ibrāhīm, Āqā Muḥammad.[7] Die Führung dürfte danach in der Sippe verblieben und in die Hände des Familienzweigs des Qavāmu'l-Mulk und seiner Nachkommen übertragen worden sein.[8] Die Viertel der Niʿmatī führte in den 80er Jahren der Sejjid Mīrzā Jūsuf, dessen Familie seit 1232/1816 dem Amte vorstand.[9] Auch Geistliche und Intellektuelle („ʿuqalā") konnten zu den Parteien gehören, so in Urūmījeh.[10]

Der Zwang der Siedlungsgemeinschaft ging so weit, dass jemand der in ein Viertel der Gegenpartei umzog, damit ohne weiteres in diese überwechselte.[11]

Die Ḥaidarī und Niʿmatī traten mit ihrer, dem ursprünglichen theologi-

---

1 Vgl. a.a.O., 98 Z 3.
2 Andreas, Nachlass, 5b.
3 Andreas, Nachlass, 5b.
4 Marāǧī, Maṭlaʿ I, 66 Z 2 f.
5 Vgl. Sheil, 324.
6 Sheil, 323 f.
7 Fasā'ī II, 47 Z 22 f; vgl. Bd I, 9 und 11.
8 Vgl. Fasā'ī II, 98 Z 2 f.
9 Vgl. Fasā'ī II, 98 Z 2 f.
10 Ibrāhīm Beg, 140 Z 12 f; vgl. allgemein: J. Greenfield, Die Verfassung, 133.
11 Vgl. Sheil, 323; Binning I, 275.

schen Streit längst entfremdeten[1] Gegnerschaft eigentlich nur einmal im Jahre gegeneinander auf, und zwar während der schiitischen Passionszeit vom 1. bis 10. muḥarram, besonders am 9. und 10., den ʿāšūrā-Tagen.[2] Während der ersten Hälfte des 19. Jahrhunderts pflegten an diesen Tagen, anscheinend regelmäßig, die beiden Parteien zu vorbereitetem Streit anzutreten, welchen man mit von der Hand oder durch Schleudern geworfener Steine ausfocht. Eifer, Verwundungen und gelegentliche Tote rissen die Gegner manchmal von bloßem kämpferischen Ehrgeiz zu gröberen Ausschreitungen fort, wie Plünderungen von Häusern und Läden.[3] Die von Nāṣiru'd-Dīn „schrittweise" gegen diese Auseinandersetzungen getroffenen Maßnahmen müssen nachhaltig gewesen sein.[4] Wir erfahren von größeren Ausschreitungen dieser Art während seiner Regierungszeit nur noch aus Rašt vom Juli 1861.[5] „Steinschlachten" kamen aber weiter vor.[6] Nach dem Tode des Schah scheinen solche Vorkommnisse wieder stärker hervorgetreten zu sein.[7]

Es ist anzunehmen, dass an den Auseinandersetzungen keineswegs sämtliche männliche Ḥaidarī und Niʿmatī, vielmehr in der Hauptsache ihre jüngeren Mitglieder, teilgenommen haben.[8] Das liegt nahe auch angesichts einer Zahl von insgesamt etwa 800 Teilnehmern aus Tabrīz und einigen Dörfern der Umgebung an dem von Colonel Sheil 1835 beobachteten Kampf.[9] Es konnten allerdings bei anschließenden, sich auf die Stadt erstreckenden Ausschreitungen bedeutend mehr Personen beteiligt werden oder in Mitleidenschaft geraten, so, wenn 1861 in Rašt neben einigen Toten „drei- oder vierhundert Verwundete" zu beklagen waren.[10]

Neben diesen beiden großen Parteiungen, oder diese überschneidend, bestanden *örtliche Gemeinschaften* unterschiedlicher Größe und Zusammen-

1 „... even well informed people can give no explanation of the original cause of this institution ...", Sheil, 323; vgl. Binning I, 275.

2 Vgl. Marāġī, Al-ma'āṣir, 125 lk Z 8; Sheil, 323; J. Greenfield, Die Verfassung, 132; J. Malcolm (593) nennt "the three last days of Mohurrum".

3 Vgl. J. Malcolm, 592; Marāġī, Al-ma'āṣir, 125 lk Z 9 f; Binning I, 275; Ibrāhīm Bēg, 140 Z 5 f. Einen solchen, mehrere Stunden dauernden Kampf erlebte 1835 Col. Sheil (322 ff) vor und in Tabrīz.

4 „... bi-tadrīǧ tadbīrhā ḥakīmāne bar angīḫt ...". Marāġī, Al-ma'āṣir, 125 lk Z 18 f.

5 H. L. Rabino, Provinces, 479.

6 P. M. Sykes, Ten Thousand Miles, 29.

7 Vgl. J. Greenfield, Die Verfassung, 133 Anm. 3, nach dem Bericht der in diesen Dingen aber kaum ganz objektiven armenischen Zeitung „Mešak", 1898, Nr. 104.

8 Vgl. P. M. Sykes, a.a.O..

9 Vgl. Sheil, 325.

10 H. L. Rabino, provinces, 479.

halts. Waren manche auch oft nichts weiter als die Klientenschar einzelner großer Herren,[1] so beruhte doch der Siedlungszusammenhalt der meisten auf überpersönlichen, länger anhaltenden Bindungen.

Zahlreiche solcher Siedlungsgemeinschaften hatten ihre Ursprünge in Teilen sesshaft gewordener Wanderstämme genommen. So wohnten in Šīrāz in der Maḥalle-ji Darvāze-ji Saʿdī 100 Familien der kurdischen (Lek) Korānī, deren Hauptteil aber bei Kirmānšāh saß.[2] O. Mann teilt mit, dass Karīm Ḫān Zand sie nach Šīrāz verpflanzt hatte.[3] 1877 lebten sie unter ihrem Chef Ḥāǧǧī Mandalī Ḫān und heirateten nur unter anderen Stämmen der Lek, nicht dagegen mit der übrigen Šīrāzer Bevölkerung.[4] Das galt so auch für die Lek der Sippen der Abū'l-Ḥasanī und Bahdū'ī, welche mit „5 oder 6" Familien in der Maḥalle-ji Darvāze-ji Saʿdī in Šīrāz wohnten. Alle diese Lek behielten ihre Verbindungen zu Stammesgenossen in Kirmānšāh und Qazvīn.[5] Auch die „30 bis 40" Familien der türkischen Buġeirī heirateten untereinander in der Maḥalle-ji Lab-i Āb.[6]

Dagegen vermischten sich mit den Šīrāzern die 500 Familien der Bajāt in der Maḥalle-ji Isḥāq Bēg und die mit ihren etwa 200 Familien in der Maḥalle-ji Bālā Kift wohnenden Garrū'ī, welch letztere etwa 1650 von der Haftlang (Bāḫtijārī) gekommen waren. Sie waren Ackerbauern, wahrscheinlich Pächter in den von Stämmen herrührenden Familien vermischten sich die „40 bis 50" Familien der Feilī aus der Maḥalle-ji Sar-i Dizak, die „seit Generationen" in Šīrāz ansässig waren.[7] In Ardakān (70 km nordwestl. Šīrāz) soll eines der 5 Viertel, die Maḥalle-ji Bālā, unterteilt in 4 bunkū oder tāš, von je einem „Stamm" mit folgenden Namen bewohnt worden sein: Baqqāl, Mijūngarī, Ra'īsā, Ḫuġe'ī.[8] Eine zum Teil deutliche Stammesherkunft zeigten auch die Namen verschiedener Gemeinschaften (ṭā'ife) in Ǧāǧarm 1301/1884, wie die der Maqṣūdlū, ʿArab, Ramażānlū.[9]

---

1 Vgl. für Ṭihrān: Polak, Persien I, 49 f; für Šūštar: Layard, 30; für Dizfūl: Layard, 31.
2 Andreas, Nachlass, 5b.
3 O. Mann, Die Tâjîk-Mundarten der Provinz Fārs, Berlin 1909, XXVIII f, In: Kurdisch-Persische Forschungen, Abt. I (hier: „Kotūnī"); zit. bei A. Christensen, Iranische Dialektaufzeichnungen aus dem Nachlass von F. C. Andreas, Berlin 1939, 285.
4 Andreas, Nachlass, 5b.
5 Städte oder Provinzen – Andreas, Nachlass, 5b.
6 Andreas, Nachlass, 5b.
7 Andreas, Nachlass, 5b.
8 Andreas, Nachlass, 5b.
9 Marāġī Maṭlaʿ I, 112 Z 5 f.

Die Zaʿfarānlū-Kurden waren in der Stadt Qūčān gegenüber den Persern in der Minderheit; sie bewohnten dort das besondere Viertel Kurd-Maḥalle.[1] Solche Gemeinschaften fanden sich auch in Dörfern, wo manche von ihnen als Ackerbauern sesshafte oder halb sesshafte Teile eines zusammenhängenden Stammes darstellten; so etwa die arabischen Danuḫ in mehreren Dörfern nördlich Būšahr. Sie heirateten nur untereinander. Das galt auch für die persischen Zangū'ī in Čāhkūtāh (nördl. Būšahr)[2] und die südostwärts von Buǧnūrd in den Orten Hamvat (auch „Himad") und Činārān getrennt im Ortsverband siedelnden Girā'ilī und kurdischen Šādillū.[3] Andere Orte schienen abgetrennte Teile von Stämmen zu beherbergen, so Qalʿeh (ostw. Samnān) unter anderen die Gemeinschaften (ṭā'ife) mit dem Namen ʿArab;[4] Abarsiǧ (nördl. Šāhrūd) die Qāǧār und die Lakūr;[5] Tīlābād (bei Findarisk, etwa 60 km südostw. Astarābād) die Dūrmūšlū, Qarā'ūlī und Qilīčlī.[6]

Bei anderen Gemeinschaften beruhte ihr Zusammenhalt auf einer gemeinsamen Aussiedlung aus entfernten Städten. Dazu gehörten die von Āġā Muḥammad als Gefangene von Tabrīz nach Šīrāz um 1795 verpflanzten Āġāvlī. Untereinander sprachen sie noch 1878 Āẕeri und scheinen mit den schon genannten Bajāt, in deren Viertel sie wohnten und mit denen allein sie eheliche Verbindungen eingingen, in engeren Beziehungen gestanden zu haben.[7] Städtischen Ursprungs waren in Ǧāǧarm auch die Gemeinschaften (ṭā'ife) der Ūzbek aus Ḫʷārezm und der Šakirī aus Buḫārā.[8]

In Dörfern fanden sich Siedlungsgemeinschaften städtischer Herkunft kaum; in Namen enthaltene Ortsangaben weisen lediglich auf andere Provinzen hin, wie die Ṭā'ife-ji Gīlān in Qalʿeh (ostw. Samnān)[9] und die Ṭā'ife-je ʿIrāqī und Kašīdār (bei Findarsk, etwa 60 km südostw. Astarābād).[10] Andere Namen bedeuten nur eine fremde Herkunft, wie Ġarīb,[11] oder Ġarīb-i Bulūk.[12]

1 Marāġī, a.a.O., 149 Z 2 f.
2 Andreas, Nachlass, 5b.
3 Vgl. Marāġī, Maṭlaʿ I, 137 Z 3 f, Z 14 f.
4 Marāġī, Maṭlaʿ I, 48 Z 3 f.
5 A.a.O., 66 Z 2 f; Steingass: „lagūr, a tribe of gipsies living in the vicinity of Herat."
6 Marāġī, Maṭlaʿ I, 91 Z 19.
7 Vgl. Andreas, Nachlass, 5b.
8 Marāġī, Maṭlaʿ I, 112 Z 8.
9 Marāġī, a.a.O., 48 Z 3 f.
10 Marāġī, Maṭlaʿ I, 94 Z 19.
11 A.a.O., 91 Z 15, 95 Z 2.
12 A.a.O., 47 Z 19.

Andere Siedlungsgemeinschaften wieder wiesen in ihren Namen auf eine besondere berufliche Herkunft hin. Die ein būnkū der Maḥalle-ji Mullā in Ardakān (70 km nordwestw. Šīrāz) bewohnenden naǧǧar („Zimmerleute") vermischten sich nur teilweise mit anderen. In einem būnkū der dortigen Maḥalle-ji Kull Bālī gab es die namadmāla („Filzmacher").[1] In Fīrūzkūh saß die Gemeinschaft (ṭā'ife) der kārdgar (Messerschmiede),[2] in den Dörfern Zardavān (ostw. Samnān)[3] und Kašīdār (bei Findarisk, etwa 60 km südostw. Astarābād)[4] solche der rangraz (Färber), in Qal'eh (ostw. Samnān) die der āġūšān (Diener)[5] und die der ǧārčī (Herold) in Abarsīǧ (nördl. Šāhrūd).[6]

Die Namen Gemeinschaften bezeichneten sich als Ackerbauern, so die Dihqānhā in Ǧāǧarm.[7] In Kelāteh (westw. Samnān) gab es eine ṭā'ife von Ra'ijjat, die sich in zwei Zweige, Alburz und Mu'lam, teilte. Von ihr hoben sich die Malik (sic) ab,[8] deren Name wohl kleine Grundeigentümer bedeutete.

Auch sejjids bildeten vielfach besondere Siedlungsgemeinschaften. So bewohnten sie in Ardakān (70 km nordwestw. Šīrāz) je ein būnkū in der Maḥalle-ji Mullā und der Maḥalle-ji Kull Bālī.[9] In Fīrūzkūh waren sejjids die Kijā'ije. Zu ihnen gehörte der dortige imām-i ǧum'e Āqā Sejjid Mahdī.[10] In Ǧāǧarm bildeten die sejjids der Ḥuseinī eine besondere Gemeinschaft.[11] Die gleiche Art des Zusammenwohnens wird auf Dörfer gegolten haben, so für die Ḥuseinī in Ḫurāsān (ostw. Ǧāǧarm)[12] und die aus Tūn und Ṭabas stammenden sejjids in Tīlābād (bei Findarisk, etwa 60 km südostw. Astarābād).[13] In Kašīdār (bei Findarisk) lebte unter anderen auch eine ṭā'ife von sejjids.[14]

1 Andreas, Nachlass, 5b.
2 Marāġī, Maṭla' I, 24 Z 15.
3 A.a.O., 47 Z 19.
4 A.a.O., 95 Z 1.
5 A.a.O., 48 Z 3.
6 A.a.O., 66 Z 2.
7 Marāġī, Maṭla' I, 112 Z 13.
8 Vgl. a.a.O., 46 Z 6 f.
9 Marāġī, Maṭla' I,46 Z 6 f.
9 Andreas, Nachlass, 5b.
10 Marāġī, a.a.O., 24 Z 13 f.
11 Marāġī, a.a.O., 112 Z 9.
12 A.a.O. 121 Z 5 f.
13 A.a.O., 91 Z 19.
14 A.a.O., 95 Z 1.

Es leuchtet ein, dass auch religiöse Minderheiten Siedlungsgemeinschaften bildeten. Das sei hier nur gestreift, eine Untersuchung über diese Minderheiten würde unseren Rahmen sprengen. Es bewohnten die Zoroastrier ausschließlich 4 von den 17 Stadtvierteln von Jazd;[1] die Bābīs, oder zumindest als solche Verdächtige, in Nīrīz von 3 Stadtvierteln 1872 die Maḥalle Bālā;[2] und die Christen ihr besonderes Viertel in Urūmījeh.[3]

Die jahrhunderte lange Erhaltung zahlreicher einander abgrenzender Gemeinschaften entsprang nicht nur dem natürlichen Gemeinschaftsempfinden, sondern deutlich auch einem Schutzbedürfnis.

Die Herkunftsbezeichnungen mögen manchmal irreführen. Sie dürften auch geeignetes Material für eine Untersuchung der vielen Bevölkerungs-Umschichtungen geben, die seit dem Beginn des 17. Jahrhunderts vielfach stattgefunden hatten.

Das persische Staatsvolk kennzeichnete in seinen zahlreichen Differenzierungen ein hohes Beharrlichkeitsvermögen.

1 Buhse, Aufzählung, LX.
2 Lovett, Surveys, 203.
3 Cutts, 256.

Abschließende Bemerkungen zum vorliegenden Band II

Die vorliegenden Beispiele und Untersuchungen haben uns ein zusammenhängendes Bild gegeben, welches Schlüsse zulässt und Entwicklungen aufzeigt.

Im ganzen Staatsvolk blieb die Vorstellung von der Familie unverändert. Die fest gefügten Verhältnisse zwischen Mann und Frau, von ihnen zu den Kindern und zu den weiteren Verwandten blieb von verändernden Einflüssen unberührt. Nur in Spitzen der oberen Stände öffneten wenige Kreise sich auch neuen Einflüssen auf die Familiengestaltung. In der untersuchten Zeit blieben sie ohne praktische Wirkung auf das Volk.

Seit der Zeit der Pahlavi-Dynastie 1924 begannen hier erste Veränderungen; sie beschränkten sich aber auf Kreise in der städtischen Bevölkerung. Diese Bewahrung der Lebensformen spiegelt eine seelische und biologische Stärke. Ein lediglich unfruchtbares Beharren ist unwahrscheinlich, gilt doch „der Perser“ seit jeher als der Begabteste im Bereich des Islam.

Begrenzte Bevölkerungsverschiebungen im Inneren und auch die Staatsgrenzen überschreitende beeinflussten die stabilen sozialen Verhältnisse nicht. Hingegen gab es innerhalb der sozialen Gliederung ein Aufsteigen. Das wurde auch vom Lande her genährt, und da vor allem aus den Wanderstämmen.

Dabei wurden die Aufsteigenden von sozialen, kulturellen und politischen Vorstellungen der oberen Stände geprägt.

Innerhalb der im Grunde offenen Ständegesellschaft glich dieses Aufsteigen einer gesunden biologischen „Osmose“.

Die Bevölkerung der Dörfer und der Städte nahm während der 2. Hälfte des 19. Jahrhunderts im Ganzen leicht zu. Da das infolge dreier schwerer Hungersnöte mit mehr als 2 Millionen Menschenverlusten nur in Schüben vor sich ging, erkennt man eine erhebliche biologische Kraft. Die Zunahme war geographisch ungleichmäßig: während in den Städten die Geburtenrate allein den Bevölkerungsstand nicht hielt, erhöhte sich dieser durch Zuzug vom Lande. Das brachte den Städten eine stärkere Zuwachsrate gegenüber dem Lande.

Im Ganzen ging die Bevölkerungszunahme zwar vom Lande aus, ihm verblieb aber ein geringerer Zuwachs. Und hier gaben die Wanderstämme soviel an Städte, aber auch an Dörfer Sesshafter ab, dass sie nicht nur stagnierten, sondern dann im 20. Jahrhundert zahlenmäßig zurückgingen. Auch in Persien also erkennen wir eine Wanderung vom Land in die Städte bei gleichzeitiger Zunahme der gesamten Bevölkerung.

Neben der ständischen sozialen Gliederung befanden sich alte und neuere Sonderformen. Einige von ihnen wirkten wie erratische Blöcke in der sozialen Landschaft; ihre Mitglieder entstammten aber dem Volk in seiner sozialen Breite.

Die sejjids und die lūṭīs sind bzw. waren Besonderheiten der Gesellschaft Persiens/Irans bis heute, wie sie anderenorts im Islam nicht zu finden sind.

Die zahlreichen religiösen Minderheiten Persiens erfordern eine eigene Untersuchung. Es sei aber hier festgehalten, dass sie während der 2. Hälfte des 19. Jahrhunderts stark betroffen waren. Die armenischen Christen, Juden und Bābīs wurden auf verschiedene Weise bis fast zum Verschwinden bedrängt. Die Zoroastrier, Reste der vorislamischen Staatskirche, erfuhren eine gemessene Toleranz. Angehörige der islamisch-sunnitischen Konfession blieben von wesentlichen öffentlichen Entscheidungen ausgeschlossen.

Eine aus der Regierungszeit Nāṣiru'd-Dīn Šāhs (1848-1896) in das 20. Jahrhundert gerichtete Betrachtung zeigt uns zwei unterschiedliche Entwicklungslinien. Deutlich ist die zunehmend rasche Bevölkerungsvermehrung. Gleichzeitig beginnt, mit dem Aufstand der Bābīs und der Ermordung des Schah als äußere Anzeichen, eine tief greifende kulturelle und politische Auseinandersetzung. Beide Entwicklungen prägen noch heute das Leben im Iran.

Anhang

Abkürzungen

EI	Enzyklopaedie des Islam, 4 Bde und Suppl., Leiden-Leipzig 1936
HdI	Handwörterbuch des Islam, Leiden 1941
Ja	Journal asiatique, Paris
JRAS	Journal of the Royal Asiatic Society, London
lk	(bei bibl. Angaben, die sich auf unterteilte Seiten im Original beziehen:) linke Spalte
m	(vgl. „lk"): mittlere Spalte
J(R)GS	Journal of the (Royal) Geogr. Soc., London
OeOM	Oesterr. Monatsschrift für den Orient, Wien
PM	Petermann's Mitteilungen, Gotha
Pr(R)GS	Proceedings of the (Roy.) Geogr. Soc., London
r	(vgl. „lk"): rechte Spalte
RMM	Revue du Monde Musulman, Paris
SGM	Scottish Geographical Magazine
SmA	Sbornik geogr., topogr. i statistič. maqterialov po Azii, izd. voenn. - učen. komiteta General Stab, S. Petersburg
š	(bei bibl. Angaben:) Datierung nach persischen Sonnenjahren
TM	Tadhkirat Al-Muluk, ed. V. Minorsky, Gibb Mem. Series XVI, London 1943
WZKM	Wiener Zeitschrift für die Kunde des Morgenlandes

Z Zeile

ZDMG Zeitschrift der Deutschen Morgenländischen Gesellschaft, Leipzig

ZGE Zeitschrift der Gesellschaft für Erdkunde, Berlin

ZkO Zapiski kavkazk. otd. Imp. Russk. Georg. Obščestva, Tiflis

Quellen- und Literaturverzeichnis

I. Bibliographien und bibliographische Angaben

Ali Muhammad (Hassan Moghaddam): Essai de bibliographie persane. RMM. 60. 1925, 27-35

- „ - Registre analytique de la presse persane. RMM, 60, 1925, 35-63

Allemagne, H. R. d': Du Khorassan au pays de Bakhtiaris. Bd II, Paris 1911, 185-204

Arberry, A. J.: Catalogue of the Library of the India Office. Vol. I, London 1888, 91-94; Vol. I Suppl., London 1895, 35; Vol. II, London 1937, Pt. VI

Bibliographie Deutscher Zeitschriftenliteratur („Zeitschriften-Dietrich"). Stichworte „Iran", „Persien", Bde 1-6, Leipzig 1896-1900; Nachträge 1865-1900, Leipzig 1910-1940

Bibliographie, Orientalistische: Hrsg. A. Müller, Berlin - Paris – London – New York, 1888-1911, 1926

Bibliographie, Persische: Zusammengestellt von dem Redaktionskomitee der persischen Zeitung Kaveh. Charlottenburg 1920

Bibliotheca Orientalis: ed. Ch. Friderici, Leipzig – London – New York – Paris 1876-1883

Braaksma, M. H.: Travel and literature. An attempt of a literary Appreciation of English Travel Books about Persia from the Middle Ages to the present Day. Groningen 1938

Browne, E. G.: The Persian Manuskripts of the late Sir Albert Houtum-Schindler .... JRAS, 1917, 657 f.

- „ - Materials fort he study of the Babi Religion. Cambridge 1918

- „ - Persian Literature in Modern Times. Cambridge 1924, 442, 445-6, 448-9, 453-6, 467-8

Churchill, S.: A modern contributor to Persian Literature. JRAS, 1886, XVIII, 196-206

- „ - Note on „A modern contributor ...". JRAS 1887, 163

- „ - Notes on Persian Literature. JRAS, 1887, 318
Curzon, G. N.: Persia and the Persian Question. London 1892, Vol. I, 16-18, sowie unter sämtlichen Kapiteln
- „ - Russia in Central Asia. London 1889, 445 f.
Dinse, P.: Katalog der Bibliothek der Gesellschaft für Erdkunde zu Berlin. Berlin 1903, 444 f.
Edwards, E.: Catalogue of the Persian Books of the British Museum. London 1922
Ettesami, Y.: Catalogue de manuscrits persans et arabes de la Bibliothèque du Madjless. Téhéran 1933
Farman, H. F.: A selected and annotated bibliography, Iran. Washington 1951
Greenfield, J.: Die Verfassung des persischen Staates .... Berlin 1904, IV f, 282 f
Houtum-Schindler, A.: Einige neuere über Persien erschienene Werke. Zeitschrift für wiss. Geographie. II, 1883, 93-100
Lambton, A. K. S.: Landlord and Peasant in Persia. London-New York-Toronto 1953, 411-421, s. auch XV, XVII
Lewin, E.: Subject Catalogue of the Liberary of the Royal Empire Soc.. IV, London 1937, 105 f
Literaturblatt für Orientalische Philologie. Ed. E. Kuhn, Leipzig 1883-1887
Lorini, E.: La Persia economica contemporana .... Roma 1900, 524-540
Mežov, W. J.: Bibliografija Azii. I, S. Petersburg 1891, 199 f
Minorsky, V.: Muhammad Hasan Khan. In: EI III, 741
- „ - (ed.) TM. 205 f
Rostropčin, (F. B.): Bibliografičeski ukazatel po Persii. Moskau 1928
Saba, Muhsin: Bibliographie francaise de l'Iran ... depuis 1560 a nos jours. Paris 1936, Teheran 1951
Schwab, Moise: Fihrist-e-kutub-e-farsi. Bibliographie de la Perse. Paris 1876
Shigeru, A.: A Catalogue of books relating to Persia. Tokio 1934
Šīrāzī: Ibn-i Jūsuf Šīrāzī: Fihrist-i Kitābḫāne-ji Madrase-ji 'Ālī-je Sepehsālār. 2 Bde. I, 1313-15/1934-36, II Ṭihrān, 1316-18/1937-39
Storey, C. A.: Persian Literature .... Sect. II, Fasc 2, Special Histories of Persia .... London 1936, 339-362
Ṭalas: As'ad Ṭalas: Maktabat al-mağlis al-niğābī fī Ṭihrān. In: Mağallāt al-mağma' al-'arabī. Damaskus 1947, 210-222, 307-319, 405-417, 500-516
Vicentiis, G. de: Cronaca Persiana (recenti publicazioni ed avventimentii). Giornale Soc. As. Ital.. I, 1887, 118-134
Wilson, A. T.: A Bibliography of Persia. Oxford 1930
Year-Book: The Statesman's Year-Book. London 1903, 950
Žukovski, V. A.: (Nachruf auf M. H. Ḫān Marāğī) Zapiski Vost. Otd., 1896, 187-191

II. Persische Handschriften

Afżalu'l-Mulk: Safar-nāme-ji Afżalu'l-Mulk bi-Qom, 1324/1906 (Bibl. d. beratenden National-Versammlung, Ṭihrān, nach A. K. S. Lambton, Landlord ..., 411)

(Anonymus): 'Adad-i ḫānehā va sā'ir-i binā hā-ji Dāru'l-Ḫilāfe-ji bāhire-ji Ṭihrān. 1269/1852-3 (Browne, JRAS, 1917, 685 – Selbstpaginierung ohne Titelseite)

-„- Kurāsatu'l-Ma'ī (Bibl. der beratenden National-Versammlung, Ṭihrān, nach Lambton, Landlord ..., 411)

Iṣfahānī: Ḥusein b. Ibrāhīm Ḫān Iṣfahānī: Ta'riḫ-i Iṣfahān (Archiv d. Schule des Finanzministeriums, Ṭihrān, nach Lambton, Landlord ..., 411)

Mahdī: Mīrzā Sejjid Mahdī: Ta'riḫ-i Qom. 1295/1878 (Archiv d. Schule des Finanzministeriums, Ṭihrān, nach Lambton, Landlord ..., 411)

Nağmu'l-Mulk: 'Abdu'l-Ġaffār Nağmu'l-Mulk Safar-nāme-ji 'Arabistān. (Archiv der Schule des Finanzministeriums, Ṭihrān, nach Lambton, Landlord..., 411)

- „ - (Report on Khuzistan) (Archiv d. Schule des Finanzministeriums, Ṭihrān, nach Lambton, Landlord ..., 411)

Nā'inī: Mīrzā 'Alī Ḫān Nā'inī: Safar-nāme (Archiv d. Schule des Finanzministeriums, Ṭihrān, nach Lambton, Landlord ..., 155, Anm. 1)

III. Orientalische Drucke

'Abdu'r-Raḥmān: Āqā Mīrzā 'Abdu'r-Raḥmān: Ta'rīḫ-i 'ulamā-i Ḫurāsān. (Ort, Jahr? vgl. Marāġī, Al-ma'aṣir, 158r Z 25 f)

Adamījat, Farīdūn Amīr Kabīr va Irān. 2 Bde (243 und 355 S.), Ṭihran 1323 s/1944

Bidājenigār: Muḥ. Ibrāhīm Bidājenigār: 'Aqd-i a'lā. 1276/1859-60

Dālgurgī: Kiniāz Dālgurgī: Asrār-i paidājiš-i Bāb va Bahā dar Irān. Ṭihrān (zahlr. Aufl. seit etwa 40 Jahren, 52 S.)

Fasā'ī: Ḥāğğī Mīrzā Ḥasan Ḥuseinī b. Ḥasan Šīrāzī, Fasā'ī Fārs-nāme-ji nāṣiri. 2 Bde in 1, Ṭihrān 1313/1895-6

Gobineau: s. IV.

Ğābirī Anṣārī: Ḥāğğī Mīrzā Ḥasan Ḫān Šeiḫ Ğābirī Anṣārī Tāriḫ-i Iṣfahān. Ṭihrān 1322/1943

Gamālzāde: Muḥ. 'Alī Gamālzāde: Ganğ-i šājegān. Berlin 1335/1916-7

Hamadānī: s. IV.

Ḫūrmūğī: Muḥ. Ğa'far Ḫūrmūğī, Zubdatu's-sādāt: Aṯār-i ğa'farī. (Ṭihrān?) 1276/1860

- „ - Ḥaqā'iqu'l-aḫbār-i nāṣirī. 2 Bde, Ṭihrān 1284/1867-8

Ḫ^{w}ānsārī: Muḥ. Bāqir b. Ḥāǧǧī Zeinu'l-Ābidīn al-Musavī Ḫ^{w}ānsārī Rauẓāt al-ǧannāt fī aḥvāl al-ʿulamā va al-sādāt (Arabisch). Ṭihrān 1306/1888Ḫ
Ḫ^{w}uršid Efendī: Sījāḥat-nāme-ji ḥudūd. Istanbul 1862 (Russ. Übs. s. IV.)
Ibrāhīm Bēg (Zeinu'l-ʿĀbidīn Marāġe'ī): Sījāḥat-nāme-ji Ibrāhīm Bēg bi-taṣḥīḥ-i Muḥ. Kāẓim Šīrāzī (252 s.). Kalkutta 1910, Kairo o. J., Bombay 1324/1906-7 (deutsche Übersetzung s. IV.)
Iṣfahānī: Mīrzā Ḥabīb Iṣfahānī: Ḫaṭṭ va Ḫaṭṭāṭān (Türkisch) (Browne, Pers. Lit. in Mod. Times, 450)
Iṣfahānī: Muḥ. Ibrāhīm al-Iṣfahānī: Tuḥfat al-nāṣirije fī funūn al-adabīje, Ṭihrān 1278/1861-2
Iṣfahānī: Muḥ. Mahdī b. Muḥ. Riżā al-Iṣfahānī: Niṣf-ī ǧahān fī taʿrīf-i Iṣfahān. 1300/1882-3, 1303/1885-6
Iskandarī: ʿAbbās Iskandarī: Ta'rīḫ-i mašrūṭe-ji Irān jā kitāb-i ārzū. 3 Bde (203 und 160 S.), Ṭihran 1322/1943
Kalāntar-i Fārs: Mīrzā Muḥ. Kalāntar-i Fārs: Ruznāme. Ed. ʿAbbās Iqbāl, Ṭihrān 1325/1946
Kāšānī: Taqī Ḫān Kāšānī: Tarbījat (über Kindererziehung). Iṣfahān 1299/1882
Kasravī: Sejjid Aḥmad Kasravī: Ta'rīḫ-i mašruṭe-ji Irān. 3 Bde, Ṭihrān 1319/1930 (397, 400 und 451 S.), 3. Aufl., Gīlān 1951
Kirmānī Mīrzā Muḥ. Nāẓimu l-Islām Kirmānī: Ta'rīḫ-i bīdārī-ji Irānījān. I, 1328/1910
Lisān'l-Mulk Sipihr: Mirzā Ḥidājatu'llāh Lisānu'l-Mulk Sipihr: Ta'riḫ-i Tabrīz (geschr. zw. 1896 und 1907, vgl. Lambton, Landlord, XV)
Makkī, Ḥusein: Zindagānī-ji Amīr Kabīr. Ṭihrān 1323/1944 (272 S.)
Maliku'š-Šuʿarā: Muḥ. Taqī Maliku'š-Šuʿarā, Bahār: Ta'rīḫ-i muḫtaṣar-i aḥzāb-i sījāsī. Inqirāż-i qāǧārīje, Bd. 1, Ṭihrān 1321/1942 (381 S.)
Malkom Ḫān: Mīrzā Malkom Ḫān Nāẓimu'd-Daule: Maǧmūʿe muštamil bar seh qitʿe tījāter. Berlin 1340/1921-2 (Französische Übersetzung s. IV.)
Marāġe'ī: Zeinu'l ʿĀbidīn Marāġe'ī: s. Ibrāhīm Bēg
Marāġī, Muḥammad Ḥasan Ḫān, Sanīʿu'd-Daule, Iʿtimādu's-Salṭane: Rūznāme-ji Irān. Ṭihrān (Jahr?) (nach Storey II, 2, 444, 3)
- „ - Rūznāme (Reise von Tiflis nach Ṭihrān 1873/4, nach Storey II, 2, 444, 4)
- „ - Mir'ātu l-buldān-i nāṣirī. 4 Bde. Ṭihrān 1294-7/1877-9
- „ - Nāme.ji dānišvarān-i nāṣiri, 2 Bde, I, Ṭihrān 1296/1879, II. Ṭihrān 1312/1904-5
- „ - Rūznāme-ji jaumīje (Tagebuch 1889-1 bis 1895-5, Storey II, 2, 444, 5)
- „ - Ta'rīḫ-i muntaẓam-i nāṣiri. 4 Bde. Ṭihrān 1298-1300/1881-1883
- „ - Maṭlaʿu'š-šams. 3 Bde. (Ṭihrān?) 1301-3/1884-6
- „ - Ḫeirāt ḥisān. 3 Bde. Ṭihrān 1304-7/1886-90
- „ - Al-ma'āṣir va l-āṣār. Ṭihrān 1306/1888-9
- „ - Al-tadvīn fī aḥvāl ǧibāl Šarvīn. Ṭihrān 1311/1893-4
- „ - s. auch Muh. Hasan und IV. Mohammed Hasan Khan

Mehdī H̲ān: Mīrzā Mehdī H̲ān: s. IV. Houtum-Schindler, A.

Muḥammad Ḥasan (H̲ān Marāġī?): Rūznāme-ji safar-i Māzanderān. (Ṭihrān) 1294/1877

Mustaufī: Abdu'llāh Mustaufī: Šarḥ-i zindagī-ji man jā ta'rīḫ-i iǧtimā'ī va idāre-ji daure-ji qāǧārīje. 2 Bde (723 und 730 S.), Ṭihrān 1324-5/1945-6

Nāṣiru'd-Dīn Šāh Qāǧār: Rūznāme. Ṭihrān 1286/1869-70

- „ - Rūznāme-je safar az Ṭihrān ilā Karbalā. (Ṭihrān 1870)

- „ - Rūznāme-je safar-i humājūnī bi-Māzanderān. 1294/1877

(- „ -) Second Travels and Adventures of the Shah of Persia in Europe-Vaqā'i-i musāfirat va sijāḥat-i duvvum-i Farangistān. Bombay 1881 (Engl. Übersetzung s. IV.)

- „ - Safar-nāme. Ṭihrān 1306/1889-90

- „ - Safar-i 'Irāq. Bombay (1891)

(Polak, J. E.): Kitāb-i ǧarrāhī. 2 Bde (übers. von Muḥammad Ḥusein), Ṭihrān 1273/1856-7

Rabino, H. L.: Safar-nāme-ji Māzandarān va Astarābād. Kairo 1942

Rizā Qulī H̲ān, Hidājat: Fihristu'l-tavārīḫ (scheinbar bis auf einen Rest verloren, vgl. Churchill, JRAS, 1887, 318)

- „ - Sifārat-nāme-ji H̲ʷārezm, ed. Schefer: Relation de l'ambassade au Kharezm de Riza Qouly Khan, publ., trad. et annotée ... 2 vols, Paris 1876-9. In: Publications de l'École Speziale des Languages Orientales Vivantes, le serie, t. IV ; (andere Ausgabe) Bulāq 1292/1875

Qāǧār: Lutf'Alī Mīrzā Qāǧār (angeblich): (Berichte über den Aufstand in Māzanderān 1849. Browne, Materials ... , 239-240

Ṣadr-i Hāšimī: Muḥ. Ṣadr-i Hāšimī: Ta'rīḫ-i ǧarā'id va maǧallāt-i Irān. 3 Bde (351, 339 und 189 S.), Iṣfahān 1327-9/1948-50

Sermiazan, Galost: Yereveli Haykazunk i Parskastan (Hervorragende Armenier Persiens). Tiflis 1891

Shuster, M.: Iḥtināq-i Irān (Übersetzung). Bombay 1340/1921

Suheil: Mīrzā 'Abd al-Raḥīm Suheil b. Muḥ. Ibrāhīm Dubulī Kāšānī Mir'at al-Qāsān (sic), beendet 1288/1871

Tanakābunī: Mīrzā Muḥ. b. Suleimān Tanakābunī: Qiṣaṣu'l-'Ulamā. Ṭihrān 1304/1886-7. (Luknow?) 1306/1888-9

Tarbījat: Muḥ. 'Alī Tarbījat: Dānišmandān-i Āẕarbājǧān. Ṭihrān 1314/1935

Ter-Yovhannesean, Harut iwn: Patmut iwn Nor Cugay (Geschichte von Neu-Ǧulfā). 2 Bde Nor Cuga (Iṣfahān) 1880

Ṭihrānī: Mīrzā Ḥusein Ṭihrānī, Ṣuraijā: s. IV. Huart, C.

Zavārī: Sejjid Muḥ. Ḥusein Mahǧūr b. Muḥ. Hādī Zavārī: Vaqa'i'-i mīmīje (Browne, Materials ... , 238-9)

IV. Aufzeichnungen, Aufsätze und Monographien in europäischen Sprachen

Abba: Pèlerinaqes musulmans à la Mecque. Mesures prophylactiques contre la peste. Journal d'hygiène. 1899, XXIV, 189-92

Abbot, K. E.: Notes on the provinces and cities of Southern Persia. London 1849-50, Foreign Office Miscellanea, 251, 42

- „ - Geographical Notes, taken during a Journey in Persia in 1849 and 1850. JRGS XXV (1855), 1-78

- „ - Notes taken on a journey eastward from Shiráz to Fessá and Darab, thence westward by Jehrúm to Kazerún in 1850. JRGS XXVII (1857), 149-84; PrRGS march (1857), 321 f.

- „ - Notes on Ghilan. PrRGS III, 390-95

- „ - Extracts from a memorandum on the country of Azerbaijan. PrRGS, VIII, 1863-4, 275-9

- „ - in: Reports of H. M.'s Consuls, 1880, I, 113 f; 1882, XIII, 1075 f.

Abbot, W. G.: Correspondence resp. the condition of the Nestorian Community in the district of Oroomiah. Parliamentary Papers, 1881, No 55

Abder Rahem, Ass. Surgeon: Report on the Salt Caves and Mines and Trade of Salt in the Persian Gulf. Reports of H.M.'s Consuls, VII, 1734 f.

Abu Said ibn Mashalla: Die Schahs und die Juden in Persien. Allgem. Zeitung des Judentums, 17, Leipzig 1907, 77, 89-91

Abezguz, M. A.: Tegeranskije jevrei, Knižki Voschoda, S. Petersburg 1904

Adams, J.: Darkness and Daybreak. Personal experiences in Persia. 1898

- „ - Persia by a Persian: being personal experices of manners ... London 1906, Michigan 1900

Advielle, V.: La musique chez les Persans en 1885. Paris 1885

Afġānī: s. IV. Djemal ed Din

Ahmad Bey: La femme persane. La Nouvelle Revue, 69, 1891, 376-389

- „ - La société persane. Le clergé. A.a.O., 70, 1891, 792-803

- „ - La société persane. La religion et les sects réligieuses. A.a.O., 73, 1892, 523-541

Ahmad Bey: La société persane. Le theatre et les fêtes. A.a.O., 79, 1892, 278-296, 524-538

Ainsworth, W. F.: The River Karun. An Opening to British Commerce. London 1890

Aitchison, C. U.: A collection of treaties, engagements and sanads relating to India and neighbouring countries. Vol. XII, Calcutta 1909.

Akopjan, M.: Golod. Episod iz žizni Persii za 1872-j g. Kavkaz. No 42, 1873

Alamol-Molk, Mirza Abbas Khan: Taoûn. Étude sur la Peste en Perse. Diss. Paris 1908

Alichanov-Avarski, M.: V gostjach u Šaha (1883). Tiflis 1898

Ali Suavi: Nasir-ed-Din chah d'Iran. Paris 1973
Anderson, T. S.: My Wanderings in Persia. London 1880
Andreas, F. C.: (Nachlass UB Göttingenk, Sign.: Cod. Ms. Nachlass Andreas, 5a, 5b, 5c)
- „ - s. Stolze, F.
Andrenni: Donocenie ... o sostojanii promyšlennosti i torgovli v. Persii. 1884 g. (Übers. aus dem Italienischen v. Baron Rosen). SmA, 1884, Vyp. 23, 130-152
(Anonymus): Reseignements sur la situation, les ressources, les industries et le commerce de la Perse. Annales du commerce exerieur, 1864, No 1595
- „ - Ferrouch-Khan et le progrès en Perse. Annuaire ethnographique oriental et américain, (2e année), No 12, 90-103
- „ - Teheran. Bruchstücke aus einer Reise durch Kleinasien, Kurdistan und Persien i. d. J. 1851 und 1852. Das Ausland, 1855, 474-477, 499-500
(Anonymus): Persische Frauenwelt. Das Ausland (1865), 361-363
- „ - Die moderne Perserin. Das Ausland (1880), 847-849
- „ - In einem persischen Dorfe fern von der Heerstrasse. Das Ausland (1889), 135-137
- „ - Birjuzovyja kopi v Persii .... Biblioteka dlja Čtenija (1849), t. 93, otd. 1, 7-12
- „ - Nasr-ed-din, persid. šach. Živop. russk. biblioteka (1857), t. 2, No 25
- „ - Položenie ženščin v Persii. Semejnoe Čtenie (1880) No 16
- „ - Zuckerfabriken in Persien und die deutsche Industrie. Export (1898), 313
- „ - Očerki Persii, Illjustr. Gazeta (1864), t. 14, No 44, 296-268
- „ - Položenie strany Liva i Silnica. Graždanin (1885) No 11 und 12
- „ - Handelsbericht betreffend die Provinzen Kerman und Persisch Balutschistan für das Jahr 1894/5. Deutsches Kolonialblatt (1896), 540-2
- „ - Kašan. Vsemirnaja Illjustracija (1869), t. 1, No 21
- „ - Poezdka iz Tavriza. Russkij Mir No 314, 323, 338 und Izvestija kavk. otd. Russk. Geogr. Obšč. (1873), T. 2, 227-247
- „ - Silk production in Persia. Journal Soc. of Arts (1886), XXXV, 26-27
- „ - (Notes on the suppression of the) slavetrade (in Persia). Journal Soc. of Comparative Legislation (1915) XI, 51-52
(Anonymus): Tegeran. (Izvestija iz Persii.) Perev. c persid. Kavkaz (1852), No 5, 6, 12, 66
- „ - Zapiski o Persii. A.a.O., No 75-77, 79, 82
- „ - O persidskom prazdnik Nouruza. A.a.O (1859), No 30
- „ - Pisma iz Persii. Južnyj Kraj, (1884) No 1324, 1326, (1885) No 1419, 1437
- „ - Žizn v persid. stoliče. Saratovskij Spravočnyj Listok, (1875) No 220
- „ - Disordered State of Southern Persia. The Geogr. Magazine (1874), 172
- „ - Šach Nasr-Eddin i persid. dvor v 1863 g. Russk. Mir, (1873) No 118
- „ - g. Ärzte und Arzneiwissenschaft in Persien. Mitt. k.u.k. geogr. Ges., Wien 1905, 97
- „ - Persisches Opium. OeMO (1876), 79

- „ - - x. Zur wirtschaftlichen Lage in Persien. OeMO (1880), 125-9, 146-9
- „ - Bevölkerung Persiens. OeMO (1885), 132
- „ - Sovremennaja Persija. Nedelja (1873), No 20, 21, 22
- „ - Tegeranskie tipy. Niva 1876, No 24
- „ - Persija. Novoe Obozrenie (1885), No 451, 461, 500, 519
- „ - Kartiny iz Persii. Živop. Obosrenie (1877), No 15
- „ - Persian Concession to Baron Reuter. The Oriental I (1873), 103-108
- „ – Current History. Persia. A.a.O., 248
(Anonymus): Condition of Persia. A.a.O, 266
- „ - Persia. A.a.O. IV (1875), 211-216
- „ - Žizn v Tegeran. Sev. Pčela (1864), No 19
- „ - Port of Muhamrah. PrRGS XIII (1891), 297
- „ - Trade in Persia. PrRGS XI (1889), 104 f.
- „ - Descriptive Anthropology of Persia. Anthropological Review VI (1868), 27 (Auszug aus J. E. Polak, Persien)
- „ - Organisation und Dienst der persischen Infanterie. Internationale Revue über die gesamten Armeen und Flotten, JG. 4 III, 211-23
- „ - Das persische Heer der Gegenwart .... A.a.O. Jg. 5, IV, 327-332
- „ - Les députés de Téhéran, RMM I (1907), 413-6.
- „ - Die Bevölkerung Persiens. Deutsche. Rundschau für Geografie und Statistik (1885), 518
- „ - Pisma o Persii. Rus (1864), No 16, 17, 199-200
- „ - Nekotoryja svedenije ob izsledovaniach v Zap. Beludžistane osen'ju 1883 g., SmA (1884), Vyp. 33, 54-84
- „ - Persija. Živop. Sbornik (1852), 187-198
- „ - Pisma s beregov Persid. Zaliva k redaktoru. Sovremennik (1850), t. 24, 21-33
- „ - Pisma putešestvennika iz Persii. Syn Otečestva (1848), t. 5, kn. 10, otd. 7, 1-8
- „ - Očerki Vostoka. Persidskija bajaderki i ich pesni. A.a.O. (1850), t. 6, kn. 12, 4-7
- „ - Torgovyja puti v Persii. Birževyja Vedomosti (1888), No 310
(Anonymus): Putevyja zametki o Persii (Übers. aus dem Französischen) Russkija Vedomosti (1875), No 77-80
- „ - Puti na rynok zakavkaz, persidskij. S. Petersburgskija Vedomosti (1873), No 255
- „ - Eine Reise durch Persien bis Teheran. Aus allen Weltteilen (1883), 12
- „ - Očerki Persii. Korresp. Zapiski dlja Čtenija, No 4-7 (1869), 150-158
- „ - Persiens Cultur- und Handelsverhälnisse, nach den Eindrücken der jüngsten deutschen Gesandtschaft nach Persien. Unsere Zeit 2 (1886), 829-842
- „ - Der Aufstand in Rašt i. J. 1855. ZDMG (1858), 309-314
- „ - Tevriz i nravy ego žitelej. Žurnal dlja detej No 43 (1852), 673-685

Ansari, Mehrangiz Doulatschahi M.: Die Religions-Politische Entwicklung der Publizistik in Iran und die Entstehenung der Freien Presse infolge der Revolution von 1906. Diss. Heidelberg 1953

Antonini, P.: La Perse contemporaine. Revue du Monde cathol., 1885, 15 mars

Arnold, A.: Through Persia by Caravan. 2 Bde. London 1877

- „ - Our commercial opportunities in Western Persia. Journal Manchester Geogr. Soc. I (1885), 29-38

Artamonov, L. K.: Severnyj Azerbajžan. Tiflis 1890, 1903

- „ - Astrabad-Šachrudski raion I severnyi Khorasan. 2 Bde, Taschkent 1904

Aubin, E.: La Perse d'aujourd'hui. Paris 1908

Audibert, G.: La femme persane jugée et critiquée par un persan. Traduction annotée du Teedib-el-Nisvan par G. Audibert. Bibliothèque orientale elzévirienne LXVII, Paris 1889

B – v: Očerki persidskoj žizni. Kavkaz 1885, No 176, 201, 211, 224

Babin, C. – Houssay, F.: A travers la Perse méridionale 1885. Le Tour du Monde 2 sém. (1892), 65-128.

Bacher: Les Juifs en Perse au XVIIe et au XVIIIe siècle, d'apres les chroniques poétiques de Babai b. Loutf et de Babai b. Farhad. Revue des Études juives. LI (1906), 121-136, 264-279 ; LII (1906), 77-97, 234-271 ; LIII (1907), 85-100

Baedeker, K.: Russland nebst Teheran .... 7. Aufl., Leipzig 1912

Bahadur Ahmad Din Khan: s. Sykes, P. M.

Baker, v.: Couds in the East. London 1876

Bakunin: Očerki torgovli s Persijej. S. Petersburg 1875

Ballantine, H.: Midnight marches through Persia. London – Boston 1879

Balloy, M. de: Le commerce de la Perse en 1893-1894. Rapports commerciaux No 276 (1895)

B. M. (Barbier de Meynard): Scènes de la vie persane (Extrait du manuscrit inédit d'un voyage en Perse). Ja IV (1904), 169 f.

Barker, G. D.: Letters from Persia and India 1857-9. A subaltern's experiences in war. London 1915

Basset, J.: Persia, the land of the Imams, a narrative of travel and residence 1871-85. London 1887, New York 1886

- „ - Persia, in: Johnson's Univ. Cyclopedia. VI (1896), 534-536

Baumann, O.: Untersuchungen über die Hilfsquellen und Bevölkerungsverhältnisse von Persien. Diss. Marburg 1900

Baumgarten: Poezdka po vostočn. Persii. SmA 1896, vyp. 63

Bell, G. L.: Persian Pictures. London 1928, 1894

Bell, M. S.: Isfahan to Bushire. Blackwood's Magazine 1889, 96-111

- „ - A visit to the Karun River and Kum. A.a.O., 453-481

- „ - Kum to Isfahan. A.a.O., 843-864

- „ - The Karun River and Commercial Geography of South-West Persia. PrRGS 1890

Bellew, H. W.: From the Indus to the Tigris 1872. Calcutta 1873, London 1873, 1874
- „ - Record of the March of the Mission to Seistan .... Calcutta 1873
- „ - s. Schlagintweit, E.
Belozerskij, E.: Pisma iz Persii ot Baku do Ispagan, 1885-86 g. SmA, 1884, vyp. 25, 1-108
- „ - Pismo iz Persii. Russkija Vedomosti No 335 (1885), No 62, 71, 123, 136, 144, 156 (1886)
- „ - Pisma iz Persii. S. Petersburg 1886
Benjamin, I. J.: Cinq année de voyage en Orient 1846-51. Paris 1856
- „ - Acht Jahre in Asien und Afrika 1846-1855. Hannover 1858
Benjamin, S. G. W.: Persia and the Persians. Journal Amer. Geogr. Soc. 1886, 27-66
Benjamin, S. G. W.: Persia. Story of the Nations. London 1886, 1887
- „ - The city of Teheran. The Century Magazine, Jan. 1886
- „ - Domestic and Court Customs of Persia. Harper's Magazine 72 (1886), 217-234
- „ - Persia and the Persians. London 1887
- „ - The woman of Persia. Chautauquan, Meadville, Pa., X (1890), 55-58
Bent, J. T.: How H. M. the Shah travels when at home. London 1889
- „ - New Years Day in a Persian village. Engl. Illustrated Magazine, Jan. 1890
- „ - Azerbeijan, SGM VI (1890), 84-93
- „ - Village life in Persia. New Review, Oct. 1891
Bérard, V.: Révolutions de la Perse. Les provinces, les peuples et le gouvernement. Paris 1910
Berezin, J.: Putešestvie po Cevernoj Persii. Kazan 1852
Bernard, L.: Excursions lointaines. Mœurs et coutumes de la Perse. Rouen 1863
Berze, A.: O narodnych prazdnikach, ostach i zamecat. dnjach u musulman-šiitov voobšče i u persijan o osobennosti. Kavk. Kalendar, 1856, otd. IV, 582-608
Beyens, E.: Perse, Rapport de la légation à Téhéran. Recueil consulaire, Bruxelles CI (1898), 69-131
- „ - Commerce at industrie de la Perse. Paris 1898
Biddulph, C. E.: Report on a visit to Persia. London 1891 (Broschüre)
Biddulph, C. E.: Four months in Persia. London 1893
Binder, H.: Au Kurdistan, en Mesopotamie et en Perse. Paris 1887
- „ - s. Drapeyron, L.
- „ - s. Schulze, A.
Binning, R. B. M.: A journal of two years travel in Persia, Ceylon etc. London 1857

Bishop, I. B.: Journeys in Persia and Kurdistan incl. a summer in the upper Karun region, and a visit to the Nestorian rayahs. 2 Bde. London – New York 1981

- „ -: The upper Karun region and the Bakhtiari Lurs. SGM VIII (1892), 1-14

Bittner, M.: Der Kurdengau Uschnuje und die Stadt Urumije. Reiseschilderungen eines Persers. Sitzungsber. der Kais. Akad. d. Wiss., Wien, Phil. Hist. Classe 1896, vol. 133, III

Blaramberg, J. F.: Doroga ot tavriza v Tegeran i Ispagan.

- „ - Statističeckoe Obzorenie Persii v 1841 g. Zapiski Imp. Russk. Georg. Obsc., VII (1853)

Blau, O.: Commercielle Zustände Persiens. Aus den Erfahrungen einer Reise im Sommer 1857. Berlin 1858

- „ - Die Stämme des nordöstlichen Kurdistan. ZDMG 1858, 584-598

Bleibtreu, J.: Persien. Das Land der Sonne und des Löwen. Aus den Papieren eines Reisenden herausgegeben Freiburg 1894 (weitgehend nach Malcolm und G. N. Curzon)

Blumer, K. N.: Opisanije puti. SmA 1891, vyp. 4o

- „ - Kazvin-Rešt-Ardebil-Zenžan. SmA 1900, vyp. 49

Blunt, A.: A pilgrimage to Nejd ...: A visit to the Court of the Arab Emir and „Our Persian campaign". 2 Bde, London 1881

Bode, C. A. (K. A.): Quelques aperçus sur les Turkomans à l'Orient de la mer Caspienne. Les Yamuds et les Goklans. Nouv. Annales des voyages II (1852)

- „ - (russ. Original in:) Zapiski Russk. Geogr. Obšč., I (1849), 267-295

- „ - Putevyja zametki po Persii. Biblioteka dlja Čtenija 1853, t. 123, otd. 2, 1-54

Bogdanovic, E.: Nasr-Eddin Sach i ego vežd v Rossiju v 1873 g. S. Petersburg 1873

- „ - (Reise nach den Türkisminen bei Nīšābūr). Gornyj Žurnal 12 (1888), 330-355

Boital, F.: Nasser-ed-Din Shah et la Perse. Paris 1878

Bonvalot, G.: Through the Heart of Asia. London 1888

- „ - Du Caucase aux Indes à travers le Pamir .... Paris 1889

- „ - : Nevedomaja Azija. Taschkent 1897

Boule, G.: La Perse, Versailles 1893

Boulger, D.: The development of Persia. Imp. and As. Quarterly Review VIII (1889), 202-209

Bouvat, L. B.: Le mouvement social en Khorasan. RMM III (1907), 145-146

- „ - Société des femmes, Téhéran. RMM III (1907), 569

- „ - Questions sociales et administratives. RMM X (1910), 583-585

Bouvat, L. B.: Le commerce et l'agriculture dans la Perse du Nord. RMM XXIII (1913), 167-96

Braithwaite, R.: The Kingdom of the Shah, a descriptive and historical scetch of Persia. London 1873

Brenner, R.: Poezdka po Ind. okeanu i Persid. zalivu. Vsemirn. Putešestvennik, No 8 (1873), 258-271
Bricteux, A.: s. IV. Malkom Khan
Brittlebank, W.: Persia during the famine; narrative of a tour in the East .... London 1873 (vern. Kritik in: The Oriental, I (1873), 354)
Broca, G. de und Fontenilles, C.: La Perse moderne. Paris 1877
Brown, J. P.: The Darvishes. Ed. H. A. Rose, Oxford, London 1927
- „ - The Darvishes. London 1868
Browne, E. G.: The Babi's of Persia. JRAS (1889), 485-526, 881-1009
- „ - A traveller's narrative written to illustrate the episode of the Bab. Vol. I: Persian text, Vol II: English translation and notes. Cambridge 1891
- „ - The Persian Revolution. Cambridge 1910
- „ - The Press and Poetry of modern Persia. Cambridge 1914
- „ - A Year amongst the Persians. Cambridge 1927, London 1893
- „ - The Persian Manuskripts of the late Sir Albert Houtum-Schindler .... JRAS (1917), 657 f.
- „ - s. IV. Hamadani, Zanjani
Brugsch, H. C.: Reise der königl. Preuss. Gesandtschaft nach Persien 1860-61. 2 Bde. Leipzig 1862-63
- „ - Persische Schauspieler. Gartenlaube 1862, 27-29
- „ - Muhammedaner und Nestorianer in Persien. Neue evang. Kirchenzeitung 1863, 422-425
- „ - Persische Briefe. Deutsche Rundschau XLV (1885), 142-159
- „ - Im Lande der Sonne.4 Bde. Allg. Verein für Deutsche Literatur, Ser. XI. Berlin 1886
- „ - Aus meinen persischen Erinnerungen. Westermanns Monatshefte 7, 85-100, 235-250
- „ - Mein Leben und mein Wandern. 2 Bde, Berlin 1894
Buhse, F. A.: Dans les Montagnes du Ghilan. Du Sefid- Roud à Asterabad ... 1848. Annales des Voyages IV (1851), 257-80 (Übers. aus: Beiträge zur Kenntnis des Russischen Reiches ... XIII)
- „ - Aufzählung der auf einer Reise durch Transkaukasien und Persien gesammelten Pflanzen ... nebst einleitendem Reisebericht .... Moskau 1860
Buist, D. S.: A ride through Persia. SGM IX (1893), 1-16
Bunge, A. v.: Otčerk o dejctvijach Chorassan .... Putešestvie iz Cherata v Tebes i obratno črez Biržand v Cherat. Vestn. Imp. Russk. Geogr. Obšč., 1860, c. 28, No 2, 79-124
- „ - Die russische Expedition nach Khorassan. PM 1860, 205
Burger, F.: s. Morgan, C.
C., S.: Persidskie doktora i persid. pacienty. Sovremennik, 1854, t. 47, 155-171
Call, G. v.: Persiens Provinz Mazanderan. OeMO 1877, 167-171

Castaldi: La peste dans le Kurdistan persan. Rapport adressé au conseil de santé de Constantinople 1871
Castonnet des Fosses, H.: A travers la Perse. Lille 1891
Ceyp, A. J.: Persien. Deutsche Rundschau f. Geogr. u. Statistik 1888, 492-500, 540-551
- „ - Persische Städtebilder. A.a.O. 1890, 529-535; 1891, 359-366
- „ - Beiträge zur Kunde über die südöstlichen Teile Persiens. Von Kaschan nach Maschkid. PM (1892), 77-84, 112-120 (plagiiert nach Gasteiger-Ravenstein-Kobach, Von Teheran ... . Vgl. Supan in PM (1892), 163)
- „ - Persien. Aus allen Welttheilen, XX, 152-155, 178-182
(- „ -) Weinbau, Feldbau, Obstbau, Nutzholz, Viehzucht in Persien. Wiener landw. Zeitung, 40 Jg, 595, 587, 627, 659
Chalilov, R.: (Schulwesen in Meshed). Sbornik mater. dlja izuch. Kavkaza, t. 27, I, 102-119
Champain, J. U. B.: On the Various Means of Communication between Central Persia and the Sea. PrRGS V (1883), 121-129
Chanykov, N. V.: (Ü. d. religiöse Verwaltung in Persien). Kavkaz XV (1849)
- „ - Poezdka v Pers. Kurdistan. Vestnik Imp. Russk. Geogr. Obšč., VI (1852), 1-88 (Deutsch. Übers. in: Archiv f. d. wiss. Kunde v. Russland, XIII (1854)
- „ - Nachrichten v. d. wissenschaftlichen Expedition nach Chorassan. Zeitung f. allg. Erdkunde 1858, 352; 1859, 89, 493; 1860, 160, 273
- „ - Vypiska iz pisma načal'nika Chorassan. Vestnik imp. Russk. Geogr. Obšč. 1858, č 23, No 7, 37-41, č. 24; No 9, 5-6; 1859, č. 25, 87-200; č. 26, 39-56
- „ - Memoire sur la partie méridionale de l'Asie Centrale. Recueil de voyages et de memoires, publ. Soc. de géogr. VII, Paris 1861
- „ - Meched, la ville sainte et son territoire – Extraits d'un voyage dans le Khorassan (1858). Le Tour du Monde, 2. sem. (1861), 269-288
- „ - Memoire sur la partie méridionale de l'Asie Centrale. Paris 1862
- „ - Voyage scientifique de M. Dorn, dans le Mazandéran, le Ghilan ... Ja XIX (1862), 213
- „ - Izvlečenie iz pisma N. V. Chanikova. Zapiski Imp. Russk. Geogr. Obšč. III (1863), 42-44
- „ - Mémoire sur l'ethnographie de la Perse. Mémoires publ. par la Soc. de géogr., Paris 1866
- „ - s. Thompson, L.
Charicles, v.: Von Baghdad nach Isfahan, aus dem Tagebuch eines Diplomaten. Westermanns III. Deutsche Monatsschrift, Jan. 1878
Chenge, Ju. C.: Geografičeskija zametki o Talyše (Ü. d. pers. Teil). Iszvestija Imp. Russk. Geogr. Obšč. V, t. 4 (1868), 317-324
Chodzko, A.: Le Ghilan ou les Marais Caspiens. Annales des Voyages, t.4 (1849), 257-271; t.1 (1850), 193-215; t.3, 69-93
Christensen, A.: Persiske Kommunister. Dansk Tidskrift (1903), 526-539

Churchill, H. L.: Persia. Report on the cultivation of olives in the districts of Ghilan 1896. Foreign Office Dipl. a. Consular Reports, Misc. Ser. No 407
Churchill, S.: in: Reports of H. M.' s Consuls IV (1880), 841 f.
Churchill, A. T.: Die persische Teppich-Industrie der Gegenwart. OeMO (1893), 93-99
Cirikov: Putevoj žurnal, ed. Gamazou. ZKO IX (Petersburg 1875)
Clerk, C.: Notes in Persia, Khurasan and Afghanistan. JRGS XXXI (1861), 37-65
Cochard, L.: Paris – Boukara – Samarkand. Notes de voyage. Paris 1891
Cochran-Ponafidine, E.: My life in the Moslem East. Indianapolis 1932
Collins, E. T.: In the kingdom of the Shah. London 1896
Colombari, F.: Organisation de l' armé persane … . Planquette 1854
Colwill, W. H.: Land-journey along the shores of the persian gulf, from Bushire to Lingah. PrRGS XI (1867), 36-38
Condie-Stephen, A.: (Bericht d. Brit. Botschaft Ṭihrān, 1881?, unveröff., vgl. Curzon, G. N., Persia … I, 123, Anm. 1)
Constable, C. G. – Stiffe, A. W.: The Persian Gulf Pilot. (2. Ausg.) London 1883
Convention between Her Majesty and His M. the Shah of Persia for suppression of the traffic in slaves. Tehran, March 2, 1882, in: Parliament. Sessional papers LXV (1882)
Couliboeuf de Blocqueville, M. H. de: Quatorze Mois de Captivité chez les Turkomans. Le Tour du Monde 1. sem. (1866), 225-272
Crampon: Étude des ressources et des besoins du marché persan. Annales du Commerce extérieur No. 1831 (1870), 43
Croizier, (E. C.) Cte. de: La Perse et les Persans, Paris 1873
Curzon, G. N.: The Karun river and the commercial geography of south-west Persia. PrRGS XII (1880), 509-532
- „ - Leaves from a diary on the Karun river. Fortnightly-Review LIII (1890), 479-498, 694-715
- „ - Persia and the Persian Question. 2 Bde. London 1892 (überwiegend nach den vielfach nicht veröffentlichten Aufzeichnungen von A. Houtum-Schindler; vgl. F. Rosen, Oriental Memoires …, 129)
- „ - Tales of Travel. London 1923
Cutts, E. L.: Christians under the crescent in Asia. London 1877
Danilov, N. P.: Sovremennoe sostojanie naselenija Persii. Moskau 1894
Danvers, F. C.: The Persian Gulf Route and Commerce. As. Quarterly Review April 1888
Daszynska, J.: Hausindustrie (in Persien). Die neue Zeit – Wochenschrift der deutschen Sozialdemokratie II (10. Jg.), 213-216 (nach Miklоševskij, in: Oekonomičeskij Žurnal 1891, kn. 6 und 7)
Davis, W. J.: Récit de voyage en Perse …. Conférence géogr. donné à la Sorbonne le 23 déc. 1873. Paris 1874
Delauney, E.: Une voyageuse au pays des Parsis. Limoges 1891

Delvaux, G.: La Perse et ses debouches pour le commerce belge. 1894
- „ - Les voies de communication en Perse. Bull. Soc. belge de géogr. 1896, 123-133
Demorgny, G.: Organisation du Ministère de l'Interieur. Téhéran 1313/1895-6
- „ - En Perse. Les Réformes Administratives. RMM XXIII (1913), 1-109
Denis, A.: Question de Perse. Affaire du Kerbela. Revue de l'Orient I (1843), 129-142
Depping, G.: Souvenirs d'un médicin. Le Shah de Perses Nasr-oud-Din, sa vie et sa cour. Saint-Germain 1876
Develay, A und Pisson, G.: En Asie antérieure. Paris 1891
- „ - De Trebizonde à Tiflis et de Tiflis a Téhéran. Bull. Soc. géogr. comm. XIV (Paris 1892), 97f.
De Windt, H.: A ride to India, across Persia and Baluchistan. New York – London 1891
Diamanti: La Perse. Bull. Union géogr. du Nord de la France XVII (1897), 298, 300
Dickson, W. J.: in: Accounts and Papers (printed by order of the House of commons) LXIX (1882)
- „ - Report on the Manufactures, Commerce etc. of Persia. July 1865
- „ - Report on the Trade of Persia. Reports by H. M.'s Secretaries of Embassy and Legation VI (London 1882), 496; I (1884), 35
Dielafoy, J.: La Perse ouverte. Versailles 1883
- „ - La Perse, la Chaldée et la Susiane. Paris 1887
Dielafoy, J.: A travers la Perse. Bull. Soc. normade géogr. XVIII (1896), 1-28
Diplomaticus: The Imperial Bank of Persia. Imp. a. Asiat. Quaterly Review VIII (1889), 241-256
Djemal ed Din, Skaikh (Afġānī): The reign of terror in Persia. With a foreword by H. R. H. Contemporary Review 61 (1892), 238-248
Doncourt, A. S. de: La Perse, géographie, histoire, moeurs, gouvernement. Lille – Paris 1885
Dorn, B.: Otčet ob učenom putešestvii po kavkazu i južnomu beregu kaspijckago morja. Trudy vostočn. otd. archeologič., Obščestva c. 8 (1864), 245-317
- „ - Bericht über eine wissenschaftliche Reise in den Kaukasus und in die südlichen Küstenländern des Kaspischen Meeres. Bull de l'Académie Imp. de Sciences de St. Petersburg IV (1862), 344-393
- „ - s. Chanykov, N. V.
Dosabhai: s. Framji, D.
Drapeyron, L.: (Auszug aus: Binder, HG.: Au Kurdistan ...) Revue de géogr. 22 (1888), 227
Dreyfuss, H.: Essai sur le Béhaisme, son histoire et sa portée sociale. Paris 1909
Duhousset, E.: Les Chasses en Perse. Le Tour du Monde 2. sem. (1862), 113-128

- „ - Études sur les populations de la Perse et pays limitrophes pendant trois années de séjour en Asie. Paris 1863
Dunlop, H.: Perzie. Haarlem 1912
Du Temple, E.: Les Kadjars. Vie de Nasser-ed-din-Chah .... Paris – Meaux 1873
Duval, R.: Les dialectes néo-araméens de Salamas, textes sur l'etat actuel de la perse .... Paris 1883
E., C.: Le Cheikhe Djemaleddin Afghani. Meulan 1896
E., M.: Vom persischen Handel. Export 1883, 216-217
Eastwick, E. B.: Journal of a Diplomate's Three Years Residence in Persia. 2 Bde. London 1864
- „ - in: Reports by H. M.'s Secretaries of Embassy and Legation ... Nr. 6 (London 1863)
- „ - Produktion und Handel von Chorassan (Aus ... Reports ...). PM (1864), 7-8
- „ - s. a. Forgues, A.
Elgood, C.: A medical history of Persia and the Eastern Caliphate from the earliest times until the year A.D. 1932. Cambridge 1951
Eliseev, A.: Sredi dervišej. Russkij Vestnik VII (1894), 123-147
Encyclopaedia Brittannica: "Persia", 8. Ed., London 1858
- „ - "Persia", 9. Ed., London 1885
„Ernst": Zur Münzreform in Persien. OeMO (1878), 104
Erp, N. d.: La Perse au point de vue des intérest belges. Recueil consulaire belge LXXII (Paris 1891)
Esselstyn, L. F.: Intemperance in the capital of Persia. The Church at home and abroad. Philadelphia 1889, 315
F. F.: Pisma o Persii. Kavkaz 1876, No 18, 19, 21, 23, 25
F. F.: Garem u persijan. Kavkaz 1876, No 43, 44
Faber, W.: s. Lemm, J.
Falk, A.: Persien, folk och stat. Ymer XIX (Stockholm 1899), 187-201, 243-264
Ferrier„ J. P.: Voyages en Perse .... 2 vols. Paris 1860
Feuvrier, J. B.: Trois ans à la cour de Perse. Paris (1900) 1906
Fevret, E.: Le groupment des centres habités en Perse d'apres la natur du sol. RMM II (1907), 181-198
Filippi, F. de: Notes di un Viaggio in Persia nel 1862. Milano 1865
Finn, A.: Teimouris, JRAS (1893), 871-875
- „ - Apuntes de un vaije en Persia, Conferencia dada en la Sociedad de Ciencias fisicas de Malaga 1901
- „ - Some reminiscences of a stay in Persia. Persia Society, Monograph. 1913
Fischel, W. J.: The Jews of Persia, 1795-1940. Jewish social studies XII (New York 1950), 119-160
Fladin, E. : Voyage en Perse par Eugène Flandin, peintre, et Pascal Coste, architecte, attachés a l'ambassade de France en Perse, publié sous la direction d'une commission composée de M. Burnouf .... Paris 1850-1854

- „ - Souvenirs d'un Voyage en Perse .... Revue des deux Mondes, t. 15 (1852), 1110-1144
Floor, W. M.: Traditional Crafts and Modern Industry in Qajar Iran. ZDMG 141 (1991), 317-352
Floyer, E. A.: Journal of a Route from Jask to Bampur. JRGS XLVII (1877), 188-201
- „ - Unexplored Baluchistan. London 1882
Fogg, W. P.: Travels and Adventures in Arabistan. London 1875, 1881
Fontenilles, C.: s. Broca, G. de
Fontpertuis, A. F. de: La perse, ses populations, ses institutions et son ouverture au commerce. L'Economiste français (1883), 666-669
Forgues, E.: Téhéran et la Perse en 1863. Revue des deux Mondes t. 51 (1864), 208-213 (Bericht über Eastwick, Journal ... u. Eastwick in : All the year round VIII, IX und X)
Forrest, G. W.: Selections from the letters, despatches and other state papers preserved in the Bombay Secr. a. For. Depts. of the Govt of India. Calcutta 1890
- „ - Selections from the travels and journals preserved in the Bombay Secretariate. Bombay 1906
Fourneaux, G. de: L'industrie, le commerce et l'agriculture en Perse. Bull. Soc. géogr. X (Bordeaux 1887), 1-17, 33-42
Framji, D.: The Parsees, their history, manners, customs and religion. London 1858
Frank, C.: Über den schiitischen Mudschtahid. Islamica 2 (1926), 171-192
Frankini: Zapiska o persidsk. armii ... ot 29.IX.1877 g. SmA vyp. 4 (1883), 1-34
Frédé, P.: Voyage en Arménie et en Perse. Paris 1885
- „ - La Pêche aux perles en Perse et à Ceylan. Paris 1887
Freshfield, D. W.: Travels in the Central Caucasus and Bashan, incl. visits to Ararat and Tabreez .... London 1869
Froideford des Forges, H. de: Coup d'oeuil sur la Perse d'aujourd'hui. Paris 1861
Fuchs, R.: Handel und Verkehr in Persien. Das Handelsmuseum III, 1 Sem., Beilg., 247 f.
- „ - Lose Blätter aus dem Orient. Wien 1881
G., D.: Sanitätsreformen in Iran. Globus 31 (1877), 299-300
G., M.: Pismo iz Persii. Sovremennik t. 27 (1851), 136-140
Gabel, G. T.: Reise nach Persien. Reichenberg 1889
Gabriel, A.: Im weltfernen Orient. München und Berlin 1929
Gadsby, J.: My wanderings. Beeing travels in the east, between 1846 and 1860. 2 Bde. London 1855-1860
Gagarin, A.: Persid. Kurdistan. ZkO t. 1 (1852), 256-260
Galfon, S.: Die Lage der Juden in Persien. Ost und West VII, 133-136

Gamazov, M. A.: O Turcii i Persii. Sovremennik VII/2 (1857), 1-42; VIII/2, 83-126

- „ - s. IV. Ḫ^{w}uršid Efendi, und Cirikov

Garnier, H.: Voyage en Perse, Armémie, Mésopotamie, Chaldée etc.. Tours 1859

Gasteiger zu Ravenstein und Kobach, A. v.: Rundreise durch die nördlichen Provinzen Persiens. Zeitschrift f. Allg. Erdkunde 1862, 341-356 (teilw. im Anhang zu: Brugsch, H. C., Reise der kgl. Preuss. Gesandtschaft ..., II)

- „ - (Albert Gasteiger Khan): Von Teheran nach Beludschistan, Reise Skizzen. Innsbruck 1881 (Kritik einiger geographischer und historischer Ungenauigkeiten durch A. Houtum-Schindler in: Zeitschrift f. Wiss. Geogr. II (1883), 93 f.

Gasteiger zu Ravenstein und Kobach, A. v.: s. Ceyp, A. J.

Geary, G.: Through Asiatic Turkey. Narrative of a journey from Bombay to the Bosporus. 2 Bde. London 1878

Gedel-Lann'i: s. Gödel-Lannoy

Gerstmanova, M.: Stanovisko kobiety perskiej v ostatnich 50 latach. Studia Iranskie III, Teheran 1945

„Ghilan" (Ẓāhiru'd-Daule): Assasinat de Nasr ed Din Chah Kadjar. RMM XII (1910), 591-615

Gill, W. G.: Travels in Northern Persia. The Geogr. Magazine (1874), 272-277 und: Geogr. Section of the Brit. Association, Belfast (Aug. 1874)

(Gödel-Lannoy, E. v.) Gedel-Lann'i: Čerez Elbrus k Mazanderanu. Cemejnoe Čtenie No. 4o (1800)

- „ - Communicationswesen in Persien. OeMO (1881), 20-24

Gobineau, J. A. Cte. de: Mémoire sur l'état social de la Perse actuelle. Séances et traveaux de l'Académie des sciennces morales et politiques, Compte Rendue 4.trim. (1856), 235-263

- „ - Persische Studien. Die Wanderstämme Persiens. ZDMG (1857), 689-699; 1858, 269-278

- „ - Trois ans en Asie, de 1855-1858. Paris 1859, 1905, 1922

(- „ -): Correspondance entre Alexis Tocqueville et Arthur de Gobineau 1843-1859. Ed. Schemann, Paris 1908

(- „ -): Correspondance entre le Comte Gobineau et le Comte de Prokesch-Osten (1854-1876). Ed. C. Serpeille de Gobineau. Paris (1933)

Gobineau, J. A. Cte. de: Lettres Persanes. Revue de Littérature Comparée (1952), 61-84, 217-241 (ed. A. B. Duff nach den Originalen in der Bibliothek der Univ. Strassburg, Sign. 3519 fonds Gobineau 40a, No 135, 136, 138-152, 154-158, 160-163). Teilweise Übersetzung ins Persische in: Suhan (Ṭihrān), 1332 II, 137f III, 220f-1333 IV, 275f V, 364f

- „ - La Perse. Le Tour du Monde 1. sem. (1860), 17-48 (Auszug aus: Trois ans en Asie)

- „ - Les réligions et les philosophies dans l'Asie centrale. Paris 1900 (3. Ed.)

Gogitschayschwili, Ph.: Das Gewerbe in Georgien, Tübingen 1900. Zeitschr. f. d. ges. Staatswissenschaft, Ergänzungsheft I

Goldsmid, F. J.: Notes on eastern Persia and western Beluchistan. JRGS XXXVII (1867), 269-297

- „ - Correspondence on the progress of Persia in Mekran and western Beluchistan. London 1872

- „ - Journey from Bandar Abbas to Mashad by Sistan, with some account of the last-named province. JRGS XLIII (1873), 65-83

- „ - Notes on recent Persian travels. JRGS XLIV (1874), 183-203

- „ - Telegraph and Travel. London 1874

- „ - „Introduction". In: Eastern Persia, ed. Goldsmid I. London 1876

- „ - Captain the Hon. G. Napiers Journey on the Turkoman Frontier of Persia. PrRGS XX (1876), 166-182

- „ - Persia and ist military ressources. Journ. Roy. United Service Institution XXIII (1880/1879?)

Goldsmid, F. J.: Lieut. H. B. Vaughan's recent Journey in Eastern Persia. PrRGS (1890), 577-95

(Gordon, T. E.): A journey from Tehran to the Karun and Mohamrah. PrRGS XIII (1891), 484-487

- „ - Persia. Report on a journey from Tehran to the Karun and Mohamrah, via Kum, Sultanabad, Burudjird, Khoremabad, Dizful and Ahwaz. For. Off. Diplomatic and consular reports, Misc. ser., No 207 (1891)

- „ - Persia revisited (1895), with remarks on H. J. M. Mozuffer ed-Din Shah and the present situation in Persia (1896). 1896

Greenfield, G.: Beitrag zur Frage der allgemeinen Hygiene in Persien mit spezieller Berücksichtigung der Malaria. Diss. med., Berlin 1933

Greenfield, J.: Die Verfassung des persischen Staates, nebst einem Anhang über Gesetze, Bildungswesen, sanitäre und wirtschaftliche Zustände im heutigen Persien. Berlin 1904

- „ - Die rechtliche und wirtschaftliche Stellung der Andersgläubigen im Islam und der moderne Panislamismus. Blätter für vgl. Rechtswissenschaft und Volkswirtschaftslehre I (1906), 488-499, 539-547

- „ - Justizreform in Persien. A.a.O. II (1907), 129-134

(- „ -) Strafverfahren und seine Reform. A.a.O VI (1911), 225-232

- „ - „Persien" in: Schlegelberger's Rechtvergleichendes Handwörterbuch I. Berlin 1929, 427 f.

Grolman, W. v.: Militärische Aufzeichnungen während eines Aufenthaltes im Kaukasus und in Persien. Militärisches Wochenblatt, Beiheft 5/6 (1893), 209-235

Guenot, L.: La Perse ancienne et nouvelle; moeurs, coutumes, réligion, finances, gouvernement, configuration géogr., suivie de notes. Paris 1862 (Broschüre)

Guenot, S.: La Perse et les Persans. Bull. Soc. géogr. Toulouse VI/4, 193-237

Guerra, A. P.: Dal Caucaso al golfo Persico. L'esploratione comm. II (1887), 40 f.
Gues, H.: Mouvement commercial des principaux ports persans du Golfe Persique en 1892-1893. Rapports commerciales No 174 (1894)
Guillard, Mme.: Le berceau du communisme en Perse. London 1854
Guilliny, M. E.: Essai sur le Ghilan. Bull. Soc. Géogr. XI (1866), 81-104
Haas, W. S.: Iran. New York 1946
Hadank, K.,: Die Mundarten von Khunsar, Mahellat ... . Kurdisch-Persische Forschungen, Abt. III, Band I, Berlin-Leipzig 1926
Hahn, C. v.: Russlands Handel mit Persien. Asien III, 151-154, 167-170
- „ - Das heutige Chorassan. Globus Bd 67 (1895), 149-152 (nach einem Vortrag v. L. Artamanov in der geogr. Gesellschaft Tiflis)
Hamadānī: Mīrzā Huseyn Hamadānī: The Tārīkh-i Jadīd or New History ... Trans. from the Persian ... by E. G. Browne. Cambridge 1893
Häntzsche, J. C.: Topographie und Statistik der persischen Turkomanen. Zeitschrift für allgem. Erdkunde XIII (1862), 97-104
- „ - Haram und Harem. Zeitschrift für allg. Erdkunde XVII (1864), 375-390, 409-434 – ferner in: Ausland Nr. 52 (1864); 1. Jahresbericht des Vereins für Erdkunde Nr. 5u (Dresden 1865), 13-16
Häntzsche, J. C.: Talysch, eine geographische Skizze. Dritter Jahresbericht des Vereins für Erdkunde Anh. (Dresden 1866), 1-64
- „ - Spezialstatistik von Persien. ZGE (1869), 429-450
Harris, W. B.: From Batum to Baghdad, via Tiflis, Tabriz, and Persian Kurdistan. 1896
Hedin, S. A.: Genom Persien .... Stockholm 1887
- „ - Persien och Mesopotamien. Stockholm 1887
- „ - Konung Oscars beskickning till Schahen af Persien ar 1891. Stockholm 1891
- „ - Genom Khorasan och Turkestan ... 1890 och 1891. 2 Bde. Stockholm 1892/3
- „ - En fӓrd genom Asien, 1893-1897. 2 Bde. Stockholm 1898
- „ - Genom Asiens öknar. Forskningar och äventyr 1893-1897. Stockholm 1899
Herbert, A.: In: Foreign Office, Commercial Reports No 18 (1886)
- „ - In: Foreign Office, Diplomatic and consular Reports, Annual ser., No 113
Hertslet, L.: A Complete Collection of the Treaties and Conventions at present subsisting between Great Britain and Foreign Powers ..., 20 Bde. London 1840-1896
- „ - Treaties ... concluded between Great Britain and Persia and between Persia and other Powers. London 1891
Hirsch, G.: Téhéran. Paris 1862 (Broschüre)

Holdich, T. H.: Ethnographie and historical notes on Makran. General Reports on the operations of the Surveying Indian Dept. during 1891-1892. Calcutta 1893

Hommaire de Hell, X.: Fragment inédit du voyage en Perse, de Tauris a Téhéran. Revue de l'Orient IV (1856), 1-23

- „ - Voyage en Turquie et en Perse ... II. Paris 1856

Hoogerwoerd, K. de: Die Häfen und Handelsverhältnisse des Persischen Golfes und des Golfs von Oman: Basrah, Bender Abbas, Busher, Dschask, Fao, Gwadur, Kwet, Ormus, etc., Annalen d. Hydrogr. XVII (Berlin 1889), 189-207

Houssay, F.: Souvenir d'un voyage en Perse. Revue des deux Mondes t.79 (1889), 367-391, 857-883

- „ - La structure de sol et son influence sur la vie des hommes. Études sur la Perse méridionale 1885-6. Annales de Géogr. III (1894), 278-295

- „ - s. Babin, C.

Houtum-Schindler, A.: Notes on Persian Beluchistan. From the Persian of Mirza Mehdi Khan. Publ. Teheran, July 1875. JRAS (1876), 147-154

- „ - Beschreibung einiger weniger bekannter Routen in Chorassan. ZGE (1877), 215-229

- „ - Reisen im südwestliche Persien. ZGE (1879), 38-67, 81-112

- „ - Reisen im nördlichen Persien. ZGE (1879), 112-124

- „ - Neue Angaben über die Mineralreichtümer Persiens und Notizen über die Gegend westlich von Zenjan. Jahrbuch der k.u.k. Geolog. Reichsanstalt Wien 1881, 169-190

- „ - Reisen im südlichen Persien 1879. ZGE (1881)

- „ - Die Parsen in Persien, ihre Sprache und einige ihrer Gebräuche. ZDMG (1882), 34-88

- „ - Reisen im nordwestlichen Persien 1880-82. ZGE (1883), 320-344

- „ - Die Gegend zwischen Sabzwar und Mesched in Persien. Jahrbuch der k.u.k. Geologischen Reichsanstalt Wien (1886), 303-314

- „ - Notes on the Sabaeans. PrRGS XIII (1891), 663-669

- „ - The late Shiah Pontiff. Imp. a. Asiat. Quaterly Review X (1895), 195-198

- „ - Eastern Persian Irak. London 1896 (und in:) Roy. Geogr. Society Supplementary papers (1897)

- „ - s. IV. Nāṣiru'd-Dīn Šāh Qāǧār

Huart, C.: Le dialecte persan de Sīvend (Übers. der Hs. von Mīrzā Ḥusein Ṭihrānī, Ṣureijā-dar aḥvāl-i Sīvand). Ja I (1893), 241-265

Hughes, A. W.: The country of Balochistan. London 1877

Hughes, T. P.: A Dictionary of Islam. London 1885

Hume-Griffith, M. E. und A.: Behind the veil in Persia and Turkish Arabia. An account of an Englishwoman's eight years residence .... London 1909

Husain Quli Khan, Mirza: The late Shah of Persia and his successor. Imp. a. As. Quaterly Review II (1896), 77-85

Hutchinson, J.: Two years in Persia .... 2 Bde. 1873

(Ḫ^{w}uršīd Efendī): Opisanije putešestvija (Übers. von Gamazov mit einem Bericht des persischen Grenzziehungsbeauftragten im Anhang) ed. Glavnij Štab. St. Petersburg 1877

I., L.: Vzgljad na Gilan, v torgov. promyšlen. I zemledel'č. otnošenii. No 28-31, Kavkaz 1848

(Ibrāhīm Bēg): Schulz, W.: Zustände im heutigen Persien, wie sie das Reisebuch Ibrahim Begs enthüllt. Aus dem Persischen übersetzt und bearbeitet. Leipzig 1903

„Immanuel": Das Erdbeben von Katschan. Globus 66 (1894). 228r

Isaacs, A. A.: Biography of Rev. Henry Aaron Stern, for more than forty years a missionary amongst the Jews .... London 1886

Iven, W.: Das Kulturland Persien. Diss. Berlin 1922 (1926). Auszug in: Jahrb. der Diss. d. Phil. Fakultät Berlin 1921-22, 236-41

Jewett, M.: Reminiscences of my life in Persia. Iowa 1909

John, O. St.: Narrative of a journey through Baluchistan and Southern Persia 1872. In: Eastern Persia ... I, London 1876, 18-115

Jones: In: Accounts and Papers, printed by order of the House of Commons. LXV (1871), 240 f. ; LXVII (1873), 364 f.

- „ - In: Reports of H. M.'s Consuls. II (1873), 371 f.

Jonge, J. K. J. de: De reis von Jhr. T. M. Lycklama à Nyeholt door Perzie met en overzicht van den vroegeren handel ... en van den tegenwoordige staat des handels in dat rijk. Tijdschrift van het aardrijkskundig Genootschap te Amsterdam. I (1876), 143-157

Jusefovič, T. P.: Dogovory Russii s Vostokom. S. Petersburg 1869, 185-227

K.: Persidskija ženščiny. Naše Vremja No 251 (1862)

K., A.: Persidskij enderum. Pisma iz Tegerana. Vestnik Evropy t 5, (1886) No 10, 501-548

Kamsarakan, K. P.: Vtoženie šejcha Obeid-Ully v Persiju v 1880 g. SmA vyp. 2 (1884), 34-46

Kauder, E.: Reisebilder aus Persien, Turkestan und der Türkei. Breslau 1900

Kazem-Beg, A.: Notes sur les progrès récents de la civilisation en Perse. Ja IX (1857), 448-462

- „ - Bab et les Babis ... . Ja VII (Paris 1866), 329-384, 457-522 ; VIII (Paris 1867), 196-252, 357-400, 437-507

Kégl,A. v.: Scheibani, ein moderner persischer Dichter des Pessimismus. WZKM (1892), 157-65

- „ - Schajek, der Satyriker des Vagabundenlebens in Iran. WZKM (1893), 338-344

- „ - Die Memoiren eines Prinzen von Persien. WZKM (1895), 254-266

Kennedy, R. J. und B. W.: A journey in Khorassan and Central Asia. March and April 1890 (for private circulation only). London 1891
Khan, : Ein Tiroler in Persien, in: Lern-Schriften, Nr. 66, Innsbruck, 1949
Khanykoff, Khanikov: s. Chanykov
Khrustalew, G.: Die sozialen Grundlagen der persischen Revolution. Dokumente des Fortschritts I,2, 935-940
Kiepert, V. H.: Zentrales und südliches Persien. Berlin 1869
Kiepert, V. H.: Dr. Franz Stolze's Reise im südlichen Persien 1875. ZGE (1877, 210-214 und Globus (1877), 31, 311-315, 328-331
Kitabgi Khan, P.: Droit musulman schyite. Le Mariage et le Divorce. Diss. Lausanne 1904
Kitabji, A.: Études persanes. 1889
Kitto, J.: The court and people of Persia. 2 Bde. London 1849-1850
Klobukowski, A.: Sur le commerce de l'Inde avec le Turkestan Chinois et le Khorassan. Bull. Soc. géogr. comm. XIX (Paris 1897), 766-776
Knanishu, J.: About Persia and ist people. A description of their manners, customs and house life. Rock Island, III., 1900
Kočanovski: s. W., St.
Koljubakin: Očerk vovružen. sil Persii v 1883 g. SmA vyp. 4 (1883), 35-110; vyp. 11, 1-33
Kuros, Gholam Resa: Die bisherige und zukünftige Wasserwirtschaft Irans unter besonderer Berücksichtigung der Wasserversorgung. Diss. Berlin 1941
Lacoin de Vilmorin, A.: De Paris à Bombay par la Perse .... Paris 1895
Lacy, de: s. O'Brien
Laessoe, A.: Frau Persien. Kjöbenhavn 1881
Lafont, D. F.: s. Rabino, H. L.
Laing, S.: A modern Zoroastrian. London 1887
Lambton, A. K. S.: Three Persian Dialects. London 1938
- „ - Landlord and Peasant in Persia. Oxford 1953
Law, E. F.: The awakening of Persia. Nineteenth Century 26 (1889), 1001-1013
- „ - Persia. Notes on British trade and foreign competition in northern Persia. Foreign Office, Diplomatic and consular reports, Misc. ser., No 119 (1889)
Layard, A. H.: A Description of the Province of Khuzistan. JRGS XVI (1846), 1-105
Le Comte, E.: Tébriz. Rev. de Géogr. 16 (1892), 161-174
- „ - Le commerce et les voies de communications en Perse. A.a.O. 33 (1893), 81-88
- „ - Les Kourdes. Revue de Géogr. 33 (1893), 266-272
Lefèvre-Pontalis, C.: De Tiflis à Persépolis .... Paris 1894
Le Grand, M.: La Perse actuelle. Fécamp 1895
Le Jeune: Voyage en Arménie et en Perse. Paris (o. J.)
- „ - Voyageur dans la Syrie, l'Arabie et la Perse. (3. Ed.) Toulous 1877

Le Messurier, A.: From London to Bokhara and a ride through Persia. London 1889

Lemm, J.: Bericht über den Märtyrertod des Muhammdaners Stephanus Askjar. 2. Aufl.. Im Anhang: Die Ausweisung der deutschen Missionare und der gegenwärtige Stand der Mission daselbst, v. W. Faber. Leipzig 1895

Le Monnier, F. Ritter v.: Der Handel Persiens. Mitt. d. k.u.k. geogr. Gesellschaft Wien (1889), 49-50

Lenc, R.: Izsledovanija v. Vost. Persii i v Geratsk. Vladenii, č. 1. Zapisok Imp. Akad. Nauk., t 13 No 4, prilož., 1-162

Léontiev, N.: De Tiflis aux Indes 1891-1892. Soc. Géogr., comptes rendues (Paris 1893), 26-28

Lessar, P.: Despatches from H. M. ambassador at St. Petersburg forwarding translations of the publiced reports of M. Lessars journeys in Central Asia 1883. Foreign Office, Central Asia No 1 (1883); Parliamentary Sessional Papers LXXXII (1883)

- „ - Bemerkungen über Transkaspien und die benachbarten Landstriche. Nach dem Russischen .... PM (1884), 281-296 (aus: Izvestija Imp. Russk. Geogr. Obšč. (1884), 1 ff; ZKO XIII-1, 161 ff)

Levy, R.: An Introduction to the Sociology of Islam I. London 1931

Litten, W.: Die neue persische Verfassung. Beiträge zur Kenntnis des Orients VI (Halle 1908), 3

- „ - Persien. Von der „pénétration pacifique" zum Protektorat. Urkunden und Tatsachen ... in Persien 1860-1919. Berlin – Leipzig 1920

Loftus, W. K.: Travels and researches in Chaldaea and Susiana ... in 1849-1852. London 1857

Lorini, E.: La Persia economica contemporana e la sua questione monetaria. Roma 1900

- „ - s. Rabino, J.

Lovett, C. B.: Surveys on the road from Shiraz to Bam. JRGS XLII (1872), 202-212

- „ - Narrative of a journey in Baluchistan 1870-1871. Eastern Persia ... I (London 1876), 117-142

- „ - Report on Astarabad. Reports of H. M.'s Consuls XIII (1882), 1068 f.

- „ - Itinerary Notes of Route Surveys in Northern Persia in 1881 and 1882. PrRGS V (1883), 57-84

Low, C. R.: Land of the sun: sketches of travel, with memoranda .... London 1870

Lycklama à Nyeholt, T. M.: Voyage en Russie, au Caucase et en Perse ... pendant les années 1866-7 et 1868. 4 Bde. Paris, Amsterdam 1872-5 ; s. a. Jonge, J. K. J., de

Lynch, H. B.: Across Luristan to Ispahan. PrGS (1890), 533-553

M.: Poezdka iz Tavriza k Ind. okeanu. Izvestija Kavk. otd. Russk. Geogr. Obšč., t.2, 227-247 und Russk. Mir No 314, 323, 338 (1873)
Mac Donald, R. : Personal narrative of military travel and adventure in Turkey and Persia. Edinburgh 1859
Mac Gregor, C. M.: Narrative of a journey through the province of Khorassan and on the northwestern frontier of Afghanistan in 1875. 2 Bde. London 1879
- „ - Wanderings in Balochistan. London 1882
Maclean, A. J.: The Catholicos of the East, being the impressions of five years work in ... Kurdistan and Northern Persia .... London 1892
Maclean, H. W.: (Ü. d. Handel von Ḫurāsān) Foreign Office, Diplomatic and consular Reports, Annual Ser. No 753 (1890); No 976 (1891)
Mahé: Epidémies de peste en Perse et en Turkestan. Gazette médicale d'Orient 1887
Malcolm, J.: The History of Persia II. London 1815, Lahore 1888
Malcolm, N.: Five years in a Persian town. London – New York 1905
Malkom Khan: Persian civilisation. Contemporary Rev. 59 (1891), 238-244
(Malkom Khan): Les Comedies de Malkom Khan ... traduites du persan par A. Bricteux. Liège – Paris 1933
Mallock, H. A.: Report on the Indo-European Telegraph Department. Being a History of the Dept. form 1863 to 1888 and a Description of the Country ..., Calcutta 1890
Markham, C. R.: A general sketch of the History of Persia. London 1874
Markovič, J. V.: Persija. Geografija I statistika. Voenn. Encik. Leksikon (3. Ed.) 1856, 222-241
Marmier, X.: Voyages et literature .... Un voyage en Perse .... Paris 1888
Marsh, D. W.: The Tennessean in Persia and Koordistan, being scenes and incidents in the life of Samuel Audley Rhea .... Philadelphia 1870
Martin, Abbé J. P.: La Chaldée. Rom 1867
Maunsell, F. R.: Reconnaissances in Mesopotamia, Kurdistan, Northwest-Persia, Luristan. 2 Bde. Simla 1889-1890
Mc Ivor, Dr.: Notes in sea fishing in the Persian Gulf. Persian Gulf Polit. Res. Admin. Report 1880-1881
Méchin, F.: Lettres d'un voyageur en Perse. Djoulfa, Yesd, les Guèbres. Bourges 1867 (Broschüre)
Mel'gunov, G.: O južnom berege kasp. morja. St. Petersburg 1863. Übersetzung v. J. Th. Zenker: Das südliche Ufer des Kaspischen Meeres, oder die Nordprovinzen Persiens. Leipzig 1868
- „ - s. Zenker, J. Th.
Menant, D.: Les Parsis, histoire des communautés zoroastriennes. Paris 1898
Menant, D.: Les Zoroastriens en Perse. RMM III (1907), 193-220, 421-452
- „ - „Gabars“. In: Encycl. of Religion and Ethics IV (1913), 147-156

Menault, E.: La Perse, son commerce et son agriculture. Moniteur universel (Gazette nationale) 1863, 353
Méra, (E.): Un Ignoré: le lieut. Grillières (1868-1905). Son Voyage en Perse .... Paris 1913
Mikloševskij: s. Daszynska, J.
Millingen, F.: Wild life among the Koords. London 1870
Minister, A Persian Minister: Persia under the present Shah. Imp. a. As. Quaterly Rev. II (1891), 1-5
Mindevič, G. K.: Poezdka v Mešed. Aškabad 1896
- „ - Reise nach Mesched in Persien. Globus 70 (1896), 315-321, 334-338
Minorsky, V. F.: The tribes of western Iran. London, Roy. Anthrop. Inst. of Great Britain and Ireland 1945
Mirza, Y. B.: When I was a boy in Persia. Lothrop (USA) 1920
- „ - Myself when young. Doubleday, Doran (USA) 1929
Mohammed Hasan Khan (Marāġī?): Statistique de la Perse. Téhéran 1890 (vgl. Ja XV, 242)
Mohammed Hassan Khan, Hakim ed Dowleh: Grossesse, accouchement et puériculture en Perse. Diss. Paris 1908
Molčanov, A.: Sovremennaja Persija Očerk. Istorič. Vestnik. 1889, 186-214, 461-479
Molon, C. de: De la Perse : études sur la géographie, le commerce, la politique, l'industrie, l'administration etc. Versailles 1875
Monod, W.: Ormiah. Récits de la Mission américaine en Perse. Paris 1878
Montet, E.: Le théatre en Perse. Genève 1888
Moreau, L.: La capitale de l'empire du Shah. Aperçus de voyage et de séjour à Téhéran. Bull. Soc. belge géogr. XX (1896), 226-243
Morenc, P.: Ispagan (aus dem Französischen) Novoe Obozrenie No 527, 531 (1885)
Morgan, C. und Burger, F.: Nassr-Eddin Schah und das moderne Persien. Eine populär-wissenschaftliche Darstellung. Dresden 1889
Morgan, J. de: Relation sommaire d'un voyage en Perse et dans le Kurdistan 189-1891. Bull. Soc. Géogr. XIV (1893), 5-28
- „ - Mission scientifique en Perse. I (Paris 1894), II (Paris 1895)
- „ - La Féodalité en Perse, son origine, son development, son état actuel. Revue d'Ethn. et de Sociol. III (Paris 1912), 169-190
- „ - Feudalim in Persia (Übs. d. Obigen). Annual Report of the Board of Regents of the Smithsonian Institution 1913, 579-606
Moser, H.: A travers l'Asie centrale, la steppe Kirghize, le Turkestan russe, Boukhara, le pays des Turcomans et la Perse. Paris 185 (deutsche Übersetzung : Leipzig 1888)
- „ - En Perse. Bibliotheque ill. des voyages No 94 (Paris 1899)

Motamen-ol-Molk: Recueil des traités de l'empire persan avec les pays etrangers. Téhéran 1908
Mounsey, A. H.: A journey through the Caucasus and the Interior of Persia. London 1872
Muhamud Miraftab,: Dastur Al-Katib fi Ta yin Al-Maratib – Edition und Darstell. Diss. Göttingen 1956
Mullen, T. F.: Notes on Cholera in Persia. Persian Gulf Pol. Res. Admin. Report 1889-1890
Murdoch-Smith, R.: s. Smith, R. M.
Nanni: Opisanie komandirovki v Persiju staršago veterinarnago lekarja Nanni .... Žurnal konnozavodstva i ochoty t. 39 (1854) No 1, 35-51
(Napier, G. C.): Collection of journals and reports from Cpt. the Hon. G. C. Napier, on special duty in Persia 1874. London 1876
- „ - Extracts from a Diary of a Tour in Khorassan and Notes on the Eastern Alburz Tract. JRGS XLVI (1876), 62-171 (s. Goldsmid, F. J.)
(Nāṣiru'd-Dīn Šāh Qāǧār): A diary kept by H. M. the Shah of Persia, during his journey to Europe in 1878. From the Persian ... by A. Houtum-Schindler and Baron L. de Norman. London 1879
Nasr-Ed-Din: Putešestvie ... po Mazanderanu (Übers. aus dem Reisetagebuch des Schah). S. Petersburg 1887
Nazare-Aga: Du movement civilisateur en Perse. Revue Orientale VIII (1862), 119-132
Nazare-Aga (Ardachir Khan): Contribution à l'étude des conférences sanitaire internationales dans leurs rapports avec la prophylaxie des maladies pestilentielles en Perse. Diss. Paris 1903
Nerval, G. de: Voyage en Orient. Paris 1869
Nicolas, M. A.: Note sur l'enseignement en Perse. Ja XIX (1862), 472-481
Nikiforov, N.: K granicam Persii. Putevyja nabroski. Kolos'ja No 8 (1886), 257-270 ; No 9, 256-274 ; No 10, 217-248
Nikitine, B.: Les Valis d'Ardalan. RMM 49 (1922), 70-104
- „ - La vie familiale des Assyro-Chaldéens du plateau d'Ourmiah. Ethongraphie 1927
- „ - Les Afšars d'Urumiyeh. Ja 214 (1929), 67-123
Nikol'skij, A. M.: Poezdka v šev.-vost. Persiju i zakaspijskuju oblast. Zapiski Imp. Russk. Geogr. Obšč. t 15 (1866) No 7, 1-57
Nolde, E.: Reise nach Innerarabien, Kurdistan und Armenien. Braunschweig 1895
Norman, L. de: s. IV. Nāṣiru'd-Dīn Šāh Qāǧār
O'Brian and Lacy, de: Banking in Persia. 1868
Obručev, N. N. (Hrsg.): Voenno-statičeskij sbornik. Vyp. 3, Persija, Avganistan, Beludžistan i pr.. S. Petersburg

O'Donovan, E.: The Merv oasis. Travels and adventures ... 1879-1881. 2 Bde. London 1882
Ogorodnikov, P.: Trevožnyja mesta. Delo No 6 (1876), 90-132; No 7, 83-112; No 8, 50-75
- „ - Poezdka v s.-v. Persiju. Izvestija Imp. Russk. Geogr. Obšč., t. 2 (1875) No 1, 15-33
- „ - Dva epizoda iz nedavnjago putešestvija po Chorasanu. Krugozor No 1-3 (1877)
- „ - V gorod i v derevne. Očerki i zametki iz poezdka po Persii. Mysl No 2 (1880), 160-174
- „ - Zapiska o položenii russkich del v sev.-vost. Persii. S. Petersburgskija Vedomosti No 21 (1880)
Ogorodnikov, P.: V vidu Mešeda .... A.a.O. No 37 (1880)
- „ - V stolice Chorasana. A.a.O. No 79-81 (1880)
- „ - V Chorasan mešdu Šachrudom I Gjaz'ju. A.a.O. No 167 (1880)
- „ - Po Persii. Putevnyja nabljudenija i zametki. Vestnik Evropy t. 6 (1876), No 11, 135-178; No 12, 557-587
- „ - V svjatom Chorasan. Ežened. Novoe Vremja t. 2 (1879), No 23-26; t 3., No 27-36
- „ - Ocherki Persii. S. Petersburg 1878
- „ - Strana solnca. S. Petersburg 1881
Ogranovič, J. A.: Poezdka v Persiju. Voennyj Sbornik t. 52 (1866) No 11, 149-184; No 12, 353-385
- „ - Provincii Persii. Ardabil'skaja i Serabskaja. ZkO t. 10 (1887), 141-235
Olesnickij, M. A.: Nravstvennost persov. Trudy Kievsk. Dychovn. Akademii No 12 (1885), 517-600
Oppenheim, M. v.: Die Beduinen. Band I. Harrassowitz Leipzig 1939
Oranovski: Voenno-statist. opisanie sev.-vost. Chorasana. SmA vyp. 68 (1896)
Orlov, A.: Neskotorija svedenija (Bemerkungen über die Schulen der Zoroastrier). Zapiski Vost. Otd. V (1890), 99-104
Orsolle, E.: Le Caucase et la Perse .... Paris 1882, 1885, 1888
(Outram, J.): Lieut.-Gen. Sir J. Outrams Persian campaign in 1857 .... London 1860
Outrey, E.: La Perse. Paris 1880
Paschayan: Les foyers d'infection de la Perse. Archives orientales de méd. et de chir. Paris 1900, 126-127, 219-21; 1901, 171-173
Pašino, P.: Pisma o Persii. Ežened. pribavl. k. Russk. Inval. 1864, No 35-39, 41, 43, 45
- „ - Iz vospominanij sekretarja posol'stva. No 7-8, Kolos'ja (1887), 94-114
- „ - Po zabytoj storonke (Tageb. Būšahr-Iṣfahān). Obzor 1880, No 416, 417, 425, 437, 445, 447, 478, 525
Patenot: Putevyja zametki o Persii. Syn Otečestva No 52 (1875)

Patenôtre, J.: Les Persanes chez eux. Rev. des deux Modes, t. 8 (1875), 145-68
- „ - Souvenirs d'un diplomate. Voyage d'autrefois. 2 Bde. Paris (o. J.)
Pauli, G.: Von Tabriz bis Wan. Mitt. d. geogr. Ges. Lübeck II (1887), 46-88
Pavlovitch, M.: La situation agraire en Perse à la veille de la révolution. RMM X (1910), 616-625
- „ - Le clergé chiite dans la révolution persane. RMM XIII (1911), 312-323
Pelly, L.: Account of a recent tour round the northern pertion of the Persian Gulf. Transactions of the Bombay Geogr. Soc. XVII (1863), 113-141
- „ - Remarks on a recent journey from Bushire to Shiraz. A.a.O. XVII (1863), 141-174
- „ - A brief account of the province of Fars. A.a.O. XVII (1863), 175-186
- „ - Remarks on the tribes, trade and ressources around the shorelines of the Persian Gulf. A.a.O. XVII (1863) und Calcutta 1874
Pelly, L.: A visit to Lingah, Kishm and Bunder Abbas. JRGS XXXIV (1864), 251-258
- „ - A visit to the port of Lingah, the island of Kishm, and the port of Bunder Abbas. PrRGS VIII (1863-4), 265-267
- „ - Remarks on the port of Lingah, the island of Kishm, and the port of Bunder Abbas and its neighbourhood. Transactions of the Bombay Geogr. Soc. XVII (1864), 237-255
(- „ -) Copy of a report lately made by Col. Pelly to the Indian Gouvernment on the trade of the Persian Gulf. India Office 1871 in: Parliamentary Papers, East India
Perkins, J.: Journal of a tour from Oroomiah to Mosul 1849. Journ. of the American Oriental Soc. II (1851), 71-119
Petermann, J. H.: Reisen im Orient. 2 Bde. Leipzig 1860-1, 1865
- „ - s. Ritter, C.
Petitville, A. und St. Quentin: Bassorah et les ports du golfe persique. Bull. Soc. Géogr. Le Havre 1887, 17
Petrusevič, N. G.: Sev.-vostočnyja provincii Chorasana. ZkO t. 2 (1880), 81-122
- „ - Sev.-zapadn. provincii Chorasana. ZkO t. 9 (1880), 82-122
- „ - The Turkomans between the old Bed of the Oxus and the North Persian Frontier. Übers. v. R. Michell aus ZkO XI (1880)
Pfeiffer, I.: Eine Frauenfahrt um die Welt. III. Wien 1850
Piggot, J. : Persia-Ancient and Modern. London 1874
(Pisson, G.): Pisson's Reise in Persisch Kurdistan. (Nach einem Sonderbericht aus Le Temps, Dec. 1891) Globus 61 (1892), 122-123
- „ - s. Depping, A.
Pohlig, H.: Über Handel und Verkehrsverhältnisse Persiens. Deutsche Geogr. Blätter Bremen XI (1888), 64-88
- „ - Von Batum nach Nordpersien. Westerm. Monatshefte 1888, 57-68, 189-199

Polak, J. E.: Medicinische Briefe aus Persien. Zeitschrift der k.u.k. Gesellschaft der Ärzte.Wien (1859), 139-140, 173-175

- „ - Über den Gebrauch des Quecksilbers in Persien. Wiener Med. Wochenschrift 1860, 564-568

- „ - Prostitution in Persien. Wiener Med. Wochenschrift (1860), 516-517, 563-565, 627-629

- „ - Über die Communicationsmittel, die Sicherheit des Eigentums und der Reisenden und über Asyle in Persien. Mitt. d. k.u.k. Geogr. Ges. Wien 1861, 40-64

- „ - Beitrag zu den agrarischen Verhältnissen in Persien. Mitt. d. k.u.k. geogr. Ges. Wien 1862, 107-143

- „ - Persien, das Land und seine Bewohner, ethnographische Schilderungen. 2 Bde. Leipzig 1865 (pers. Übersetzung s. unter III)

- „ - Die oesterr. Lehrer in Persien. In: Vorlesungen des orientalischen Museums. Wien 1876

- „ - Persische Lederindustrie. OeMO 1876, 126

- „ - Beleuchtungs-Materiale und Waschmittel in Persien. OeMO 1876, 138-140

Polak, J. E.: Das Postwesen in Persien. OeMO 1876, 186-188

- „ - Das persische Opium. OeMO (1876), 186-188

- „ - Eine Expedition nach den Karagan- und Elwendgebieten im Jahre 1882. Mitteilungen der k.u.k. geographischen Gesellschaft Wien (1883), 49-80, 106-121

- „ - Notice sur la Perse au point de vue commerciale. Wien 1883

- „ - Déscription des articles Persans de l'exposition d'Amsterdam, précédé d'une notice sur la Perse au point de vue commerciale. Amsterdam 1883

- „ - s. (Anonymus), Anthropol. Review

- „ - s. Stapf, O.

Pollington, Viscount, J. H.: s. Saville Viscount Pollington

Ponafidine, E. C.: s. Cochran-Ponafidine, E.

Ponafidine, P.: Life in the Moslem East, transl. from the Russian by E. C(ochran) Ponafidine. New York 1911

Pontèves de Sabran, J. de: Notes de voyage d'un hussard. Paris 1888, 1894

- „ - Voyage au Caucase, en Perse, au Khoraçan et en Asie centrale. Bull. Soc. géogr. comm. Bordeaux XII (1889), 88-92

Pourcelle, E.: Quelques mots sur la Perse. Paris 1872

Preece, J. R.: Journey from Shiraz to Jashk, via Darab, Forg and Minab. Royal Geogr. Society Suppl. Papers I (1886), 403-437

Proskowetz, M. v.: Vom Newastrand nach Samarkand. Wien, Olmütz 1889

Querry, A.: Droit musulman. Recueil des lois concernant les musulmans-schyites (nach Muḥaqqiq, Šarī'atu'l-Islām fī masā'il ...). 2 Bde. Paris 1871-1972

Rabino, H. L.: Une tentative de reformes en 1875 (Tanzimat-i-Hasana). RMM XXVI (1914), 133-139

- „ - Les provinces Caspiennes de la Perse. Le Guilan. RMM XXVI (1915-1916)
- „ - Mázandarán and Astarábád. Gibb Mem. Series VII, London 1928
- „ - s. III

Rabino, H. L. und Lafont, D. F.: La culture de riz en Guilan. Annuaire de l'École Nat. d'Agriculture, Montpellier 1911
- „ - Culture du tabac en Guilan. Progrès agricole et viticole, Montpellier 1911

Rabino, J.: Banking in Persia. Journ. of the Institute of Bankers XIII (1892), 1-56
- „ - An economist's notes on Persia. Journ. Roy. Statist. Soc. 1901, 265-284 (nach Lorini)

Radde, G.: Reise nach Talysch, Aderbeidshan und zum Sawalan 1879-1880. PM (1881), 47-55, 169-176, 261-271
- „ - Reisen an der persisch-russischen Grenze. Talysch und seine Bewohner. Leipzig 1886

Radde, G: Vorläufiger Bericht über die Expedition nach Transcaspien und Khorasan. 1887
- „ - Wissenschaftliche Ergebnisse der im Jahre 1886 allerhöchst befohlenen Expedition nach Transkaspien und Nord-Chorassan (nur Kap. IX). PM Ergänzungsheft 126

Raffi: Bilder aus Persien und Türkisch Armenien. Aus dem Armenischen übersetzt von L. Rubenli. Armenische Bibliothek III, Leipzig 1887

Rausch von Traubenberg, P. A.: Hauptverkehrswege Persiens, Versuch einer Verkehrsgeographie. Halle a. d. Saale 1890

Rawlinson, H. C.: Notes on a journey from Tabriz. JRGS X (1841), 1- 64
- „ - On Persia and the Persians. Journ. Roy. United Service Institution I (1858)
- „ - England and Russia in the East. (2. Aufl.) London 1875

Reclus, E.: La Perse. Bull. de la Soc. neuchâteloise de Géogr. t. 9 (Neuchâtel 1899), Sonderdruck

Rees, F. D.: Notes of a Journey from Kasveen to Hamadan. Madras 1885
- „ - A Journey to Persia. SGM II (1886), 415-419 (Inhaltsangabe von Notes of a Journey from Kasveen to Hamadan. Madras 1885)
- „ - Persia. Macmillan's Magazine LX (1887), 442-453
- „ - The Persia of the Shah. Nineteenth Century 26 (1889), 160-172

Renaud, G. G. N.: La Perse politique et militaire au XIX. siècle. Paris 1894

(Report): General fund in aid of sufferers Report. The famine in Persia. 1872

(Reports): Administration Reports of the Brit. Res. of Bushire. In: Selections from the records of the Gov. of India, For. Dept. (jährl. seit 1876)

Riederer, G. Ritter von: Die Post in Persien. OeMO 1878, 17-22

(- „ -) Aus Persien. Aufzeichnungen eines Österreichers, der 40 Monate im Reiche der Sonne gelebt hat. Wien 1882

Ries, P. F.: Obščija zamečanija. ZkO VI (1861), 51-65
- „ - (Reisen in Gīlān und Māzanderān). ZkO t. 6 (1864)

Rigauld, C. de: S. M. Nassr Ed-Din Chah. Paris 1873
Riley, J. A. L.: Narrative of a visit to the Assyrian Christians in Kurdistan .... London 1889
- „ - Progress and prospects of the Archbishop's Mission to the Assyrian Christians ... in 1888. London 1889
Ritter, C.: Aus einem Schreiben von J. H. Petermann über die Insel Jezd, die neuesten Zustände der in ihr lebenden Parsi und seine Reise von Jezd nach Ispahan. Zeitschr. f. allg. Erdkunde V (1885), 76-87
Rittich, P. A.: Politiko-statističeski očerk Persii. S. Petersburg 1896
Rivadeneyra, D. A.: Viaje al Interior de Persia. 3 Bde. Madrid 1880
Rochechouart, Cte J. de: Souvenir d'un voyage en Perse. Paris 1867
Rochechouart, Cte J. de: Le Commerce de l'Exploration de la Perse et ses Fabriques d'Armes. Annales des Voyages t. 1 1867, 50-80 (Auszug a. d. Obigen)
Roemer, H. R.: Staatsschreiben der Timuridenzeit. Wiesbaden 1952
Rosen, F.: Über seine Reise vom Persischen Golf nach dem Kaspischen Meere. Verhandlungen der Gesellschaft für Erdkunde Berlin XVII (1890), 286-98
- „ - Oriental Memoires of a German Diplomatist. London 1930
Ross, E. C.: Report on the coast of Mekran from Cape Jask to Gwadur. 1867
- „ - Report on a tour from Shiraz to Bushire with route map. 1875
- „ - In: Reports of H. M.'s Consuls II (1880), 246 f.
S...: État administratif de la Perse (Brief aus Teheran). Revue de l'Orient
Saad: La frontière turco-persane et les pélerins de Kerbela. Ja V (1885), 532-547
Sandreczki, C.: Reise nach Mossul und durch Kurdistan nach Urumia. 3 Bde. Stuttgart 1857
Sangabi, K.: Essai sur l'Économie rurale. Diss. Paris 1934
Salomon, D.: La situation des chrétiens en perse. Oeuvres des Écoles d'Orient 1897, 191-199, 238-240, 321-322
Samoilovič, A. N.: Kniga razkazov o bitvach tekintsev. Zapiski Vost. Otd. XVI (1906), 201-211
- „ - Kniga razkazov (Kämpfe der Tekke-Turkmenen mit den Persern im 19. Jh., Turkmen. Text mit russ. Übers.)- S. Petersburg 1914
Savile Viscount Pollington, J. H.: Half round the Old World. Being some account of a tour in Russia, the Caucasus, Persia and Turkey, 1865-1866. London 1867
Sawyer, H. A.: Report of a reconnaissance in the Bakthiari country .... Simla 1891
Schachtachtinski, M.: Aus dem Leben eines orientalischen Kleinstaates an der Grenze Russlands (Mākū). Das Ausland (Stuttgart 1887), 23-26
Schierbrand, W.: How the Persians live. Cosmopolitan IV (New-York 1888), 1-14
- „ - The Schah and his court. A.a.O. IV (1888), 257-273
- „ - Children in Persia. A.a.O. V (1889), 207-211
Schindler, A. H.: s. Houtum-Schindler, A.

Schlaeffi, A.: Reisen in den Orient. Winterthur 1864
Schlagintweit, E.: Seistan, Persiens Grenzprovinz gegen Afghanistan. (Nach H. W. Bellew, Record ...) Globus 32 (1877), 170-173, 186-189, 200-202
- „ - Der Handel im persischen Golfe. OeMO (1883), 97-100
Schlechta-Wssehrd, O. M.: Fethali Schah und seine Thronrivalen. Kais. Akad. d. Wissenschaften, Sitzungsber. Phil.-Hist. Classe. Bd XLV (Wien 1864), 27
Schlimmer, J. L.: Terminologie medico-pharmaceutique et anthropologique franco-persan. Téhéran 1874
Schulz, W.: s. IV. Ibrāhīm Bēg
Schulze, A.: Eine Reise nach Kurdistan (Inhaltsang. v. H. Binder, Aus Kurdistan ...). Das Ausland (Stuttgart 1888), 712-714, 752-154
Schweiger-Lerchenfeld, A. v.: Persische Reflexe. OeMO 1892, 142-150
- „ - Die Frauen des Orients. In der Geschichte, in der Dichtung und im Leben. Wien – Leipzig 1904
Schweitzer, G.: Streifzüge durch Russland und über die persische Grenze. Berlin 1894
Seidlitz, N. K. v.: Rundreise um den Urmia-See in Persien im Jahre 1856. PM (1858), 227-236
(- „ -) Zejdlitz, N.: Putešestvi vokrug ozera Urmii. Vestnik Imp. Russk. Geogr. Obšč. č. 22, No 3 (1858), 49-71
- „ - Handel und Wandel an der kaspischen Südküste, deutsch nach dem Russkiy Wiestnik bearbeitet vom Verfasser. PM (1869), 98-103, 255-268
Sepsis, A.: Perse. Quelques Mots sur l'Etat Réligieux Actuel de la Perse. Revue de L'Orient III (1844), 97-114
Serena, C.: Mon Voyage, Souvenirs Personels. 2 Bde. Paris 1881
- „ - Hommes et choses de la Perse. Paris 1883
- „ - Une Européene en Perse. Paris (J. ?)
Shabaz, A. D.: Land of the lion and the sun; personal experiences .... Milwaukee, Wisc. 1904 (2. Aufl.)
Sheil, (M. L.): Glimpses of life and manners in Persia. London 1856
Shepherd, W. A.: From Bombay to Bushire and Bussora, incl. an account of the present state of Persia and notes on the Persian War. London 1857
Shuster, W. M.: The Strangling of Persia. London, Leipzig 1913
(Sicard. F.): Rapport du Capitaine Sicard au retour de son voyage en Arabie, Perse, Golfe Persique et Mésopotamie pour la Soc. franco-orientale, mars 1869. Paris (o. J.)
Simanov, S.: Tri goda v Astrabadskoj stancii 1862-1865 g. Ezemes. pribavl. k Birzev. Ved., No 7, 8 (1866), 1-17 und Morskoj Sbornik No 7 (1866), 12-27
Sivrjugin, V.: Svadebnye obrjady v Persii. No 8-11 (Kavkaz 1852)
- „ - Svadebnye obrjady u astrabadcev v Persii. Panteon t. 4, No 7 (1852), 28-36
Smith, E.: The Perso-Baluch frontier Mission 1870-1871. Eastern Persia I, London 1876, 145-223

- „ - The Perso-Afghan Mission 1871-1872. In: Eastern Persia I, London 1876, 225-391
Smith, R. M.: Memorandum on the Persian Army. London 1883 (Broschüre)
- „ - The Karun river as a trade route. Journal of the Soc. of Arts XXXVII (1889), 361-367
Sobočniskij, L. A.: Persija. Statistiko-ekonomičeskij očerk. St. Petersburg 1913
Soubeiran, J. L.: Les routes commerciales de la Perse. Bull. Soc. Languedocienne Géogr., Montpellier 1884
Sparroy, W.: Persian children of the royal family. Narrative of an English tutor at the court of H.I.H. Zillus Sultan. London 1902
Spasskij, G. K.: Nynešnij Tegeran i ego okrestnosti. Ivestija Imp. Russk. Geogr. Obšč. t. 2 (1866)
Spuler, B.: Iran in frühislamischer Zeit. Wiesbaden 1952
Stack, E.: Six Months in Persia, 1882. 2 Bde. London 1882
Stahl, A. F.: Industrielle Unternehmungen in Persien. Chemikerzeitung 2. Sem. (Cöthen 1894), 1568-1569
- „ - Reisen in Nord- und Zentral-Persien. PM Ergänzungsheft 118, Gotha 1895
Stapf, O.: Eine Dorfhochzeit in Südpersien. Globus 51 (1887), 192-202
Stapf, O. und Polak, J. E.: Die Nomaden im persischen Hochlande. Zeitschrift f. Schul-Geogr. X (1889), N. 1
Statement of the Trade and Navigation of Bombay. 1871-72, 1872-73
Stevens, T.: Around the world on a bicycle ... from Tehran to Yokohama. London-New York 1888
- „ - A visit to Holy Meshed. Cosmopolitan (New York 1889), 378
Stewart, C. E.: The Country of the Tekke Turkomans and the Tejend and Murghab Rivers. PrRGS III (1886), 516-546 und London (o. J., Monographie)
- „ - The Herat valley and the Persian border, from the Hari Rud to Sistan. PrRGS VIII (1886), 137-156
- „ - Through Persia in Disguise 1880. London 1911
Stiffe, A. W.: s. Constable, C. G.
St. John, O.: s. John, O. St.
Stoddard, D. T,: Mission to the Nestorians. 1858
Stolze, F.: Reisebilder aus Persien. Elberfelder Zeitung No 44-53 (1875)
- „ - Die Handelsverhältnisse Persiens. Export 1886, 464-465, 481-482
- „ - Die Handels- und Verkehrsverhältnisse Persiens. Export (1887), 44-47, 59-63
- „ - s. Kiepert, H.
Stolze, F. und Andreas, F. C.: Die Handelsverhältnisse Persiens, mit besonderer Berücksichtigung der deutschen Interessen. PM Ergänzungsheft 77 (Gotha 1885)
St. Quentin, A. de: Notes d'un voyage dans les montagnes de l'Elbourz et le Mazendhéran. Paris 1859
- „ - s. Petitville, A.

Stratil-Sauer, G.: Das ostpersische Dorf. Illustrierte Zeitung No 4803 (Leipzig 1937)
Strauss, F. T.: Reisen und Erlebnisse in Tauris und Sultanabad. 2 Bde. Plauen 1884-1889
- „ - Ein Ausflug nach dem Keher-e-ab in Luristan. Mitt. d. Geogr. Ges. VIII (Jena 1890), 21-26
Strel'bitskij: Poezdka (W-Ḫurāsān 1890). SmA vyp. 46 (1891), 134-266
- „ - (Skizze einer Reise in Persien 1891). SmA vyp. 51, 139-165
- „ - Zapiska o vostočnom Chorasane. SmA vyp. 52 (1895), 143-255
Strothman, R.: Die Zwölfer-Schia. Leipzig 1926
Stupin, D.: Vzaimyja otnošenija evropeicev i tuzemcev v Tavrize i vlijanie evrop. obrazovanija na persijan. No 81 (Kavkaz 1866)
- „ - Vospominanija putešestvija po Persii. No 92 (Kavkaz 1866)
Sykes, E. C.: Through Persia in a side saddle. London 1898
- „ - Persian Folklore. Folklore 12 (1901), 261-280
- „ - Domestic life in Persia. Journal of the Soc. of Arts LI, 95-105
Sykes, P. M.: Ten Thousand Miles in Persia or Eight Years in Iran. London 1902
Sykes, P. M.: Anthropological notes on Southern Persia. Journal of the Roy. Anthrop. Inst. XXXII (1902), 339-349
- „ - Historical notes on south-east Persia. JRAS 1902, 939-949
- „ - Report on the Agriculture of Khorasan. (Publ. by the Govr. of India) 1910
- „ - A History of Persia. II., London 1921
Sykes, P. M. and Bahadur Ahmad Din Khan: The glory of the Shia World. The tale of a pilgrimage. Transl. a. ed. from a Persian manuscript 1910
Tardov, V.: Osnovnye čerty zenledelia i agrarnych otnošenij central'noj Persii. No 28 (Novyj Vostok 1930), 47-73
Tate, G. P.: The frontiers of Baluchistan. London 1909
Terentiev, M. A.: Russia and England in the Struggle for Markets in Central Asia. Calcutta 1876 (Russ. Original: S. Petersburg 1875)
Teufenstein, C. Frh. v.: Persische Verwaltungszustände. OeMO (1883), 103-107
Thielmann, M. Frh. v.: Streifzüge im Kaukasus, in Persien und in der Asiatischen Türkei. Leipzig 1875
- „ - Journey in the Caucasus, Persia .... 2 Bde. Leipzig 1875
- „ - Le Caucase, la Perse ... d'après la relation de M. le Baron Thielmann par le Baron Ernouf .... Paris 1876
Thieury, J. D.: Documents pour servir a l'histoire des relations entre la France et la Perse, suivis des traités de commerce conclus entre ces deux pays. Evreux 1866
Tholozan, J. D.: Note sur le développement de la Peste bubonique en Kuristan en 1871. Gazette médicale Paris t. 26 (1871)
- „ - Histoire de la peste bubonique en Perse et en Mésopotamie. Paris 1874
- „ - La peste, dans les temps modernes. Paris 1880

Thomson, L.: La Perse, sa population, ses revenues et son commerce. Avec notes par M. de Khanikoff. Bull. Soc. Géogr. XVIII (1869), 15-40 (Auszug aus dem Gesandtschaftsbericht des Legationssekretärs der britischen Gesandtschaft in Teheran, Thomson. Mit Fußnote von Chanikov)

Thot, L.: Das persische Rechtssystem ... . Zeitschrift für vergleichende Rechtswissenschaft XXII (1909), 348-429

Tigranov, L.: Iz obščesvenno-economičeskich ostnošennyj v Persii. S. Petersburg 1909

Tomara, M. L.: Ekonomičeskoe položenie. Persii. Izd. Departamenta Torgovli i Manufaktur Ministerstva Finansov. S. Petersburg 1895

Tornauw, N. v.: Das muslemische Recht (aus dem Russischen übers.). Leipzig 1855

Townley, W.: Persia. Report on the cultivation of olives in northern Persia 1891. Foreign Office, Diplomatic and consular Reports, Misc. Ser. No 191

Traub, P.: Les héros modernes de la Perse. Khiva et le price Béloutche. Paris 1874

Traubenberg, F. p:: s. Rausch von Traubenberg, P. A.

Trotter, H.: Report on the Kurds. Parliamentary Papers No 134 (1881)

Tumanski, A. G.: Ot kaspiiskago morja k Hormusdskomu prolion. SmA vyp. 45 (1896)

Ujfalvy-Bourbon, K. E. de: De Paris à Samarkand .... Paris 1880

Ussher, J.: A journey from London to Persepolis, incl. wanderings in ... Persia. London 1865

Vambéry, A.: Travels in Central Asia ... in 1863. London 1864

- „ - Reise in Mittelasien. Leipzig 1865

- „ - Voyage dans l'Asie Centrale, de Téhéran à Khiva ... 1863. Le Tour du Monde 2. sém. (Paris 1865), 33-112

- „ - Voyages d'un faux derviche dans l'Asie centrale, ... Paris 1865, 1873, 1877 (4. Ed.), 1879

- „ - Meine Wanderungen und Erlebnisse in Persien. Pesth 1867

- „ - V stolice Chorassana. Literat. Biblioteka t. 5, No 7, 8 (1867), 141-151

- „ - Ot Mešgada do Tegerana. A.a.O. t. 8, No 15, 16, 126-143

- „ - Iz Tegerana v Trapezunt. A.a.O. t. 11, No 21, 61-70

- „ - Sketches of Central Asia. London 1867, 1868

- „ - Skizzen aus Mittelasien. Leipzig 1868

- „ - Zur Reformbewegung in Persien. Allg. Zeitung und Beilage (1872), 4261-2

- „ - Reise in Mittelasien von Tehran .... Leipzig 1873

- „ - The life and adventures of Arminius Vambery written by himself. With an application by M. Nordau. 1883, 1884, 1885, 1886, 1889 ... 1914 (9. Ed.)

Vambéry, A.: The Turks in Persia and the Caucasus. Imp. As. Quarterly Review I (1886), 165-179

- „ - Mes aventures et mes voyages dans l'Asie centrale, de Téhéran à Khiva .... Tours 1886
- „ - Der wirtschaftliche Wettstreit in Persien in seiner politischen und culturellen Bedeutung. OeMO (1888), 175-179
- „ - Aus dem Geistesleben persischer Frauen. ZDMG XLV (1891), 403-420
- „ - Die Juden in Persien. Allg. Zeitung des Judentums 71 (Beilage), 319 f.
Varšamov: Zametka o Persii. Kaspij No 12, 13, 15, 16 (1884)
Vasmer, R.: Zur Münzkunde der persischen Schahe. Islamica VI (1934), 137 f.
Vaughan, H. B.: A journey through Persia 1887-1888. Roy. Geogr. Soc., Suppl. Papers III (1893), 89-115
- „ - Journeys in Persia 1890-1891. Geogr. Journal VII (1896), 24-41, 163-175
- „ - s, Goldsmid, F. J.
Vaume, G.: De Resht à Hamadan par le Karaghan-Dagh. Soc. de Geogr. Comptes rendus, Paris (1887), 19-24
(Verfasser fraglich): Foreign Office, Consular Reports II (1880), 243 f.
- „ - Foreign Office, Consular Reports, Misc. Ser. No 114 (1888)
- „ - Foreign Office Diplomatic and consular Reports, No 789 (1890), No 826 (1891), No 96 (?) (1892), No 1252 (1893), No 1607 (1895), No 1800 (1896), No 1953 (1897)
(Verfasser fraglich): Persian judicial surgery. Indian Med. Gazette XLVII (Calcutta), 394
- „ - De Sklavenhandel in Perzie. De indische Gids, Amsterdam, 51, I, 769
- „ - Der Handel in Persien. Das Handels-Museum II, 1. Sem. (1887), 144 f.
- „ - Persiens Handel und Industrie. A.a.O., 171 f.
- „ - Die jüdische Durchdringung Irans. Die Judenfrage VI (Berlin), 118 f.
- „ - Reformen auf dem Gebiete des Post- und Münzwesens in Persien. OeMO 1875, 106
- „ - Aus Persien. OeMO 1875, 143
- „ - Obstbau und Milchwirtschaft in Persien. OeMO 1893, 100
- „ - Die Teppichweberei in Sultanabad. OeMO 1894, 94-95
- „ - Oeuvre de l'église catholique en Perse. Paris 1873
- „ - Fugitive slaves. Report of the Roy. Commissioners, minutes of evidence, appendix and general index. Parliamentary Papers 1876
- „ - Correspondence on the Tabacco Concession. Parliamentary Papers 1892
- „ - Population of Persia. (Aus: Reports of H. M. Secretary of Embassy and Legation I (1885)). Proceedings of the Roy. Ethnogr. Soc. (London 1885), 460
- „ - The Regeneration of Persia. Imp. a. As. Quaterly Review X (1890), 1-17
- „ - Der Hof und die Gesellschaft in Persien. Russland No 9, 10 (1857)
(Verfasser fraglich): Persien unter Schah Nassr-eddin. Streffleur's öesterr. mil. Zeitschr. 33, IV, 51-73
- „ - Persien und die Juden. Allg. Zeitung des Judentums No 25, 37 (1898)

Vicentiis, G. de: Iran. La Persia (geografia, storica, politica e sociale): scheme delle lezioni nel R. Instituto Orientale. Napoli 1896 (Autogr.)
Vignerie, A. de: La perse contemporaine. Revue britannique, août 1889
Vilcevskij, O.: Materialy po istorii obščestvennych form v Kuristanie. Sov. Et., No 5, 6 (1932), 120-140
Vlasov, P. M.: Otchot o Poezdke (Ḫurāsān 1892). SmA vyp. 52 (1893), 1-46; Beilage, 229-250
- „ - (Statist. Nachr. über Deregez, Qūğān, Buğnūrd, Kelāt). SmA vyp. 56 (1896), 126-175
- „ - (Schilderung Ḫurāsān' s). A.a.O., 176-190
W., St.: Zur wirtschaftlichen Lage Persien (nach Kočanovski, russ. Konsul in Astarābād, im russ. „Finanz-Anzeiger" 24 (1884) und 2 (1885)). Export (1885), 102-103
Walton, H. J.: Earthquake at Gwadar. Transactions of the Bombay Georgr. Soc. XVII (1864), Oct.
Waring, E. S.: A Tour to Sheeraz. London 1807
Watson, R. G.: A History of Persia from the beginning of the 19th century to the year 1858 .... London 1866
Weeks, E.: By Caravan to Persia. Harper' s Magazine 87 (1893), 651 f., 813 f.
- „ - From Ispahan to Kurrachee. A.a.O. 88 (1894), 231-253
Weeks, E.: From the Black Sea through Persia and India. New York 1896
Wells, H. L.: Surveying tours in southern Persia. PrRGS V (1883), 138-163
- „ - Telegraphs and trade routes in Persia. Journal of the Soc. of Arts XLII (1894), 534-546
- „ - From Teheran to the Caspian. Geogr. Journal VIII (1896), 501-513
- „ - Caravan routes and road-making in Persia. Journal of the Manchester Geogr. Soc. 14 (1898), 176-189
Westergaard, N. L.: Extract from a letter ... in the year 1843 relative to the Gabrs in Persia. JRAS 1846, 349-354
Wills, C. J.: Medicine in Persia. Brit. Med. Journal I (1879), 624
- „ - In the Land of the Lion and the Sun .... London – New York 1885, New York – Melbourne 1891
- „ - Persia as It is. London 1886
- „ - Sovremennaja Persija (Russ. Übers. d. Obigen). St. Petersburg 1887
- „ - Behind an Eastern Veil. A plane tale of events occurring in the experiences of a lady .... London 1894
- „ - On things Perisan. Fortnightly Rev. LIX (1896), 883-901
Wilson, A. T.: The Persian Gulf. Oxford 1928
- „ - s. Zarudnyi, N.
Wilson, S. G.: Persian live and customs. With scenes and incidents of residence and travel .... New York, Chicago, Toronto 1899 (3. Aufl.)

- „ - The Jews in Persia. Missionary Rev. of the World VIII (New York 1895), 738-740
Windt, H. de: s. De Windt, H.
Wishard, J. G.: Twenty Years in Persia. New York 1908
Woronzow, P. M.: Meine Reise nach Tiflis und Tauris. Brünn 1851 (Broschüre)
Wright, A. H.: Bab und seine Sekte in Persien. ZDMG (1851), 384-384
- „ - From a letter from Rev. A. H. Wright, M. D. of Orumiah. Journal of the American Oriental Soc. V (1856), 423-425
X.: La Situation politique de la Perse. RMM XXVII (1914), 238-300
Yate, A. C.: Through Khorasan. Daily Telegraph (27. Aug. 1885)
- „ - England and Russia Face to Face in Asia; Travels with the Afghan Boundary Commission. (1885). Edinburgh 1887
- „ - (Ü. d. Persischen Armee) National Rev. Jan. (1886)
- „ - Travel memories. SGM XXXIII (1917), 259-270, 337-348, 433-445
Yate, C. E.: Khurasan and Sistan. Edinburgh – London 1900
Yonan, I. M.: Persian women, a sketch of woman's Life ... and missionary work among them. Nashwille, Cumberland, Presbyt. Publ. House 1898
Younghusband, F. E.: The Heart of Continent. 1896
Zanjānī, Abdul Ahad: Personal reminiscenses of the Bābī insurection at Zanjān in 1850. Transl. ... by E. G. Browne. JRAS 1897, 761-827
Zarudnyi, N.: (Bem. ü. e. Reise nach Persien im Jahre 1896, nach Wilson, A. T.). Izvestija Imp. Russk. Geogr. Obšč., 34 (1898), 209-216
Zeijdlitz, N.: s. Seidlitz, N. K. v.
Zenker, J. T.: Mitteilungen über die Länder am südlichen Ufer des Kaspischen Meeres. Nach G. Melgunof. ZDMG 1867, 232-270
Zemaro, S.: Observations critiques sur les mesures à prendre contre la peste qui sévit en Perse. Constantinople 1872
Zinov'ew, J. A.: Statističeskija svedenija o provincijach Gilan i Šachrud-Bastam 1879-1881. SmA vyp. 25 (1884), 213-167
Zolotarev, A. M.: Prostranstvo i naselanie Persii. Izvestija Imp. Russk. Geogr. Obšč. vyp. 24, No 2 (1888), 120
- „ - Voenno-statističeskij očerk Persii. S. Petersburg 1888
Zukovskij, V. A.: O položenii gebrov v Persii. Žurnal Minist. Narodn. Prosv. No 1 (1885), 77-94
- „ - Nedavnija kazni babidov v Jezde. Zapiski vost. otd. VI (1891), 321-327

Zeittafel

1796	Krönung von Āġā Muḥammad Qāǧār
1797-1834	Fatḥ ʿAlī Šāh Qāǧār
1800	Beseitigung des Grosswesirs Ḥāǧǧī Ibrāhīm, Iʿtimādu'd-Daule
1813	X., Friede von Gulistān
1814	Beistandspakt mit England
1828	2. II., Friede von Turkmānčāj Abänderung des Beistandspaktes mit England
1833	Belagerung von Herāt Tod des Kronprinzen ʿAbbās Mīrzā
1834-1848	Muḥammad Šāh Qāǧār
1837-1838	Belagerung von Herāt
1838	Russische Besetzung von Ašūrāde
1848	Mehrere Sklaveneinfuhren betreffende Verbote durch Muḥammad Šāh
1848-1896	Nāṣiru'd-Dīn Šāh Qāǧār
1848-1851	Grosswesir Mīrzā Taqī, Amīr-i Niẓām
1848-1850	Kämpfe mit den Bābīs
1850	8. VIII., Hinrichtung des Bāb Ende des Aufstandes des Sālār in Ḫurāsān
1851	Erlaubnis an England zur Durchsuchung persischer Schiffe auf Sklaventransporte 19. XI., Absetzung Mīrzā Taqī
1851-1858	Grosswesir Mīrzā Naṣru'llāh Ḫān Nūrī
1852	9. I., Hinrichtung von Mīrzā Taqī
1852	27. I., Einweihung des Dāru'l-Funūn 15. VIII., Attentat einiger Bābīs auf den Schah

1853	Persische Anerkennung des autonomen Status von Herāt
1856	Einnahme von Herāt Rückgewinnung von Bandar 'Abbās und Qišm
1856-1857	Krieg mit England
1857	Endgültige Aufgabe Herāt's im Frieden von Paris
1860	Vernichtung eines grossen persischen Heeres durch die Turkmenen in Merv
1860-1861	Hungersnot in Nordpersien
1862	29. VI., Ernennung von Muẓaffaru'd-Dīn zum Thronfolger 17. VIII., Erste Telegraphenkonzession an England
1865/8/72/92	Weitere Telegraphenkonzessionen an England
1865-1867	Grosswesir Muḥammad H̱ān Qāǧār, Sipahsālār-i A'ẓam
1870	Reise des Schah nach den heiligen Stätten in Mesopotamien
1870-1872	Hungerkatastrophe, ungeheure Bevölkerungsverluste
1871	Grenzregelung im südlichen Balūčistān
1871-1873	Grosswesir Mīrzā Ḥusein H̱ān, Sipahsālār
1872	Abschluss der Reuter-Konzession Grenzregelung in Sīstān
1873	1. Europareise des Schah
1874	Beginn der Einrichtung einer Post nach europäischem Muster
1875	III., Versuch einer Verwaltungsreform nach den Tanẓīmāt-i Ḥasane VII., Beitritt zur internationalen Telegraphenkonvention
1876	Absetzung des türkischen Sultans Mūrād V.
1878	2. Europareise des Schah 1. VI., Beitritt zum Weltpostverein Beginn der Aufstellung von Kosakenregimentern in Ṭihrān
1880	Kurdenaufstand des Šeiẖ 'Ubeidu'llāh
1881	24. I., Turkmenengefahr im wesentlichen beendet

1881/83/93	Festlegung der russisch-persischen Grenze in Ḫurāsān
1883-1885	Grosswesir Mīrzā Jūsuf Aštijānī
1885-1897, 1898-1903, 1907:	Grosswesir Mīrzā ʿAlī Aṣġar Ḫān, Amīnu's-Sulṭān
1888	Öffnung des Kārūn für die internationale Schifffahrt Eröffnung der Bahn Ṭihrān – Šāh ʿAbdu'l-Aẓīm Fischereiausbeute an der kaspischen Küste fast völlig dem russischen Staatsangehörigen Lianosov übergeben. II., Sturz des Ẓillu's-Sulṭān
1889	3. Europareise des Schah Errichtung der „Imperial Bank of Persia" Eröffnung einer Strassenbahn in Ṭihrān
1890	21. III., Tabakkonzession XII., Ausweisung Ǧamālu'd-Dīn Afġānīs
1891	Einrichtung der russischen „Banque de Prêts" (später „Banque d'Escompte")
1892	21. I., Aufhebung des Rauchverbots durch den obersten muǧtahid Erster Staatskredit Persiens, aufgenommen bei der „Imperial Bank of Persia"
1894	10. VIII., Erlass eines Staatsangehörigkeisgesetzes
1896	Grenzregelung im nördlichen Balūčistān 1. V., Ermordung Nāṣiru'd-Dīd Šāhs
1896-1907	Muẓaffaru'd-Dīn Šāh Qāǧār
1906	5. VIII. Erlass der Verfassung
1907	Aufteilung Persiens in Interessensphären zwischen England und Russland

Verzeichnis häufig wiederkehrender Termini und Namen

Ackerbauer	meist als sehr abhängiger Pächter wirtschaftender kleiner Landwirt
andarūn	den Frauen vorbehaltener Teil des Hauses
ʿaqd	Ehevertrag aufgrund des allgemein islamischen Religionsgesetzes
ʿaqdī	eine der vier im „ʿaqd" gleichzeitig erlaubten Ehefrauen
arbābī	einem privaten Besitzer gehörig (Land)
Bābī	vor 1850 entstandene, anfänglich militante und staatsgefährliche Religion; trotz Verfolgung sehr viele Anhänger in allen Schichten, vor allem als Bahāʾī (Variante der Bābīs)
berufliche Gruppierungen:	nicht bis zur sozialen Bedeutung eines „Standes" entwickelte soziale Form
bulūk	der Provinz nachgeordnete Verwaltungseinheit
dallāl	Makler (Kaufmann oder Gewerbetreibender)
farrāš	Diener für wenig bestimmte manuelle Verrichtungen, hauptsächlich niederer Art
Gemeinschaft	der Pflege einer bestimmten Überlieferung gewidmete soziale Form
Gruppierung	s. „berufliche Gruppierung"
ḥāǧǧī	Titel für jemanden, der die grosse Wallfahrt nach Mekka unternommen hat
ḥaidarī	militanter Angehöriger einer Parteiung ursprünglich theologischer Entstehung, vor allem in Städten
ḫāliṣe	der Krone gehörig (Land)
ḫān	in seinem sozialen Wert seit dem 13. Jahrhundert ständig absinkender Titel. Während der zweiten Hälfte des 19. Jahrhunderts eine aus Stammesführern, erblichen Territorialherren und Grundbesitzern älterer Provenienz, teilweise im Staatsdienst, zusammengesetzte Gruppe
ḫurde mālik	kleiner bäuerlicher Eigentümer

imām-i gumʿe	hoher Geistlicher, Prediger an einer Freitagsmoschee (in der allein für den Herrscher gebetet wurde), meist Führer der Geistlichkeit seiner Stadt
kalāntar	Bürgermeister einer Stadt
katḫudā	Dorfvorsteher; Vorsteher eines Stadtviertels
lūṭī	Angehöriger eines Zusammenschlusses vorzugsweise verbrecherischer Elemente
madāḫil	bei der Bewegung von Werten überall geübter Zwischenverdienst, oder Abschöpfung; allgemein toleriert 10 % des vermittelten Wertes
madrase	Schule der überlieferten Wissenschaften, vornehmlich für Theologen
Manufaktur	Betrieb mit handwerklicher, nicht maschinell zeitsparender Fertigung
mīrzā	vor allem im Regierungsdienst aufkommende Gruppe unterschiedlicher Herkunft
Mīrzā Taqī	integrer, reformwilliger Grosswesir, 1848-1851
mudarris	Lehrer an einer „madrase" (s. d.)
muǧtahid	höchste Würde der schiitischen Geistlichkeit
mullā	niedere Geistliche
muršid	spiritueller Lehrer von Derwischen; Lehrer vagantischer Künste
mustaufī	hoher Rechnungsbeamter
Nādir Šāh	aus dem türkischen Stamm der Afšāren, beherrschte Persien von etwa 1730 bis 1747
niʿmatī	so wie „ḥaidarī" (s. d.)
Prinz	Abkömmling von Fatḥ ʿAlī Šāh, dem Urgrossvater Nāṣiru'd-Dīns
Qāǧār	Angehöriger des die Dynastie stellenden Stammes
qāżī	hoher Geistlicher, Richter und Untergebener des „šeiḫu'l-islām" (s. d.)
qirān	Silbermünze (s. „tūmān")
ramażān	Fastenmonat

rouže hᵛān	Rezitator aus der schiitischen Passionsgeschichte
Ṣafavīden	persische Dynastie, 1501-1722
sarbāz	einfacher Soldat der Infanterie
šarī'a	aus dem Koran abgeleitetes Recht, von Geistlichen gehandhabt, war hauptsächlich auf den Bereich unseres Privatrechts beschränkt
Schicht	Sphäre gleichen sozialen Niveaus, „Stände", „Gruppierungen" und „Gemeinschaften" durchlaufend
šeiḫu-'l-islām	hoher Geistlicher, eigentlich höchster Richter der „šarī'a" (s. d.)
sejjid	tatsächlicher (oder auch vorgeblicher) Abkömmling des Propheten Muḥammad
ṣīġe	Ehe auf Zeit; Frau in dieser Ehe; Dirne
ṣinf	Kaufmannskorporation; Handwerker- oder Händlergilde
Stand	eine der Grundformen der sozialen Ordnung
ṣūfī	gebildeter Freidenker
tujūl	Übertragung eines Steuerertrages, meist aus Staatsland, zur Bezahlung dem Staat geleisteter Dienste; infolge Vererbung vielfach Eigentumscharakter annehmend
tūmān	Goldmünze, Umlauf zurückgehend, zunehmend nur Rechnungseinheit (= 10 qirān; s. d.)
'ulamā (Pl.)	höhere Geistliche
'urf	nicht kodifiziertes Recht, von den Beamten gehandhabt (s. „šarī'a")
vā'iẓ	Prediger
valī-'ahd	Kronprinz
vaqf	fromme Stiftung
vazīr	einem Provinzialgouverneur zur Kontrolle beigeordneter hoher Funktionär

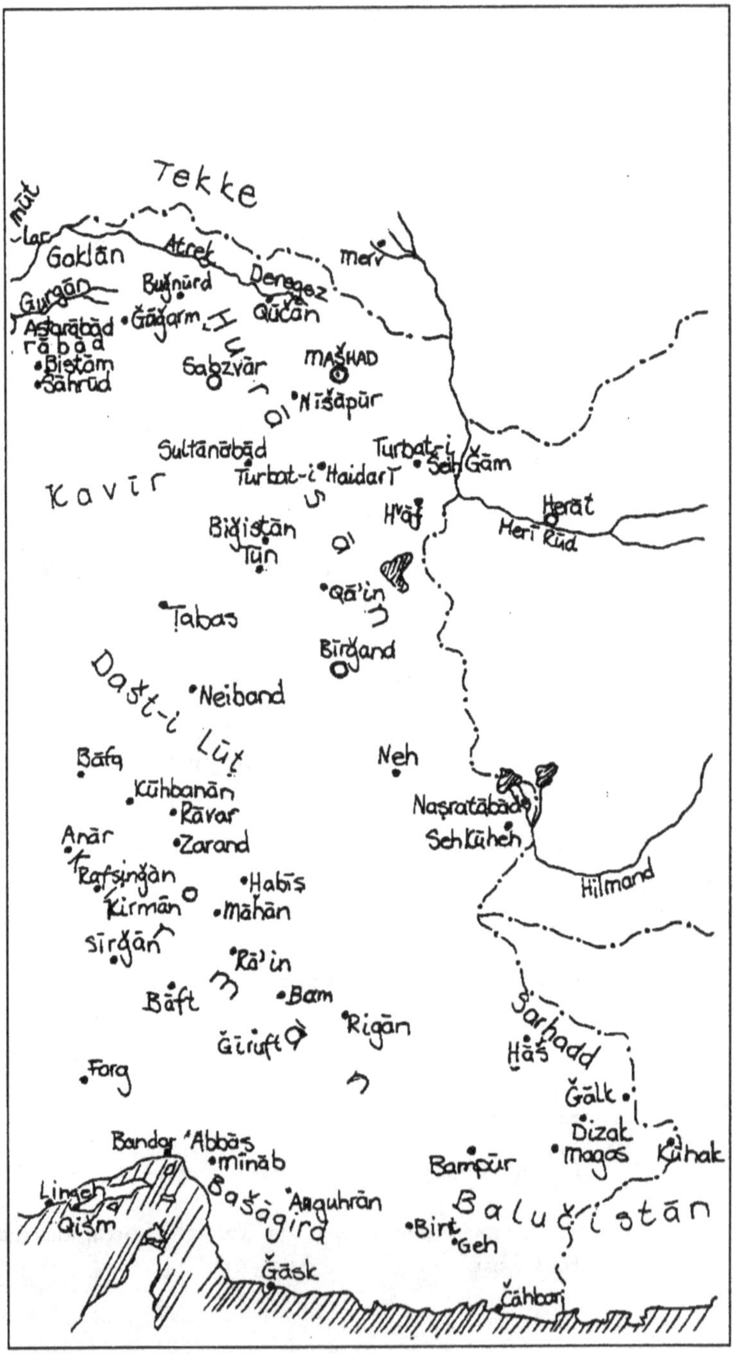
Tekke
Goklān
Atrek
Merv
Gurgān
Buǰnūrd
Deregez
Qūčān
Astarābād
Ǧāǧarm
rābād
Bisṭām
Šāhrūd
Sabzvār
MAŠHAD
Nīšāpūr
Sulṭānābād
Turbat-i Šeh Ǧām
Kavīr
Turbat-i Haidarī
Ḫvāf
Herāt
Herī Rūd
Biǰistān
Tūn
Qā'in
Ṭabas
Bīrǰand
Dašt-i Lūṭ
Neiband
Bāfq
Neh
Kūhbanān
Rāvar
Naṣratābād
Anār
Zarand
Šeh Kūheh
Rafsinǰān
Habīṣ
Hilmand
Kirmān
Māhān
Sīrǰān
Rā'in
Bāft
Bam
Rigān
Sarhadd
Ǧīruft
Ḫāš
Forg
Ǧālk
Dizak
Bandar 'Abbās
Mīnāb
Bampūr
Magas
Kūhak
Lingeh
Bašāgird
Anguhrān
Balučistān
Qišm
Birt
Geh
Ǧāsk
Čāhbar

STUDIES ON MODERN YEMEN

Muhammad Ahmad Al-Saidi (ed.)
The Cooperative Movement of Yemen and Issues of Regional Development.
1992. 113 S., 4 Abb., Pb., 3-87997-211-7

J. Brian D. Robinson
Coffee in Yemen.
A Practical Guide.
1993. 104 S., 32 Abb., Pb., 3-87997-214-1

Amat al-Alim as-Suswa (ed.)
Democratic Developments in Yemen.
1994. 182 S., Pb., 3-87997-228-1

Ursula Keller
„Wie willst du sie heiraten, wo du sie doch gar nicht kennst?!"
Heiratsstrategien gebildeter Frauen in Sana'a, Jemen.
2002. 165 S. Pb., 3-87997-299-0

Jens Willhardt
Kulturbegegnung mit dem Orient.
Eine Untersuchung historischer Reiseberichte
sowie der Berichte von Touristen und Auslandsentsandten
am Beispiel des Jemen.
2004. 346 S. Pb., 3-87997-318-0

Markus Wachowski
Sada in Sana'a.
Zur Fremd- und Eigenwahrnehmung der Prophetennachkommen
in der Republik Jemen.
2004. 174 S., Pb., 3-87997-320-2

Jens Winter (Übers.)
„Der Stein ist aus gefrorenen Wolken."
Eine Auswahl zeitgenössischer jemenitischer Literatur
in Deutsch und Arabisch.
2004. 96 S. (dtsch.) + 84 S. (arab.), Pb.,
3-87997-321-0

Günther Orth
„Die Farbe des Regens"
Entstehung und Entwicklung der modernen jemenitischen Kurzgeschichte.
Muhammad 'Abdalwali, Zaid Muti' Dammag
und Ahmad Mahfuz 'Umar.
1997. 248 S., Pb., 1 Karte, 2 Abb., 3-87997-261-3

ISLAMKUNDLICHE UNTERSUCHUNGEN

Band 263

Carsten Wieland

Syrien nach dem Irak-Krieg:

Bastion gegen Islamisten oder Staat vor dem Kollaps?

2004. 172 S., Pb., 3-87997-323-7

Band 267

Manuela Höglmeier

Al-Ǧaubarī und sein kašf al-asrār – ein Sittenbild des Gauners im arabisch-islamischen Mittelalter (7./13. Jahrhundert).

Einführung, Edition und Kommentar.

2006. 554 S., Pb., 3-87997-328-8

Band 268

Leila Nabieva (Übers.)

Der unermeßliche Schatz oder Die wirtschaftliche Lage Irans.

Ǧamālzādes Studie zur iranischen Volkswirtschaft am Vorabend des I. Weltkrieges.

2006. 177 S., Pb., 3-87997-329-6

Band 269

Gerald Schuster

Die Beduinen in der Vorgeschichte Tunesiens.

Die „Invasion" der Banû Hilâl und ihre Folgen.

2006. 214 S., Pb., 3-87997-330-X

Band 270

Dawud Gholamasad

Selbstbild und Weltsicht islamistischer Selbstmord-Attentäter.

Tödliche Implikationen eines theozentrischen Menschenbildes unter selbstwertbedrohenden Bedingungen.

2006. 88 S., Pb., 3-87997-331-8

Band 271

Hussein Ali Akash

Die sufische Koranauslegung.

Semantik und Deutungsmechanismen der išārī-Exegese.

2006. 360 S., Pb., 3-87997-334-2

Band 276

Fouzia El-Asrouti

Der Rif-Krieg 1921–1926

Eine kritische Untersuchung der Reformen unter Muhammad ibn Abd al-Karim.

2007. 126 S., Pb., 3-87997-338-5

KLAUS SCHWARZ VERLAG • BERLIN

Klaus Schwarz Verlag GmbH • PoB 41 02 40 • D-12112 Berlin

Tel +49-30-792 29 44 • Fax +49-30-695 09 926

www.klaus-schwarz-verlag.com

eMail: info@klaus-schwarz-verlag.com

FSC
www.fsc.org
MIX
Papier | Fördert
gute Waldnutzung
FSC® C083411

Kolibri 360 GmbH
Ferdinand-Jühlke-Straße 7
99095 Erfurt, Deutschland
produktsicherheit@kolibri360.de